संक्षिप्त रसायन विज्ञान शब्दकोश

Concise Dictionary of Chemistry

आईएएस, आईआईटी, जेईई, एआईईईई, सीबीएसई–पीएमटी और सभी आयु वर्ग के प्रतियोगी परीक्षा के लिए सर्वोत्तम पुस्तक

सम्पादकीय मण्डल

वी एण्ड एस पब्लिशर्स

प्रकाशक

वी एण्ड एस पब्लिशर्स

F-2/16, अंसारी रोड, दरियागंज, नयी दिल्ली-110002
☎ 23240026, 23240027 • फैक्स: 011-23240028
E-mail: info@vspublishers.com • *Website:* www.vspublishers.com

शाखा: हैदराबाद

5-1-707/1, ब्रिज भवन (सेन्ट्रल बैंक ऑफ इण्डिया लेन के पास)
बैंक स्ट्रीट, कोटी, हैदराबाद-500 095
☎ 040-24737290
E-mail: vspublishershyd@gmail.com

ISBN 978-93-505704-2-5

संस्करण: 2014

मुद्रक: यूनिक कलर कार्टन, मायापुरी, दिल्ली

प्रकाशकीय

हिन्दी के प्रचार-प्रसार में पूर्वापेक्षा वृद्धि हुई है। इसके साथ ही हिन्दी में विज्ञान सम्बन्धी कोशों की आवश्यकता महसूस होने लगी। इस आवश्यकता की पूर्ति हेतु हमने सामान्य विज्ञान, भौतिक विज्ञान, रसायन विज्ञान, जीवविज्ञान, और गणित शब्दकोश की एक श्रृंखला हिन्दी में छापने की योजना बनायी। विज्ञान के शब्दकोश अंग्रेजी में तो उपलब्ध हैं लेकिन हिन्दी में इसका अभाव सदैव से खटकता आ रहा था। इस कमी को पूरा करने का यह एक अभिनव प्रयास है। शब्दों के चयन में संग्रहकर्ता एवं सम्पादक ने विशेष परिश्रम किये हैं। अपने अन्य कोशों की भारी सफलता एवं माँग से हमारा उत्साह बढ़ा है और इसलिए हमने इसे पूर्वापेक्षा अधिक उपयोगी एवं आधुनिकतम बनाने की चेष्टा की है। कोश की प्रामणिकता, उपयोगिता या उत्तमता आदि के विषय में हमें कुछ कहने का अधिकार नहीं है, इसका निर्णय अपने गुणग्राही प्रयोगकर्ताओं पर छोड़ देते हैं। हाँ, इतना अवश्य कह सकते हैं कि इसे प्रामाणिक एवं जनोपयोगी बनाने की शक्तिभर चेष्टा की गयी है।

प्रस्तुत शब्दकोश रसायन का अध्ययन करने वाले विद्यार्थियों तथा अध्यापकों के लिए अत्यन्त उपयोगी है। हिन्दी माध्यम से रसायन का अध्ययन इसके द्वारा सरलता से किया जा सकता है, साथ ही वैज्ञानिक पुस्तकों का हिन्दी में प्रकाशन राष्ट्रभाषा हिन्दी का गौरव वर्धन करना है। इस शब्दकोश की विशेषता यह है कि रसायन वैज्ञानिको के जीवन परिचय को उनके योगदान के साथ इसमें सम्मिलित किया गया है।

अन्त में सहृदय पाठकों एवं विद्वानों से यह निवेदन है कि इस कोश की त्रुटियों के तरफ ध्यान दिलाकर एवं सत्परामर्श देकर हमें अनुगृहीत करेंगे जिससे इसका अगला संस्करण अधिक शुद्ध परिमार्जित और अधिक उपयोगी बनाया जा सके।

परिचय

रसायन शास्त्र एक जटिल विषय है। हिन्दी में इसके पर्यायवाची शब्द संतुलित कर पाना और भी कठिन है। लगभग सभी महत्त्वपूर्ण पारिभाषिक शब्दों की परिभाषा इस कोश में सम्मिलित की गयी है। रसायन शास्त्र विषय में अनेक पारिभाषिक शब्द ऐसे है जिनकी पूरी जानकारी यदि उपलब्ध हो तो रसायन शास्त्र जैसे गूढ़ वैज्ञानिक विषय को समझने में आसानी हो जायेगी। समय की माँग है कि सुबोध हिन्दी में रसायन शब्दावली का कोश प्रकाशित किया जाये। इसी उद्‌देश्य से यह रसायन शब्दकोश प्रकाशित है।

यह न केवल विद्यार्थियों के लिए वरन् सर्वसाधारण के लिए भी अत्यन्त उपयोगी है, जो इसमें रुचि रखते हैं। रसायन विज्ञान, विज्ञान की प्रमुख शाखा है, जिसके अन्तर्गत पदार्थों के गुण, संघटन, संरचना तथा उनमें होने वाले परिवर्तनों का अध्ययन किया जाता है। ऐसा माना जाता है रसायन विज्ञान का विकास सर्वप्रथम मिस्र देश में पायी जाने वाली काली मिट्टी से हुआ। इसे वहाँ के लोग केमि कहते थे। प्रारम्भ में रसायन विज्ञान के अध्ययन को केमिटेकिंग कहा जाता था। मुख्यतः रसायन विज्ञान को दो भागों में बाँटा जाता है (1) अकार्बनिक विज्ञान और (2) कार्बनिक विज्ञान। परन्तु अध्ययन को सरल बनाने के लिए उसे कई शाखाओं में बाँटा गया हैः

भौतिक रसायन, औद्योगिक रसायन, जैव रसायन, कृषि रसायन, औषधि रसायन, विश्लेषिक रसायन और शरीर क्रिया रसायन।

रसायन शास्त्र का अध्ययन प्रयोगों के आधार पर हुआ। प्रयोग में उत्पन्न सभी पदार्थों को तोलने की परम्परा आरम्भ हुई। कोयला जलता है, धातुएँ भी हवा में जलती हैं। जलना क्या है, इसकी मीमांसा हुई। मालूम हुआ कि पदार्थ का हवा के विशेष तत्व ऑक्सीजन से संयोग करना ही जलना है। लोहे में जंग लगता है। इस क्रिया में लोहा ऑक्सीजन के साथ संयोग करता है। जानी के विद्युत-अपघटन से हेनरी कैवेंडिश ने 1781 में हाइड्रोजन प्राप्त किया। जोज़ेफ ब्लैक ने कार्बन डाइऑक्साइड और कार्बोनेटा पर प्रयोग किये 1754 में।

जोज़ेफ प्रीस्टले, शेले, लाब्बाज्ये 1772 के लगभग ऑक्सीजन तैयार किया। राबर्ट बॉयल ने तत्वों की परिभाषा दी तथा जान डाल्टन ने परमाणुवाद की स्पष्ट कल्पना सामने रखी, ओवोगाद्रो, कैनिजारो आदि ने अणु और परमाणु का भेद बताया। बिखरे हुए तत्वों का वर्गीकरण न्यूलैंडस, लौथरमेयर और

विशेषतः मेंडलीफ ने किया। फराडे ने गैसों और गैसों के द्रवीकरण पर काम किया। इस प्रकार रसायन शास्त्र का सर्वतोमुखी विकास होने लगा।

रसायन विज्ञान का क्षेत्र दूसरे विज्ञानों के समन्वय से प्रतिदिन विस्तृत होता जा रहा है। बर्जीलियस (1779-1848) ने तत्वों की संकेत पद्धति को जन्म दिया। प्रीस्टले, शीले और लेवायसिये ने रसायन विज्ञान के विकास में अत्यधिक योगदान दिया। लेवायसिये को तो आधुनिक रसायन विज्ञान का जन्मदाता भी कहा जाता है। रसायनज्ञों ने समीकरणों द्वारा एक नई भाषा निर्धारित की। रसायन का समीकरण रसायन विज्ञान की भाषा है। मेंडेलीफ के समय में उसकी आवर्त सारणी में कुछ स्थान रिक्त थे। अब न केवल वे सब भर गये हैं बल्कि यूरेनियम के बाद भी 10 कृत्रिम तत्वों का इस सारणी में और समावेश किया गया है। रसायन के समीकरण रसायन विज्ञान की भाषा है। अणुओं के सूत्र और इन सूत्रों के आधार पर बने हुए समीकरणों द्वारा रसायन वैज्ञानिक, रासायनिक परिवर्तनों को व्यक्त करने का प्रयत्न करते है। परमाणु संख्या भी केवल निराधार अंक नहीं है। यह परमाणु की रचना की द्योतक है।

जिन वैज्ञानिको के योगदान से हम आज अनेकों सुख सुविधाओं को प्राप्त कर रहे है उनके बारे में कुछ परिचय देना उचित होगा।

(1) माइकल फराडे (1791-1867) ने इलेक्ट्रोलिसिज (Electrolysis) के नियम की खोज की थी, जिससे उद्योगों में इलक्ट्रोप्लेटिंग का मार्ग प्रशस्त हुआ।

(2) कार्ल विल्हेम (1742-1786) ने क्लोरीन, मोलीबडनम, टंगस्टेन, मेग्नीज जैसे रासायनिक तत्वों और बहुत से यौगिकों की खोज की थी।

(3) सर हम्फ्री (1778-1829) ने सोडियम, पोटेशियम, खनिज, सेफ्टी लेम्प की खोज की थी।

(4) प्रफुल्ल चन्द्र रे (1861-1944) ने रसायन शास्त्र के क्षेत्र में भारत का प्रतिनिधित्व किया और बाद में भारत में रसायन शास्त्र के प्रतिष्ठित सदस्य के रूप में पहचाने गये। उन्हें मरक्यूरस नाइट्रेट की खोज करने का श्रेय दिया जाता है।

(5) विज्ञान और फ्रांस को दिये तमाम योगदानों के बावजूद लेवोयसियर 51 वर्ष की आयु में फ्रांस की क्रान्ति का शिकार बन गये थे।

अतः हम कह सकते हैं कि रसायन शास्त्र में हुए आविष्कारों ने मानवता को असंख्य अनुप्रयोग प्रदान किये हैं। इनमें ऑक्सीजन से लेकर पानी, भोजन इमारत बनाने की सामग्री, दवाइयाँ और मानवता का प्रगतिशील आर्थिक विकास शामिल है। इस प्रकार रसायन शास्त्र मानव जाति की अविभाज्य अंग बन चुका है।

विषय-सूची

अ

अन्तराणुक प्रतिकर्षण बल (Intermolecular Repulsion Forces)—बंधित अणुओं के परमाणुओं के मध्य नाभिक- नाभिक प्रतिकर्षण, इलेक्ट्रॉन-इलेक्ट्रॉन प्रतिकर्षण के कारण अत्यन्त दुर्बल प्रकृति के प्रतिकर्षण बल भी पाये जाते हैं लेकिन इनका सामर्थ्य इतना कम होता है कि ये आकर्षण बलों की तुलना में उपेक्षित होते हैं। इसे $E = \frac{k}{r^n}$ के अनुरूप पाते हैं जहाँ n कोई उच्च संख्या 9 से 12 तक हो सकती है।

अन्तराणुक बल (Intermolecular Forces in Liquids)—उन बलों को अन्तराणुक बल कहते हैं जो अणुओं को परस्पर बाँधे रहते हैं। गैसों में अणुओं के मध्य कार्यरत आकर्षण एवं प्रतिकर्षण बलों को वाण्डर वाल बल कहते हैं जबकि द्रवों एवं ठोसों में इन बलों को अन्तराणुक बल कहते हैं। इन बलों की सामर्थ्य अणुओं की प्रकृति पर निर्भर करती है तथा ये आकर्षण एवं प्रतिकर्षण दोनों रूपों से पाये जाते हैं। आकर्षण बल सामर्थ्य में सदैव प्रतिकर्षण बलों से ज्यादा होते हैं। इस कारण परिणामी बल सदैव आकर्षण बल के रूप में ही पाये जाते हैं।

अन्तस्थ ऐल्काइन (Terminal Alkynes)—इन्हें मोनोप्रतिस्थापी ऐल्काइन या 1-ऐल्काइन भी कहते हैं। इनमें कार्बन-कार्बन त्रिबन्ध कार्बन शृंखला के एक सिरे पर होता है। इनमें त्रिबन्ध वाले एक कार्बन से एक हाइड्रोजन परमाणु जुड़ा रहता है। इस हाइड्रोजन परमाणु को ऐसीटिलीनिक हाड्रोजन (acetylenic hydrogen) कहते हैं।

$CH_3—C \equiv C—H \quad R—C \equiv C—H$

↑ एसीटिलीनिक बन्ध (acetylenic bond) ↑ एसीटिलीनिक हाइड्रोजन (acetylenic hydrogen)

अन्तराआणविक बल (Intermolecular Force)—यह पदार्थ के कणों (अणु, परमाणु अथवा आयन) के मध्य कार्यरत आकर्षण बल है, जो उन्हें समीप रखने में सहायक होता है।

अंधेरी प्रक्रिया (Dark Reaction)—इस प्रक्रिया के लिए प्रकाश की आवश्यकता नहीं होती है। इस प्रक्रिया में प्रायः कार्बन डाइऑक्साइड का अवकरण होता है। इस प्रक्रिया में पत्ती के स्टोमेटा द्वारा ग्रहण की गयी कार्बन डाइऑक्साइड, पानी से निकली हाइड्रोजन (प्रकाश प्रक्रिया के अन्तर्गत), प्रकाश की ऊर्जा (जो क्लोरोफिल द्वारा प्रकाश

क्रिया में प्राप्त की गयी है) के कारण मिलकर एक स्थायी द्रव्य बनाता है।

$$CO_2 + 2AH_2 \rightarrow CH_2O + 2A + H_2O$$

CH_2O एक कार्बोहाइड्रेट्स की इकाई अणु है। केल्विन व बैनसन ने रेडियो आइसोटोपिक तकनीक का प्रयोग कर बताया कि प्रकाश-संश्लेषण प्रक्रिया में पहला स्थायी यौगिक एक 3 कार्बन वाला 3-फोस्फ़ोग्लिसेरिक अम्ल (पीजीए) बनता है। क्लोरोल्ला एवं सिनडेसमस नामक शैवालों में रेडियोएक्टिव $C_{14}O_2$ की उपस्थिति में कुछ समय के लिए प्रकाश-संश्लेषण कराया गया तथा इनमें भी पहला स्थायी द्रव्य फोस्फ़ोग्लिसेरिक अम्ल बना। यह फोस्फ़ोग्लिसेरिक अम्ल बाद में ग्लूकोज बनाता है। इस प्रकार केल्विन तथा उसके सहकर्मियों के कार्यों से यह सिद्ध हो गया कि प्रकाश-संश्लेषण प्रक्रिया में CO_2 ग्लूकोज में परिवर्तित हो जाती है। उन्होंने इस प्रयोग में कार्बन के समस्थानिक (C_{14}) का प्रयोग किया। क्लोरोफिल में राइबुलोज-1,5 विसफास्फेट उपस्थित रहता है। अब वायुमण्डलीय CO_2 पत्ती के स्टोमेटा द्वारा प्रवेश कर अन्दर पहुँचती है तथा तुरन्त ही (4/10000000 सेकेण्ड में) राइबुलोज-1,5 विसफास्फेट के साथ मिलकर एक अस्थायी यौगिक का निर्माण करती है। इस प्रकार बना अस्थायी यौगिक जो 5-कार्बन सुगर है शीघ्र ही फास्फोग्लाइसेरिक एसिड (PGA) के 2 अणुओं में टूट जाता है। अब यहाँ पर $NADPH_2$ द्वारा हाइड्रोजन मुक्त किये जाने पर पीजीए को पीजीएएल (phosphoglyceric aldehyde) में परिवर्तित कर देता है। इस क्रिया में ऊर्जा एटीपी से प्राप्त होती है। इस प्रकार CO_2 से कार्बोहाइड्रेट्स निर्माण हो जाते हैं।

अति सूक्ष्म निस्पंदन (Ultrafiltration) — साधारण फिल्टर पत्र में छिद्रों के आकार बड़े होने के कारण इनसे छानने पर कोलाइडी कण इनमें से निकल जाते हैं। यदि इस फिल्टर पेपर को कोलोडियन से संसेचित कर लिया जाये तो छिद्रों के आकार छोटे हो जाते हैं। ऐसे फिल्टर पत्र को अतिसूक्ष्म फिल्टर पत्र कहते हैं। इस फिल्टर पत्र से कोलाइडी विलयन का छानना ही अतिसूक्ष्म निस्पंदन कहलाता है।

अकार्बनिक रसायन (Inorganic Chemistry)—प्रांगार को छोड़कर शेष सभी तत्त्वों और उनके यौगिकों की मीमांसा करना अकार्बनिक रसायन (Inorganic Chemistry) का क्षेत्र है। बोरॉन, सिलिकॉन, जर्मेनियम आदि तत्त्व भी लगभग उसी प्रकार के विविध यौगिक बनाते हैं, जैसे कार्बन बनाता है। पर इस पार्थिव सृष्टि में उनका उतना महत्त्व नहीं है जितना कार्बन यौगिकों का है। इसलिए कार्बनिक रसायन का अन्य तत्त्वों से पृथक रासायनिक क्षेत्र मान लिया गया है। मनुष्य एवं वनस्पतियों का जीवन कार्बन यौगिकों के चक्र पर निर्भर है, अतः कार्बनिक यौगिकों को एक अलग उपांग में रखना कुछ अनुचित नहीं है। यह कार्बन ही है,

जो पृथ्वी पर पाये जाने वाले सामान्य ताप (0° से 40°) पर अनेक स्थायी समावयवी यौगिक दे सकता है।

अन्तर्निहित यौगिक (Inclusion Compounds)—अन्तर्निहित यौगिक क्रिस्टलीय पदार्थ होते हैं। जब किसी यौगिक के क्रिस्टलों के बीच किसी अन्य यौगिक के अणु इस प्रकार से फिट हो जायें कि वे दोनों संयुक्त रूप से एक पदार्थ की भाँति व्यवहार करें तो इस प्रकार के यौगिकों को अन्तर्निहित यौगिक कहते हैं। इसमें मुख्य क्रिस्टलीय पदार्थ को मेजबान या होस्ट (host) अणु कहते हैं और जिस पदार्थ के अणु इसमें अन्तर्निहित हो जाते हैं, उसे मेहमान (guest) अणु कहते हैं। मेजबान तथा मेहमान अणुओं के बीच Vander Walls बल उपस्थित रहता है।

अन्तःअणुक हाइड्रोजन बन्ध (Intra-molecular Hydrogen Bonding)–जब H-बन्ध एक ही अणु के दो ऋणविद्युती परमाणुओं के मध्य पाया जाता है तो ऐसे H-बन्ध को हम अन्तःअणुक हाइड्रोजन बन्ध कहते हैं। इस H-बन्ध को कीलेट बन्ध अथवा कीलेटीकरण (chelation) भी कहते हैं। उदाहरणार्थ, निम्न यौगिकों में अन्तःअणुक हाइड्रोजन बन्ध पाया जाता है।

अन्तराणुक हाइड्रोजन बन्ध (Inter-molecular Hydrogen Bonding) जब दो या दो से अधिक समान यौगिक अथवा विभिन्न यौगिकों के मध्य H-बन्ध बनता है तो उसे अन्तराणुक हाइड्रोजन बन्ध कहते हैं। दो या दो से अधिक समान यौगिक के अणुओं के मध्य बन्ध को समअन्तराणुक हाइड्रोजन बन्ध (Homo-internuclear H bonding) या स्वयं संगुणन (self association) कहते हैं।

अनुनाद (Resonance)—अनुनाद का सिद्धान्त सर्वप्रथम **हाइसेनबर्ग** (Hei- senberg) ने 1920 में प्रस्तावित किया तथा **लाइनस पॉलिंग** (Linus Pauling) ने 1930 में इसे प्रतिपादित किया। उसी समय जर्मनी **आर्नडट** (Arndt) और इंग्लैण्ड के **रॉबिन्सन तथा इनगोल्ड** (Robinson and Ingold) ने इस सिद्धान्त की संपुष्टि की। उन्होंने इसे क्रमशः **स्विशनस्टूफेन** (zwischens- tufen) और मिसोमरिज्म (mesomerism) शब्दों से पुकारा। इस सिद्धान्त के अनुसार जब किसी एक यौगिक के सभी गुणों को एक संरचना सूत्र से व्यक्त नहीं कर सकते हैं तो दो या दो से अधिक सम्भावित संरचनाएँ (जो कि इलेक्ट्रॉनों के पुनर्वितरण से प्राप्त की जा सकती हो) बनायी जा सकती हैं जो अलग-अलग सारे गुण प्रदर्शित करती हों। यौगिक का वास्तविक संरचना सूत्र दोनों या अधिक योगदान देने वाली संरचना के मध्य का होता है तथा इसे हम कागज़ पर सही रूप से व्यक्त नहीं कर सकते हैं। उदाहरणः बेंजीन अणु को दो एकांतर संरचनाओं **(1)** व **(2)** से व्यक्त कर सकते हैं।

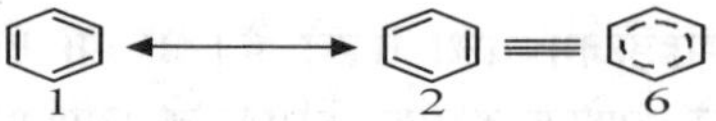

1 2 6

अतः संरचना (**1**) **व** (**2**) को बेंजीन की **केनोनिकल** (cannonicel) या **अनुनादी संरचनाएँ** कहते हैं तथा संरचना (**6**) को संरचना (**1**) व (**2**) का **अनुनाद-संकर** (resonance hybrid) कहते हैं। इसी प्रकार कार्बोक्सिलेट आयन दो अनुनादी संरचनाओं का अनुनाद-संकर है। यदि बिना परमाणुओं की स्थिति बदले हुए किसी अणु की विभिन्न अनुनादी संरचना लिखी जाती है तो वह अनुनाद-संकर कहलाती है।

अपाचन (Indigestion)—भोजन के पाचन के लिए आमाशय में हाइड्रोक्लोरिक अम्ल पाया जाता है। तीखा और गर्म भोजन करने से कभी-कभी आमाशय में अम्ल की अधिक मात्रा स्रावित होती है, जिससे अपाचन की स्थिति उत्पन्न होती है।

इसका उपचार आमाशय में अम्ल को उदासीन करके किया जाता है जिसके लिए किसी क्षारक का उपयोग करते हैं। इन क्षारकों को प्रति अम्ल कहते हैं। उदाहरण मिलक ऑफ मैग्नीशियम हाइड्रॉक्साइड [($Mg(OH)_2$], एल्यूमीनियम हाइड्रॉक्साइड [($Al(OH)_3$] आदि।

अपघटन (वियोजन) अभिक्रियाएँ (Decomposition Reactions)—वे अभिक्रियाएँ जिनमें यौगिक दो या अधिक सरल पदार्थों में टूटता हैं। अपघटन अभिक्रियाएँ कहलाती हैं। वियोजन अभिक्रिया, संयोजन अभिक्रिया के विपरीत होती है।

अपचयन अभिक्रियाएँ (Reduction Reactions)—पदार्थ से हाइड्रोजन का योग अथवा पदार्थ से ऑक्सीजन का निष्कासन अपचयन कहलाता है।

अपचायक (Reducing Agent)—पदार्थ जो अपचयन के लिए हाइड्रोजन देता है अथवा ऑक्सीजन का निष्कासन करता है, अपचायक कहलाता है।

अवसादन (Sedimentation)—निलंबन में से गुरुत्त्वाकर्षण द्वारा ठोस कणों के नीचे बैठने को अवसादन कहते हैं। प्राकृतिक धाराओं में बहने वाला पानी प्रायः गँदला होता है क्योंकि इसमें बालू, गाद, चिकनी मिट्टी तथा अन्य पदार्थ निलम्बित रहते हैं। जैसे ही धारा का वेग मन्द होने लगता है, ये बालू, गाद, तथा चिकनी मिट्टी के कुछ कण जल में नीचे बैठने लगते हैं। यदि गँदले जल को किसी कुंडी (बेसिन) में से गुजारकर शांत रहने दिया जाये तो निलम्बित पदार्थ की काफ़ी मात्रा साधारण अवसादन क्रिया से अलग हो जाती है। जल-शुद्धि में सामान्यतया इस विधि को पहले-पहल सम्पन्न करते हैं।

जब जल उपचार की अच्छी विधियाँ उपलब्ध नहीं थी तो कुछ शहरों में पानी को बड़े-बड़े जलाशयों में सप्ताहों या महीनों भरा रहने देने के बाद काम में लाते थे। इस तरह से गँदलापन तथा जीवाणु संख्या में कमी आती है किन्तु वह विधि न तो सस्ती है, न ही निर्भर रहने योग्य है। कुछ शहरों में जल की

आपूर्ति नदियों से की जाती है, अतः पूर्व अवसादन कुंडों (बेसिनों) में जल को 3-8 घंटे तक ठहरने दिया जाता है। इससे बहुत-सी अशुद्धियाँ दूर हो जाती हैं और आगे चलकर रासायनिक विधि में कम खर्च करना पड़ता है। मल-जल तथा औद्योगिक जल की उपचार-विधियों में अवसाद द्वारा अकार्बनिक तथा कार्बनिक दोनों ही प्रकार के पदार्थ, जो नीचे बैठ सकते हैं या जिन्हें बैठने योग्य बना दिया जाता है, अलग किये जाते हैं।

अवसादन से बड़े कण तो नीचे बैठ जाते हैं किन्तु अत्यन्त महीन कण निलम्बित रह जाते हैं, अतएव इन कणों को भी अवसादन द्वारा अलग करने के लिए कृत्रिम उपायों का सहारा लेना पड़ता है जिन्हें ऊर्णन कहते हैं। इसमें छोटे कण मिलकर बड़ा गुच्छा या पुंज बनाते हैं। जल के गँदलेपन को दूर करने की यह प्रमुख विधि हैं।

अवसादी चक्र (Depression Cycle)— अवसादी चक्र मध्यपूर्ण शैलों के निर्माण, उनके अपरदन और अपक्षय से प्रकट अवसादों के निक्षेपण और परिवहन तथा निक्षेपित अवसादों से दुबारा शैलों के निर्माण की समस्त क्रिया विधि को कहते हैं। इस चक्र के संचालन में बहिर्जात व अन्तर्जात प्रक्रमों की विशिष्ट भूमिका होती है। यह चक्र अधिक धीमी गति से संचालित होता है।

असंतुलित रासायनिक समीकरण (Unbalanced Chemical Equation)– वह रासायनिक समीकरण जिसमें अभिकारकों और उत्पादों में एक या अधिक तत्त्वों के परमाणुओं की संख्या असमान होती है, असंतुलित रासायनिक समीकरण कहलाती हैं।

अणु (Molecule)—अणु का निर्माण उस समय होता है जब दो या दो से अधिक परमाणु किसी विशेष अनुपात में क्रिया करते हैं। यदि अणु में एक ही प्रकार के परमाणु हों तो उसे तत्त्व का अणु कहते हैं, परन्तु यदि अणु में एक से अधिक प्रकार के परमाणु हों तो यौगिक का अणु कहा जाता है। विशेषताएँ–

1. अणुओं के बीच रिक्त स्थान होता है।
2. अणुओं को नंगी आँखों से देखा जाना सम्भव नहीं है।
3. अणु गतिशील होते हैं।
4. अणु आपस में एक-दूसरे को आकर्षित करते हैं।
5. अणुओं में उस यौगिक के सभी गुण विद्यमान होते हैं, जिस यौगिक के वे अणु बने होते हैं।

अश्वनी कुमार (Ashwani Kumar)— वैदिककाल में भारत चिकित्सा के क्षेत्र में उन्नति के शिखर पर था। वेदों में हम देव, मानव, दानव के समुदाय पाते हैं। इनमें देवों की चिकित्सा व्यवस्था सर्वोत्तम मानी जाती है। इस दृष्टि से उत्कृष्ट

चिकित्सक को देवों से सम्बन्धित किया जाता रहा है। ऐसा वर्णन वैदिक साहित्य में है कि दो जुडवाँ भाई **अश्वनीकुमार** देवाताओं के चिकित्सक थे। वे संसार में मानव चिकित्सा भी करते थे। वे रोग निदान और उपचार में पारंगत थे। ऋग्वेद में इनका गुणगान किया गया है।

अश्वनीकुमार स्वयं औषधि निर्माण करते थे। वनस्पति जड़ी-बूटियाँ इनकी औषधियों के आधार थे। देव गुरु बृहस्पति के पुत्र शंयु के भयंकर रोग का उपचार करने के उपरान्त बृहस्पति ने इनको 'औषधि स्वामी' पुकारा। आयुर्वेद का आदिपुरुष इन दोनों अश्वनीकुमारों को माना जाता है। वे देवराज इन्द्र के चिकित्सक और चिकित्सा-गुरु थे।

उन्होंने ऋषि च्यवन को अपनी औषधि से सदाबहार यौवन प्रदान किया। ये शल्य चिकित्सा में भी अद्भुत कौशल प्राप्त थे। युद्ध में कटे हुए अंगों को जोड़ना, हाथी-घोड़ों के कटे हुए सिरों को जोड़ना, पूषा के टूटे हुए दाँतों के स्थान पर नव-दन्त पंक्तियों का निर्माण इनके शल्य कौशल के उदाहरण हैं। इनके द्वारा प्रतिपादित सिद्धान्तों की अनुपालना से राम, कृष्ण, भीष्म को दीर्घ जीवन मिले।

अंश भाप अंगार गैस (Semi- water Gas)—वायु अंगार गैस जिसका संघटन भाप अंगार गैस और वायु गैस के बीच का होता है। यह भाप और हवा के मिश्रण को प्रोड्यूसर में धमन करने से बनती है।

अकेलास ठोस (Amorphous Solid)–अकेलास ठोस उन ठोस पदार्थों को कहते हैं जिनके अन्दर पर्याप्त दूरी तक परमाणुओं का कोई सुनिश्चित विन्यास नहीं होता। अकेलास ठोस गरम करने पर क्रमशः नरम हो जाते हैं और फिर धीरे-धीरे उनकी श्यानता (Viscosity) इतनी कम हो जाती है कि वे चल्य (Mobile) बनकर द्रव में परिवर्तित हो जाते हैं। इन पदार्थों का कोई निश्चित गलनांक नहीं होता।

ये पदार्थ ठीक-ठीक ठोस की परिभाषा के अन्तर्गत नहीं आते। इसलिए इनको अत्यधिक श्यानता वाले अतिशीतलित (Supercooled) द्रव भी कहा जाता है। काँच, मोम, वसा, अलकतरा (डामर) आदि अकेलास ठोस के उदाहरण हैं।

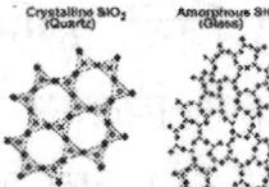

अमोनिया (NH_3)—इसका स्रोत विस्फोटक पदार्थ, रोगन, उर्वरक, दहन ईंधन, शोधक कारखाना आदि हैं। इससे श्वसन संस्थान में सूजन, आँख और त्वचा को हानि पहुँचती है।

अभ्रक (Mica)—अभ्रक उत्पादन में भारत का विश्व में पहला स्थान है। यह बहूपयोगी खनिज है। यह खनिज ऊष्मा का कुचालक है, इसलिए इसका उपयोग विद्युत् कारखानों तथा वायुयानों में किया जाता है। यह कायान्तरित तथा आग्नेय चट्टानों में पाया जाता है। पारदर्शी,

लचीला तथा हल्का चमकीला यह खनिज श्वेत, गुलाबी, काला या गहरे रंग का होता है। सबसे उत्तम किस्म का अभ्रक पैग्मेटाइट नामक आग्नेय चट्टानों में मिलता है, जो श्वेत रंग का होता है।

अभिकारक (Reactants)—पदार्थ जो संयोग करते हैं या अभिक्रिया करते हैं, अभिकारक कहलाते हैं।

अभिवहन (Advection)—जब वायुमंडल में ऊष्मा का स्थानांतरण क्षैतिज तरीके से होता है तो उसे ऊष्मा स्थानांतरण की अभिवहन विधि कहते है। मध्य अक्षांशीय प्रदेशों में मौसम के महत्त्वूपर्ण दैनिक बदलावों का मुख्य कारण विभिन्न प्रकार की अभिवहन धाराएँ ही हैं। उत्तर भारत में ग्रीष्मकालीन झुलसने वाली तेज पछुआ हवाएँ, जिन्हें 'लू' (loo) कहा जाता है, अभिवहन धाराओं के उदाहरण हैं। शीतोष्ण कटिबन्ध में शीतकालीन उष्ण कटिबन्धीय दक्षिणी हवाएँ अपने ऊँचे तापमान की वजह से मौसम को सुखर्द्ध बना देती हैं। इसके विपरीत, ध्रुवीय क्षेत्रों से चलने वाली हवाएँ अपने साथ ठंडक लाती हैं। इस प्रकार अभिवहन विधि के द्वारा वायुमंडल के तापमान में बड़े पैमाने पर उलट-फेर होता रहता है। स्मरण रहे कि संवहन धाराएँ, क्षैतिज या ऊर्ध्वाधर, वायुमंडल के सबसे निचले भाग (क्षोभ मण्डल) में ही पायी जाती हैं। ट्रॉपोपाज इनकी ऊपरी सीमा है।

अक्रिय गैस (Inert Gas)—अक्रिय गैस (Inert gas) उन गैसों को कहते हैं, जो साधारणतः रासायनिक अभिक्रियाओं में भाग नहीं लेते और सदा मुक्त अवस्था में प्राप्य हैं। इनमें हीलियम, निऑन, ऑर्गान, क्रिप्टॉन, जीनॉन और रेडॉन सम्मिलित हैं। इनमें से रेडॉन रेडियो-सक्रिय है। ये उत्कृष्ट गैसों (Noble Gases) के नाम से भी प्रसिद्ध हैं। समस्त अक्रिय गैसें रंगहीन, गन्धहीन तथा स्वादहीन होती हैं। स्थिर दाब और आयतन पर प्रत्येक गैस को विशिष्ट ऊष्माओं का अनुपात 1.67 के बराबर होता है जिससे पता चलता है कि ये सब एक-परमाणुक गैसें हैं।

अणु (Molecule)—अणु पदार्थ का वह छोटा कण है तो प्रकृति के स्वतन्त्र अवस्था में पाया जाता है लेकिन रासायनिक प्रतिक्रिया में भाग नहीं ले सकता है। रसायन विज्ञान में अणु दो या दो से अधिक, एक ही प्रकार या अलग-अलग प्रकार के परमाणुओं से मिलकर बना होता है। परमाणु मजबूत रासायनिक बन्धन के कारण आपस में जुड़े रहते हैं और अणु का निर्माण करते हैं। अणु की संकल्पना ठोस, द्रव और गैस के लिये अलग-अलग हो सकती है। अणु पदार्थ के सबसे छोटे भाग को कहते हैं। यह कथन गैसों के लिये ज्यादा उपयुक्त है। उदाहरण के लिये, ऑक्सीजन गैस उसके स्वतन्त्र अणुओं का एक समूह है। द्रव और ठोस में अणु एक दूसरे से किसी न किसी बन्धन में रहते हैं, इनका स्वतन्त्र अस्तित्त्व नहीं होता है। कई अणु एक दूसरे से जुड़े होते हैं और एक अणु को अलग नहीं किया जा सकता है। अणु में कोई

विद्युत् आवेश नहीं होता है। अणु एक ही तत्त्व के परमाणु से मिलकर बने हो सकते हैं या अलग-अलग तत्त्वों के परमाणु से मिलकर भी बन सकते हैं।

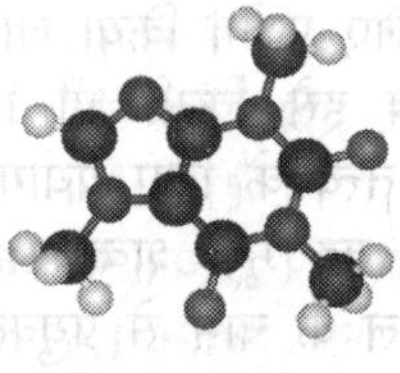

अजैविक यौगिक (Inorganic Chemistry)—अजैविक यौगिक ऐसे यौगिक हैं, जो कार्बनिक यौगिक नहीं हैं। पारम्परिक तौर पर यह माना जाता है कि इनकी उत्पत्ति में किसी जैविक क्रिया का योगदान नहीं है।

अतिचालकता (Superconductivity)— कुछ पदार्थ अत्यन्त कम ताप पर पूर्णतः शून्य प्रतिरोधकता प्रदर्शित करते हैं। उनके इस गुण को अतिचालकता (superconductivity) कहते हैं। शून्य प्रतिरोधकता के अलावा अतिचालकता की दशा में पदार्थ के भीतर चुम्बकीय क्षेत्र भी शून्य हो जाता है जिसे मेसनर प्रभाव (Meissner Effect) के नाम से जाना जाता है।

अतितप्त जल (Superheated Water)—सामान्य अवस्था में जल का क्वथनांक 100°C है। यदि जल का दाब एक वायुमण्डल से बढ़ाकर उसे गरम किया जाय तो यह 100 डिग्री से अधिक ताप पर भी द्रव बना रह सकता है। 100 डिग्री से अधिक ताप वाले इसी जल को अतितप्त जल (Superheated Water) कहते हैं। इसे दाबित गर्म जल या 'सबक्रिटिकल जल' भी कहते हैं। अतितप्त जल का ताप 100 डिग्री सेल्सियस से लेकर जल के क्रांतिक बिन्दु (374 °C) के बीच कुछ भी हो सकता है।

अतितप्त भाप (Superheated Steam)—जल के क्वथनांक से अधिक तापमान वाली भाप अतितप्त भाप (Superheated Steam) कहलाती है।

अतितापन (Superheating)—अतितापन एक अस्थायी क्रिया है जिसमें किसी द्रव को उसके क्वथनांक से भी अधिक ताप तक गरम किया जाता है (द्रव को द्रव अवस्था में ही रखते हुए)। विलीन वायु से स्वतन्त्र पानी को एक स्वच्छ बर्तन में सावधानी से गरम करने से ताप 100 डिग्री सें से कई डिग्री ऊपर तक पहुँच सकता है और पानी खौलता नहीं। लेकिन इस स्थिति में यदि उसे हिला दिया जाये तो वह एक दम से खौलने लगता है और गुप्त ऊष्मा व्यय होने से ताप भी 100 डिग्री सें. आ जाता है।

अतिशीतलन (Supercooling)—किसी द्रव या गैस को बिना ठोस बनाये ही उसका ताप हिमांक से कम करना अतिशीतलन कहलाता है। अधिकांश द्रव यदि पूर्णतः स्वच्छ बर्तन में बहुत धीरे-धीरे ठंडे किये जायें तो अपने सामान्य हिमांक से नीचे तक

बिना क्रिस्टलीकृत हुए पहुँच जाते हैं। यह क्रिया अतिशीतलन कहलाती है। पानी -10 डिग्री सें. से भी नीचे तक अतिशीतित किया जा सकता है। दीउफ् ने क्लोरोफार्म और मीठे बादाम के तेल के एक मिश्रण में, जिसका घनत्व जल के घनत्व के बराबर था, एक छोटी सी पानी की बूँद लटका दी और बिना संपीडन के –20 डिग्री सें. तक उसे शीतल कर दिया।

अधातु (Non-metal)—अधातु रासायनिक वर्गीकरण में प्रयुक्त होने वाला एक शब्द है। आवर्त सारणी का प्रत्येक तत्त्व अपने रासायनिक और भौतिक गुणों के आधार पर धातु अथवा अधातु श्रेणी में वर्गीकृत किया जा सकता है। (कुछ तत्त्व जिनमें दोनों के गुण पाये जाते हैं उन्हें उपधातु की श्रेणी में रखा जाता है।) आवर्त सारणी में ये 14वें से लेकर 18वें समूह में दाहिने-ऊपरी कोने में स्थित हैं। इसके अलावा प्रथम समूह में सबसे ऊपर स्थित उदजन भी अधातु है। हाइड्रोजन के अलावा जारक, प्रांगार, भूयाति, गंधक, भास्वर, हैलोजन तथा अक्रिय गैसें अधातु मानी जाती हैं। प्रायः आवर्त सारणी के केवल 18 तत्त्व अधातु की श्रेणी में गिने जाते हैं जबकि धातु की श्रेणी में 80 से भी अधिक तत्त्व आते हैं। फिर भी पृथ्वी के गर्भ का, वायुमण्डल और जलमण्डल का अधिकांश भाग अधातुएँ ही हैं। जीवों की संरचना में भी अधातुओं का ही अधिकांशता है।

अर्धायु काल (Half Life)—अर्धायु काल, क्षय होते हुए किसी तत्त्व का वह काल होता है जिसमें वह तत्त्व मूल मात्रा से आधा हो जाये। वह नाम पहले अस्थिर परमाणुओं (रेडियोधर्मी क्षय) के लिए प्रयोग किया जाता था, किन्तु अब इसे किसी भी निश्चित क्षय वाले तत्त्व के लिए प्रयोग किया जाता है। यह मूल शब्द 1907 में अर्धायु काल के नाम से प्रयुक्त हुआ था, जिसे बाद में 1950 में घटा कर अर्धायु कर दिया गया।

अर्धध्रुवीय द्विआबंध (Semipolar Doublebond)—यह रासायनिक आबंध को बनाने वाले दोनों इलेक्ट्रान, बंधित परमाणुओं में से किसी एक से ही प्राप्त होते हैं। यह आंशिक रूप से आयनी होता है।

अनुप्रयुक्त यान्त्रिकी (Applied Mechanics)—अनुप्रयुक्त यान्त्रिकी भौतिक विज्ञानों की वह शाखा है जिसमें यान्त्रिकी के व्यावहारिक उपयोगों का अध्ययन किया जाता है।

अनुमापन (Titration)—अनुमापन या टाइट्रेशन संख्यात्मक रासायनिक विश्लेषण की सामान्य विधि है। इसका उपयोग किसी ज्ञात रासायनिक अभिकर्मक (या रसायन) की अज्ञात सांद्रता ज्ञात करने के लिये प्रयोग की जाती है। इसे आयतनी विश्लेषण भी कहा जाता है क्योंकि इसमें इस विधि में आयतनों की माप बहुत बड़ी भूमिका अदा करती है।

अभिकर्मक (Reagent)– अभिकर्मक उस पदार्थ या यौगिक को कहते हैं, जो किसी तन्त्र में रासायनिक अभिक्रिया उत्पन्न करने के लिये डाला या मिलाया जाता है। उस पदार्थ को भी अभिकर्मक कहेंगे जिसे यह जाँचने के लिये मिलाया जाता है, कि कोई अभिक्रिया होती है या नहीं। फेहलिंग का अभिकर्मक, मिलॉन का अभिकर्मक तथा टॉलीन का अभिकर्मक वैश्लेषिक अभीकर्मक के प्रमुख उदाहरण हैं।

अमोनिया (Ammonia)— अमोनिया एक तीक्ष्ण गन्ध वाली रंगहीन गैस है। यह हवा से हल्की होती है तथा इसका वाष्प् घनत्व 8.5 है। यह जल में अति विलेय है। अमोनिया के जलीय घोल को लिकर अमोनिया कहा जाता है। यह क्षारीय प्रकृति का होता है। जोसेफ प्रिस्टले ने सर्वप्रथम अमोनियम क्लोरॉइड को चूने के साथ गर्म करके अमोनिया गैस को तैयार किया। बर्थेलाट ने इसके रासायनिक गठन का अध्ययन किया तथा इसको बनाने वाले तत्त्वों को पता लगाया। प्रयोगशाला में अमोनियम क्लोरॉइड तथा बुझे हुए सूखे चूने के मिश्रण को गर्म करके अमोनिया गैस तैयार की जाती है।

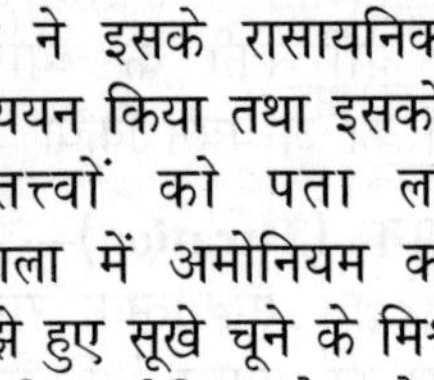

अयस्क (Ore)—अयस्क उन शैलों को कहते हैं जिनमें खनिज धातु आदि महत्त्वपूर्ण तत्त्व हों। अयस्कों को खनन करके बाहर लाया जाता है, फिर इनका शुद्धीकरण करके महत्त्वपूर्ण तत्त्व प्राप्त किये जाते हैं।

असंतृप्त विलयन (Unsaturated Solution)—जिल विलयन में किसी निश्चित ताप पर दिये हुए पदार्थ और अधिक मात्रा घुल सकें, उसे असंतृप्त विलियन (Unsaturated solution) कहते हैं।

अलौह धातुकर्म (Non-Ferrous Metallurgy)—यह ठीक है कि विश्व में लौह पदार्थों का उत्पादन ही सर्वाधिक है और ये अन्य धातुओं की तुलना में सस्ते पड़ते हैं, परन्तु आज के वैज्ञानिक युग में बहुत से ऐसे उपयोग है जहाँ लौह पदार्थों का प्रयोग नहीं किया जा सकता। ऐसे स्थानों पर अलौह धातु अथवा उनकी मिश्रधातुओं का उपयोग होता है। अलौह धातुओं में अनेकानेक धातुएँ सम्मिलित हैं, जिनमें ताम्र, एल्यूमिनियम, स्वर्ण, रजत, सीसा, जस्ता, वंग, निकल, मैंगनीज इत्यादि प्रमुख हैं। इन धातुओं के धातुकर्म को अलौह धातुकर्म कहते हैं।

अवशोषक (Absorption)— अवशोषक वे पदार्थ हैं जो द्रवों, गैसों आदि को अवशोषित कर लेते हैं ।

अल्केन (Alkane)—अल्केन संतृप्त हाइड्रोकार्बन होते हैं। इनमें केवल कार्बन-कार्बन एक बन्ध पाया जाता है। मिथेन, इथेन, प्रोपेन, ब्यूटेन आदि कार्बनिक यौगिक अल्केन हैं। अल्केन का सामान्य अणुसूत्र C_nH_{2n+2} है, यहाँ n अल्केन के 1 अणु में उपस्थित कार्बन परमाणुओं की संख्या है। यदि किसी अल्केन के एक अणु में 1 कार्बन परमाणु है तो n =1, तथा अल्केन का अणुसूत्र CH_4 होगा। अल्केन श्रेणी का प्रथम सदस्य मिथेन है।

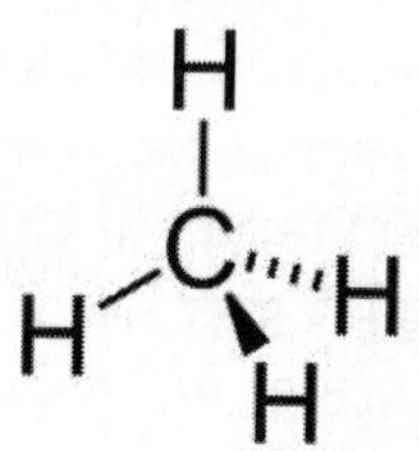

अन्तर्राष्ट्रीय इकाई प्रणाली (International System of Units SI Unit)—अन्तर्राष्ट्रीय इकाई प्रणाली, मीट्रिक प्रणाली का आधुनिक रूप है। इसे सामान्य रूप में दशमलव एवं दस के गुणांकों में बनाया गया है। यह विज्ञान एवं वाणिज्य के क्षेत्र में विश्व की सर्वाधिक प्रयोग की जाने वाली प्रणाली है।

अम्ल (Acid)—अम्ल एक रासायनिक यौगिक है, जो जल में घुलकर हाइड्रोजन आयन देता है। इसका pH मान 7.0 से कम होता है। जोहान्स निकोलस ब्रोंसटेड और मार्टिन लॉरी द्वारा दी गयी आधुनिक परिभाषा के अनुसार, अम्ल वह रासायनिक यौगिक है जो प्रतिकारक यौगिक (क्षार) को हाइड्रोजन आयन प्रदान करता है। जैसे– एसीटिक अम्ल (सिरका में) और सल्फ्यूरिक अम्ल (बैटरी में)। अम्ल ठोस, द्रव या गैस, किसी भी भौतिक अवस्था में पाये जा सकते हैं। वे शुद्ध रूप में या घोल के रूप में रह सकते हैं। जिस पदार्थ या यौगिक में अम्ल के गुण पाये जाते हैं वे अम्लीय कहलाते हैं। मानव आंत्र में हाइड्रोक्लोरिक अम्ल की अधिकता से होने वाली बीमारी को अम्लता या एसीडिटी कहते हैं।

अम्लराज (Aqua Regia)—अम्लराज या ऐक्वारेजिया (शाब्दिक अर्थ = शाही जल) या नाइट्रो-हाइड्रोक्लोरिक अम्ल कई अम्लों का एक मिश्रण है। यह अत्यन्त संक्षारक अम्ल है। तुरन्त बना अम्लराज रंगहीन होता है, किन्तु थोड़ी देर बाद इसका रंग नारंगी हो जाता है। इससे धुँआ निकलता रहता है। सांद्र नाइट्रिक अम्ल और हाइड्रोक्लोरिक अम्ल का ताजा मिश्रण ही अम्लराज है। इन्हें प्रायः 1:3 के अनुपात में मिश्रित किया जाता है। इसे अम्लराज या ऐक्वारेजिया नाम इसलिए दिया गया क्योंकि यह स्वर्ण

और प्लेटिनम आदि नोबल धातुओं को भी गला देता है यद्यपि टाइटैनियम, इरिडियम, रुथिनियम, टैटलम, ओस्मियम, रोडियम तथा कुछ अन्य धातुओं को यह नहीं गला पाता।

अम्लीय मृदाएँ (Acid Soils)—नम जलवायु, जहाँ पर मृदाओं के कोलॉइडी संकीर्ण पर अधिशोषित भस्मों की अधिक मात्रा वर्षा जल के साथ बाहर निकल जाती है तथा क्ले संकीर्ण पर हाइड्रोजन आयन्स का सान्द्रण बढ़ जाता है, में प्रायः अम्लीय मृदाएँ पायी जाती हैं। मध्य प्रदेश के बस्तर, महाराष्ट्र के कोलाना, रत्नागिरी, चांदा और भण्डारा, पंजाब के पटियाला और होशियारपुर, हिमाचल प्रदेश में कांगड़ा, तमिलनाडु के सलेम, कर्नाटक के पूनमपेट और शिमोगा जिले और उत्तर प्रदेश के पहाड़ी तथा पर्वतीय क्षेत्र तथा जम्मू-कश्मीर में मृदाएँ भी अम्लीय हैं।

आ

आयनिक आवंध (Ionic Bond)—किसी अणु या आयनिक क्रिस्टल में कूलाम आकर्षण के फलस्वरूप उत्पन्न विपरीत आवेशित आयनों के मध्य स्थिर वैद्युत आवंध।

आयनिक गुणनफल (Ionic Product)—विलयन में किसी पदार्थ के आयनों की सांद्रताओं का गुणनफल।

आयनिक गतिशीलता (Ionic mobility)—एक वोल्ट प्रति घन सेमी के क्षेत्र में किसी आयन की वैद्युत चालकता जो उसके वेग के समानुपाती है।

आयनिक क्रिस्टल (Ionic Crystal)—इन क्रिस्टलों में इकाई धन आयन एवं ऋण आयन के रूप में रहती है जो आपस में प्रबल आयनिक बन्धों से निश्चित जालक ऊर्जा से संयुक्त होकर, कठोर, उच्च गलनांक युक्त, निश्चित आकृति युक्त क्रिस्टल जालक का निर्माण करते हैं जैसे NaCl तथा KCl के क्रिस्टल घनीय आकृति युक्त होते हैं जबकि अन्य आयनिक क्रिस्टल अन्य आकृति युक्त होते हैं। ध्रुवीय विलायकों में इन क्रिस्टलों को घोलने पर ये अपने आयनों में विभक्त हो जाते हैं तथा विलयन में बदल जाते हैं जो विद्युत् के सुचालक होते हैं।

आणविक क्रिस्टल (Molecular Crystal)—इन क्रिस्टलों की इकाइयाँ अणु होती हैं जो इनकी जालक बिन्दुओं पर उपस्थित रहती है। ये इकाइयाँ आपस में दुर्बल वान्डर-वाल्स बलों से अथवा द्विध्रुव-द्विध्रुव आकर्षण बल द्वारा जुड़ी होती है जैसे बर्फ या द्रव जल में जल के अणुओं के मध्य द्विध्रुव-द्विध्रुव आकर्षण बल पाया जाता है जबकि गंधक, आयोडीन या अन्य आणविक क्रिस्टलों में दुर्बल van der Waal बल आकर्षण बल के रूप में उपस्थित है। इस कारण इन क्रिस्टलों की बन्धन ऊर्जा अन्य क्रिस्टलों की तुलना में कम होती है। इस कारण इनके गलनांक और क्वथनांक कम, विद्युत् के कुचालक, आसानी से बंधित होने वाले मुलायम तथा आसानी से दबाये जाने योग्य होते हैं।

आईयूपीएसी नामकरण (IUPAC Nomenclature)—आईयूपीएसी नामकरण रासायनिक यौगिकों के नामकरण की एक पद्धति है। यह पद्धति आईयूपीएसी के द्वारा विकसित की गयी तथा यही इस प्रणाली को अद्यतन रखती है।

आयन-प्रेरित द्विध्रुव आकर्षण बल (Ion-induced Dipole Attraction Force)—जब कोई आयनिक यौगिक किसी अध्रुवीय (Non-polar) अणु के सम्पर्क में आता है तो आयनिक अणु का धन आयन अथवा ऋणआयन सहसंयोजक अणु के इलेक्ट्रोन अभ्र को विकृत कर देता है। यह विकृति की मात्रा अणु एवं आयन दोनों की प्रकृति पर निर्भर करती हैं। इन बलों के कारण ही एक आयनिक अणु का अथवा द्विध्रुव युक्त अणु का अध्रुवीय विलायक में घुलना सम्भव है।

आणुविक अभिज्ञान (Molecular Recognition)—आणुविक अभिज्ञान दो संपूरक अणुकणिकाओं के बीच के विशेष बन्धन को कहा जाता है, जो गैर सह-संयुज अन्तःक्रियाओं से अणुकणिकाओं के एक दूसरे को पहचानने से होता है। इसमें से एक को परिचारक और दूसरे को अतिथि कहा जा सकता है, और इनके बीच बनता है परिचारक-अतिथि संश्लिष्ट। अन्य शक्तियाँ जो आणुविक अभिज्ञान पर प्रभाव डालती हैं उनमें हाइड्रोजन बॉड, धातु तालमेल, जल विरोधी बल, वॉनडर वॉल बल, चप-चप अन्तःक्रिया और स्थिरविद्युत् आदि प्रमुख हैं। विशाल अणुकणिका रासायन शास्त्र में आणुविक अभिज्ञान के अनुप्रयोग पर अनुसंधान चल रहा।

आन्तरिक ऐल्काइन (Internal Alkynes) इन ऐल्काइनों को द्विप्रतिस्थापित ऐल्काइन (disubstituted alkynes) भी कहते हैं। इनमें कार्बन-कार्बन त्रिबन्ध ($C \equiv C$), कार्बन शृंखला के सिरे से कम से कम एक कार्बन परमाणु छोड़कर (दूर) उपस्थित होता है। इनमें कार्बन-कार्बन त्रिबन्ध ($C \equiv C$) के किसी भी कार्बन पर हाइड्रोजन परमाणु जुड़ा नहीं रहता है।

$$CH_3—C \equiv C—CH_3 \quad R—C \equiv C—R$$

आणविक क्रम-विकास (Molecular Evolution)—आणविक क्रम-विकास समय के साथ-साथ अणुओं (Molecule) में होने वाले क्रम-विकास (Evolution को कहतें हैं। जीव-वैज्ञानिकों नें कुछ अणु की श्रेणियों में युगों के साथ-साथ आये परिवर्तन का गहराई से अध्ययन किया है, जैसे कि डी-ऑक्सीराइबो- न्यूक्लिक अम्ल, राइबोज न्यूक्लिक अम्ल और भिन्न प्रकारों के प्रोटीन। इन अणुओं में हुए क्रम-विकास का जीव-जन्तुओं पर बहुत बड़ा प्रमुख पड़ता है क्योंकि किसी जीव के अन्दर मौजूद आनुवंशिकी अणु ही यह तय करते हैं कि जीव की प्रकृति क्या होगी। मनुष्यों में भी रंग-रूप, लम्बाई-नाटापन, यहाँ तक कि रक्त समूह भी यही आनुवंशिकी-सम्बन्धित अणु निर्धारित करते हैं।

आणुविक स्व-संयोजन (Molecular Self-assembly)—किसी भी प्रणाली या यन्त्र को बनाने की प्रक्रिया यदि वह प्रणाली खुद ही जान ले, तो वह अपने ही नक्शे पर प्रतिलिपिकरण कर सकती है। आणुविक स्तर पर

कोशिकाओं के अन्दर डी एन ए के नक्शे की बदौलत सम्पूर्ण कोशिका का स्व-संयोजन हो जाता है। यह शरीर के लिये महत्त्वपूर्ण प्रोटीन बनाता है। इस प्राकृतिक प्रतिभास का प्रयोग यदि जान लिया जाये, तो आणुविक पैमाना पर यन्त्र बनाये जा सकेंगे। नैनो तकनीकी के विकास से इन प्रणालियों पर अध्ययन शुरू हुआ। गैर सह-संयुज बॉन्डिंग से दिष्ट आणुविक संयोजन किया जा सकता है। इसी प्रकार से विशाल अणुकण का निर्माण होता है।

आयन-द्विध्रुव आकर्षण बल (Ion-dipole Attraction Forces)—यह बल दो अलग-अलग प्रकृति के अणुओं के मध्य पाये जाते हैं जिन अणुओं में एक अणु निश्चित उच्च आवेशित (धन अथवा ऋण) सिरे युक्त होते हैं एवं दूसरे अणु आंशिक आवेशित सिरे युक्त होता है। इन अणुओं में विपरीत आवेशित सिरे एक-दूसरे की ओर निश्चित बल से आकर्षित होते हैं। पानी और अन्य ध्रुवीय विलायक अणु इन्हीं बलों के कारण आयनिक यौगिकों को घोलने में सक्षम होते हैं।

$U = \frac{-e\mu}{r^2}$ जहाँ r = द्विध्रुव युक्त अणु में द्विध्रुवों को मध्य की दूरी

e = आयनिक अणु के आयन पर आवेश की मात्रा

या $U \propto r^{-2}$ μ = द्विध्रुव आघूर्ण

अतः बड़े आकार के अणुओं के मध्य लगने वाले आकर्षण बल अपेक्षाकृत दुर्बल होते हैं।

आयनिक बन्ध (Ionic Bond)—आयनिक बन्ध में इलेक्ट्रॉनों का स्थानान्तण होता है और यह बन्ध अकार्बनिक यौगिकों की विशिष्टता है।

आसवन (Distillation)—इस प्रक्रिया को जल में शुद्धता लाने के लिये की जाती है। आसवन के द्वारा जल पूर्णतः पीने के योग्य अर्थात् शुद्ध हो जाता है। इस विधि में पहले अशुद्ध जल को गर्म किया जाता है और इससे प्राप्त जल की वाष्प को संघनित किया जाता है। इस प्रकार प्राप्त जल को आसवित जल कहते हैं।

आदर्श गैस समीकरण (Ideal Gas Law)—आदर्श गैस समीकरण, आदर्श गैस के आयतन, दाब एवं ताप के अन्तर्सम्बन्धों को व्यक्त करने वाला समीकरण है। इसी समीकरण सर्वप्रथम सन 1834 में बेन्वायट पॉल एमाइल क्लैपिरोन ने प्रस्तुत किया था।

आयतन (Volume)—सभी पदार्थ स्थान (त्रि-बीमीय स्थान) घेरते हैं। इसी त्रि-बीमीय स्थान की मात्रा की माप को आयतन कहते हैं। एक-बीमीय आकृतियाँ जैसे रेखा एवं द्वि-बीमीय आकृतियाँ जैसे त्रिभुज, चतुर्भुज, वर्ग आदि का आयतन शून्य होता है।

आयनमंडल (Ionosphere)—पृथ्वी से लगभग 80 किलोमीटर ऊँचाई के बाद का सम्पूर्ण वायुमंडल आयनमंडल कहलाता है। आयतन में आयनमंडल अपनी निचली हवा से कई गुना अधिक

है लेकिन इस विशाल क्षेत्र की हवा की कुल मात्रा वायुमंडल की हवा की मात्रा के 200वें भाग से भी कम है। आयनमंडल की हवा आयनित होती है और उसमें आयनीकरण के साथ-साथ आयनीकरण की विपरीत क्रिया भी निरन्तर होती रहती है। पृथ्वी से प्रेषित रेडियों तरंगें इसी मंडल से परावर्तित होकर पुनः पृथ्वी पर वापस लौट आती हैं। आयनमंडल में आयनीकरण की मात्रा, परतों की ऊँचाई तथा मोटाई, उनमें अवस्थित आयतों तथा स्वतन्त्र इलेक्ट्रॉनों की संख्या, ये सब घटते बढ़ते हैं।

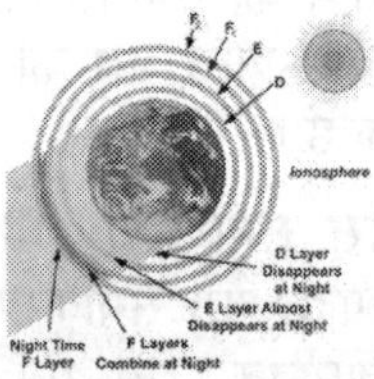

आवर्त सारणी (Periodic Table)—आवर्त सारणी अथवा तत्त्वों की आवर्त सारणी रासायनिक तत्त्वों को उनकी संगत विशेषताओं के साथ एक सारणी के रूप में दर्शाने की एक व्यवस्था है। वर्तमान आवर्त सारणी में 117 ज्ञात तत्त्व सम्मिलित हैं। रूसी रसायन-शास्त्री मेंडलीफ (सही उच्चारण-मेन्देलेयेव) ने सन 1869 में आवर्त नियम प्रस्तुत किया। इसके अनुसार, तत्त्वों के भौतिक और रासायनिक गुण उनके परमाणु भारों के आवर्तफलन होते हैं अर्थात् यदि तत्त्वों को परमाणु भार के वृद्धिक्रम में रखा जाय तो वे तत्त्व जिनके गुण समान होते हैं एक निश्चित अवधि के बाद आते हैं।

मेंडलीव ने इस सारणी के सहारे तत्त्वों के भौतिक एवं रासायनिक गुणों के आवर्ती होने के पहलू को प्रदर्शित करने का प्रयत्न किया। 1815 से 1913 तक इसमें बहुत से सुधार हुए ताकि नये आविष्कृत तत्त्वों को उचित स्थान दिया जा सके और सारणी नयी जानकारियों के अनुरूप हो। रसायन शास्त्रियों के लिये आवर्त सारणी अत्यन्त महत्त्वपूर्ण एवं उपयोगी है। इसके कारण कम तत्त्वों के गुणधर्मों को ही याद रखने से काम चल जाता है क्योंकि आवर्त सारणी में किसी समूह (उर्ध्वाधर पंक्ति) या किसी आवर्त (क्षैतिज पंक्ति) में गुणधर्म एक निश्चित क्रम से एवं तर्कसम्मत तरीके से बदलते हैं।

आवृत्ति (Frequency)—कोई आवृत्त घटना (बार-बार दोहराई जाने वाली घटना), इकाई समय में जितनी बार घटित होती है उसे उस घटना की आवृत्ति कहते हैं। आवृत्ति को किसी साइनाकार तरंग के कला परिवर्तन की दर के रूप में भी समझ सकते हैं। आवृत्ति की इकाई हर्ट्ज (साकल्स प्रति सेकण्ड) होती है। एक कम्पन पूरा करने में जितना समय लगता है उसे आवर्तकाल कहते हैं।

आवर्तकाल = 1 आवृत्ति

आसवन विधि (Distillation Mode)—आसवन किसी मिश्रित द्रव के अवयवों को उनके वाष्पन- सक्रियताओं के अन्तर के आधार पर उन्हें अलग करने की विधि है। यह पृथक्करण की भौतिक विधि है न कि रासायनिक परिवर्तन अथवा रासायनिक अभिक्रिया की।

आर्सेनिक (Arsenic)—आर्सेनिक, रसायन की आवर्त सारणी के पाँचवें मुख्य समूह का एक तत्त्व है। इसकी स्थिति फास्फ़ोरस के नीचे तथा एंटीमनी के ऊपर है। आर्सेनिक में अधातु के गुण अधिक और धातु के गुण कम पाये जाते हैं। इस धातु को उपधातु (Metaloide) की श्रेणी में रखा जाता है। आर्सेनिक से नीचे एंटीमनी में धातु गुण अधिक हैं तथा उससे नीचे बिस्मथ पूर्णरूपेण धातु है। पंचम मुख्य समूह में नीचे उतरने पर धातु गुण में वृद्धि होती है। इसका मुख्य स्रोत आर्सेनिक मुक्त तत्त्वों तथा अम्लों की प्रक्रिया, धातु जोड़ने वाले टाँके आदि हैं। यह गुर्दा को प्रभावित करता है। इससे रक्त के RBC कण नष्ट हो जाते हैं और पीलिया हो सकता है।

आसुत जल (Distilled Water)—आसुत जल वह जल है जिसकी अनेक अशुद्धियों को आसवन के माध्यम से हटा दिया गया हो। आसवन में पानी को उबालकर उसकी भाप को एक साफ़ कंटेनर में संघनित किया जाता है।

आवोगैड्रो का नियम (Avogadro's Law)—परम शून्य ताप पर किसी पदार्थ का आयतन शून्य होता है जो सम्भव नहीं है अतः परम शून्य ताप प्राप्त नहीं किया जा सकता।

अथवा

नियत ताप एवं दाब पर किसी गैस के निश्चित आयतन में अणुओं की संख्या निश्चित होती है।

अथवा

नियत दाब एवं ताप पर किसी गैस का आयतन उसके मोलों के अनुक्रमानुपाती होता है।

अर्थात् $V \alpha n$

n = गैस के मोल

किसी पदार्थ के एक मोल (ग्राम अणु-भार) में 6.023×10^{23} अणु होते हैं एवं एक मोल गैस का मानक ताप एवं दाब पर नियत आयतन 22.4 लिटर होता है।

ऑक्साइड (Oxide)—ऑक्साइड वे रासायनिक यौगिक होते हैं, जिनमें कम से कम एक ऑक्सीजन परमाणु और कम से कम एक अन्य तत्त्व होता है। पृथ्वी की सतह का अधिकांश भाग ऑक्साइड से बना है। तत्त्वों की वायु में ऑक्सीजन की ऑक्सीकरण अभिक्रिया से ऑक्साइड्स का निर्माण होता है। ऑक्साइड किसी तत्त्व के साथ ऑक्सीजन के यौगिक हैं आमतौर से ये बहुतायत में पाये जाते हैं। हाइड्रोजन का ऑक्साइड पानी पृथ्वी पर बहुत बड़ी मात्रा में है। इसके अतिरिक्त हवा में कई प्रकार के गैसीय ऑक्साइड हैं,

जैसे कार्बन डाइऑक्साइड, सल्फर डाइऑक्साइड आदि। खनिजों, चट्टानों और धरती की ऊपरी तह में भी विभिन्न ऑक्साइड हैं। ऑक्सीजन कुछ तत्त्वों को छोड़कर लगभग सभी तत्त्वों से प्रत्यक्ष अथवा अप्रत्यक्ष क्रिया करता है। इससे अनेक ऑक्साइड उपलब्ध हैं।

ओजोन गैस (O_3)—ओजोन गैस O_3 की एक पट्टी हमारे वातावरण के कुछ ऊपर होती है जो सूर्य से आने वाली पराबैंगनी किरणों को हमारे पास आने से रोकती है। कुछ ऐसे उद्योगों का विकास किया गया है, जिनसे निकलने वाली गैसें, विशेषकर CFC के निकलने वाले स्रोत फोम, रबड़, रेफ्रिजरेशन, एयरोसोल कारखाने हैं।

ऑक्सीजन चक्र (Oxygen Cycle)—पृथ्वी के समस्त जीवों के लिए ऑक्सीजन एक महत्त्वपूर्ण तत्त्व है। ऑक्सीजन के बिना संसार में जीवधारियों का जीवन असम्भव है। जीवित प्राणियों का जीवन वायु में ऑक्सीजन की उपलब्धता पर निर्भर करता है। यह रक्त को शुद्ध करने में सहायता करती है। यदि वायु में ऑक्सीजन नहीं है अथवा अपेक्षित मात्रा में उपलब्ध नहीं है या यह अत्यधिक प्रदूषित है, तो यह बात जीवन को कठिन बना देगी। वायुमण्डल में इसकी आपूर्ति को हरे पौधों द्वारा कायम रखा जाता है। सूर्य के प्रकाश में दिन के दौरान हरे पौधे खाद्य पदार्थ ग्रहण करने के लिए कार्बन डाइऑक्साइड का प्रयोग करते हैं और जीवों को श्वास लेने के लिए ऑक्सीजन छोड़ते हैं। जीवित प्राणी कार्बन डाइऑक्साइड छोड़ते हैं, जिसका प्रयोग पौधों द्वारा सूर्य के प्रकाश में अपने खाद्य को निर्मित करने के लिए किया जाता है। वायुमण्डल में जन्तु जगत और वनस्पति जगत एक-दूसरे से एक शृंखला द्वारा जुड़े रहते हैं, जिसे खाद्य शृंखला कहते हैं। इन दोनों का संयुक्त प्रभाव वायुमण्डल पर पड़ता है। प्राणी जगत श्वसन क्रिया द्वारा ऑक्सीजन ग्रहण करता है और बदले में कार्बन डाइऑक्साइड गैस छोड़ता है। यह कार्बन डाइऑक्साइड गैस का परित्याग करते हैं। इस प्रकार ऑक्सीजन की ग्रहण और परित्याग क्रियाएँ ऑक्सीजन चक्र की संरचना करती हैं।

ऑक्सीकरण (Oxidation)—ऑक्सीकारक वे पदार्थ हैं, जो किसी अन्य पदार्थ को ऑक्सीकृत कर सकते हैं। अपनी ऑक्सीकरण की क्षमता के कारण ये अन्य पदार्थों के इलेक्ट्रॉनों को खींच कर ग्रहण कर लेते हैं।

ऑक्सैलिक अम्ल (Oxalic Acid)—ऑक्सैलिक अम्ल पोटैशियम और कैल्शियम लवण के रूप में बहुत से पौधों में पाया जाता है। लकड़ी के बुरादे से क्षार के साथ 24वीं से 25वीं सें. के बीच गरम करके ऑक्सैलिक अम्ल, $(COOH)_2$, बनाया जा सकता

है। इस प्रतिक्रिया में सेल्यूलास Ca-COOH-COOH की इकाई ऑक्सीकृत होकर $(COOH)_2$ का रूप ग्रहण कर लेती है। ऑक्सैलिक अम्ल को औद्योगिक परिमाण में बनाने के लिए सोडियम फार्मेट को सोडियम हाइड्राक्साइड या कार्बोनेट के साथ गरम किया जाता है। ऑक्सैलिक अम्ल का कार्बोक्सिल समूह दूसरे कार्बोक्सिल समूह पर प्रेरण प्रभाव डालता है, जिससे इनका आयनीकरण अधिक होता है। ऑक्सैलिक अम्ल में शक्तिशाली अम्ल के गुण हैं।

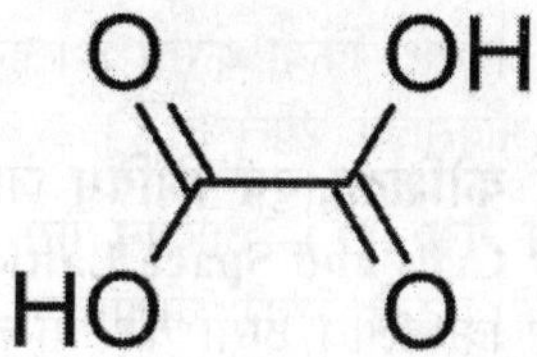

इ

इकाई कोशिका एवं त्रिविम जालक (Unit Cells and Space Lattice)– प्रत्येक क्रिस्टलीय ठोसों की आन्तरिक एवं बाहरी संरचना में कणों की एक विशेष व्यवस्था होती है। क्रिस्टल इन कणों की छोटी-छोटी इकाइयों के एक विशेष क्रमबद्ध रूप में व्यवस्थित होने से बनता है। क्रिस्टल की इन छोटी इकाइयों को ही इकाई कोशिका अथवा एकल कोशिका कहते हैं तथा त्रिविम में इस प्रकार की अनेक इकाई कोशिकाएँ व्यवस्थित होकर जो संरचना प्रदान करती है उसे ही क्रिस्टल जालक (Crystal Lattice) अथवा त्रिविम जालक (Space Lattice) कहते हैं। किसी क्रिस्टल की एक इकाई कोशिका में पदार्थ के अणु-परमाणु अथवा आयतन इस प्रकार व्यवस्थित होते हैं कि उस इकाई कोशिका की एक विशेष ज्यामितीय आकार बने। यह ज्यामितीय आकार वही होता है जो पूरे क्रिस्टल का होता है जैसे यदि कोई क्रिस्टल घनीय आकृति युक्त है तो उस क्रिस्टल इकाई कोशिका का आकार भी घनीय ही होगा। इसी कारण इकाई कोशिका ही इकाई जालक भी कहलाती है।

इलेक्ट्रॉनस्नेही संयोग (Electrophilic Addition)–असंतृप्त हाइड्रोकार्बनों (ऐल्कीन व ऐल्काइन) की यह एक प्रतिनिधि अभिक्रिया है।

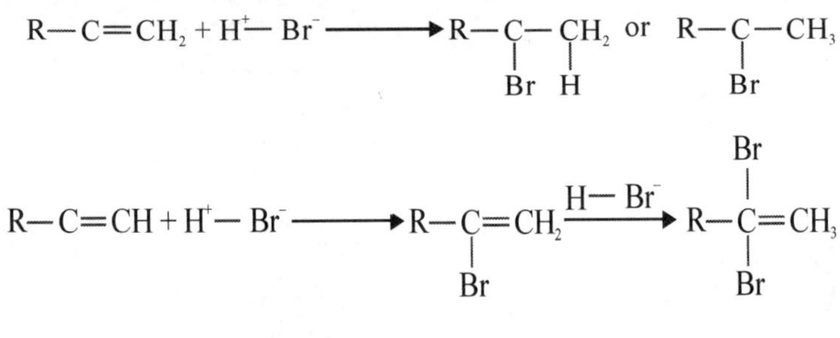

क्रियाविधि—दो पदों में होती है।

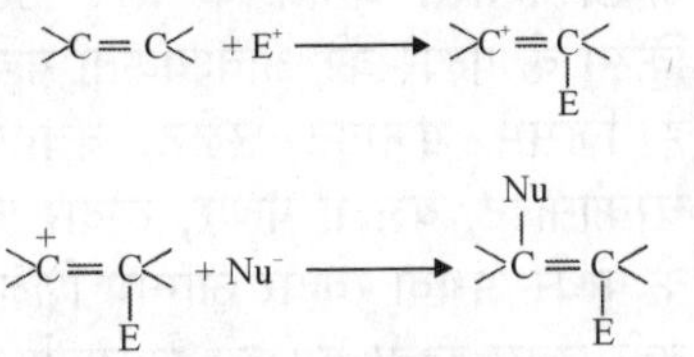

इलेक्ट्रॉनस्नेही अभिकर्मक (Electrophilic Reagents)—वे अभिकर्मक जिनमें इलेक्ट्रॉनों की कमी हो अर्थात् इलेक्ट्रॉन प्रेमी हो, इलेक्ट्रोफाल कहलाते हैं। ये अणु में इलेक्ट्रॉन-धनी केन्द्र पर आक्रमण करते हैं। ये धनावेशित या उदासीन (जैसे लुइस अम्ल) होते हैं।

इलेक्ट्रॉनस्नेही प्रतिस्थापन अभिक्रिया (Electrophilic Substitution Reactions)—इनमें आक्रमणकारी अभिकर्मक इलेक्ट्रोफाइल होता है। यह ऐरोमैटिक यौगिकों की प्रतिनिधि अभिक्रिया है।

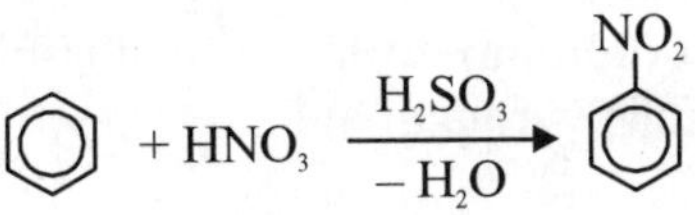

यह दो पदों में होती है—

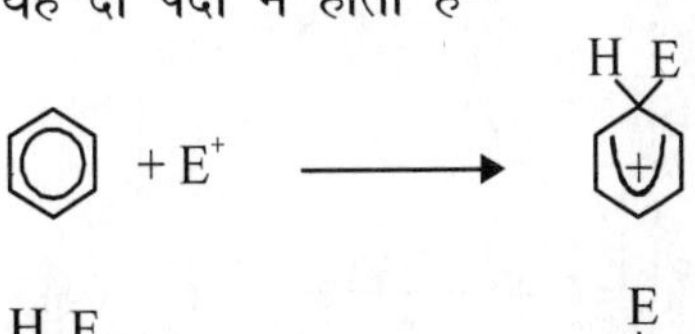

उदाहरणार्थ—फ्रीडल-क्राफ्ट्स अभिक्रिया:

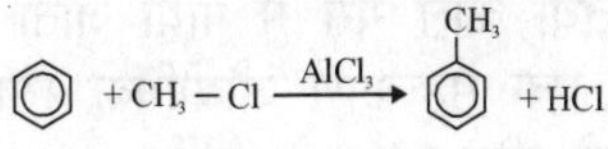

इमल्शन अथवा पायस (Emulsion)—जब दो अमिश्रणीय द्रवों (जैसे तेल और पानी) को मिलाकर हिलाया जाता है तो एक द्रव में दूसरे द्रव का विलोपन नजर आता है एवं इससे बने तन्त्र को (मिश्रण को) इमल्शन अथवा पायस कहते हैं। इस पायस की बूँदों का आकार द्रव विरोधी सॉल से बड़ा होता है तथा इन्हें सूक्ष्मदर्शी एवं कभी-कभी खुली आँखों से देखा जाना सम्भव है। इससे बनने वाले इमल्शन को एक द्रव का दूसरे द्रव में इमल्शन कहते हैं जैसे तेल का पानी में एवं पानी का तेल में। यह इन द्रवों की आवेक्षिक सान्द्रता पर निर्भर करता है जिस द्रव की सान्द्रता उच्च होती है वह बाहरी प्रावस्था निर्मित करता है इसे परिक्षेपण माध्यम भी कहते हैं। जैसे दूध एक ऐसा ही इमल्शन है जिसमें द्रव वसा पानी में वितरित रहती है एवं एक अन्य इमल्शन (Cod liver oil) है जिसमें पानी तेल में वितरित रहता है। इमल्शन के प्रकार के निर्धारण में इन दो द्रवों का पृष्ठ तनाव भी एक महत्त्वपूर्ण पद होता है जिस द्रव का पृष्ठ तनाव अधिक होता है वह आन्तरिक प्रावस्था निर्मित करता है।

इथिलीन (Ethelene)—इथिलीन एक सरलतम अल्कीन है। इसका अणु सूत्र C_2H_4 है। यह एक असंतृप्त हाइड्रोकार्बन है जिसमें एक कार्बन- कार्बन द्वि-बन्ध पाया जाता है। यह एक प्राकृतिक गैस

है तथा कोल गैस में पायी जाती है। यह एक महत्त्वपूर्ण औद्योगिक रसायन है जो जीव जगत में हार्मोन के रूप में भी कार्य करता है। इसका उपयोग बड़े पैमाने पर पॉलीथीन नामक प्लास्टिक बनाने के लिए किया जाता है।

इपॉक्सीइथेन (Epoxyethane)– इपॉक्सीइथेन इथाइलीन ऑक्साइड रंगहीन, ज्वलनशील गैस है। चक्रीय ईथर, जिसे इथेन के उत्प्रेरकीय ऑक्सीकरण द्वारा तैयार किया जाता है। जल अपघटन से इथेन 1,2-डाइऑल बनता है। बहुलीकरण से ---O-C_2H_4-O-C_2H_4-, जो जल की श्यानता कम करने वाला है, अतः अग्नि शामक के रूप में काम आता है।

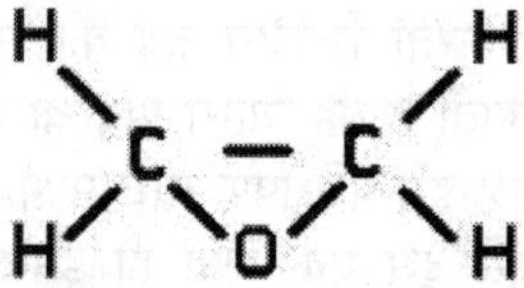

इमारती पत्थर (Fabric Stone)– अच्छी इमारतें बनाने के लिए उत्तम किस्म के पत्थर की आवश्यकता पड़ती है जिसमें ग्रेनाइट, स्लेट, क्वार्ट्ज चरकोनाइट, बलुआ पत्थर, रवेदार चूने के पत्थर अथवा रवेदार आग्नेय शिलाएं बड़ी उत्तम रहती हैं। इन शिलाओं पर जल का प्रभाव धीरे-धीरे पड़ता है, कठोर होने से इन्हें काटने-छाँटने में बड़ी मेहनत पड़ती है। चूने का पत्थर और संगमरमर हल्के, सुन्दर और बहुत नरम होने के कारण अधिक उपयोग में आते हैं।

उ

उत्पाद (Products)–अभिक्रिया में उत्पन्न नये पदार्थ, उत्पाद कहलाते हैं।

उत्पादक गैस (Producer Gas)–उत्पादक गैस का उपयोग उद्योग धन्धों में दिन-दिन बढ़ रहा है। भट्ठे और भट्ठियों, विशेषतः लोहे और इस्पात तथा काँच की भट्ठियों, भभकों और गैस इंजनों को गरम करने में उत्पादक गैस का ही आजकल प्रयोग होता है। कोयले के उत्तापदीप्त तल पर भाप और वायु के मिश्रण के प्रवाह से उत्पादक गैस बनती है इसमें कार्बन मोनोक्साइड, हाइड्रोजन, नाइट्रोजन, कार्बन डाइ-ऑक्साइड और मेथेन होती हैं।

उत्प्रेरण (Catalysis)–जब किसी रासायनिक अभिक्रिया की गति किसी पदार्थ की उपस्थित मात्रा से बढ़ जाती है तो इसे उत्प्रेरण कहते हैं। जिस पदार्थ की उपस्थिति से अभिक्रिया की गति बढ़ जाती है उसे उत्प्रेरक (catalyst) कहते हैं। उत्प्रेरक अभिक्रिया में भाग नहीं लेता, केवल क्रिया की गति को प्रभावित करता है।

औद्योगिक रूप से महत्त्वपूर्ण रसायनों के निर्माण में उत्प्रेरकों की बहुत बड़ी भूमिका है क्योंकि इनके प्रयोग से अभिक्रिया की गति बढ़ जाती है जिससे अनेक प्रकार से आर्थिक लाभ होता है और उत्पादन तेज होता है। इसलिए उत्प्रेरण के क्षेत्र में अनुसंधान के लिये बहुत सा धन एवं मानव श्रम लगा हुआ है।

उत्प्रेरक (Catalytic)–अपने अन्दर बिना किसी रासायनिक परिवर्तन के किसी क्रिया के वेग को परिवर्तित करने वाले पदार्थ को उत्प्रेरक कहते हैं। ये प्रायः अभिक्रिया की दर को बढ़ाते हैं। उन्हें धनात्मक उत्प्रेरक (Positive Catalyst) कहते हैं; जैसे–

$$N_2 + 3H_2 \xrightarrow{Fe} 2NH_3$$

$$4NH_3 + 5O_2 \xrightarrow{Pt} 4NO + 6H_2O$$

$$2SO_2 + O_2 \xrightarrow{V\ O} 2SO_3$$

ऐसी भी कुछ दशायें होती हैं जिनमें उत्प्रेरक क्रिया को धीमा भी करते हैं, इस प्रकार के उत्प्रेरकों को ऋणात्मक उत्प्रेरक (Negative Catalysts) कहा जाता है। जब हाइड्रोजन परऑक्साइड में ग्लिसरीन मिलाते हैं तो उसका विच्छेदन दर कम हो जाता है। अनेक रासायनिक क्रियाएँ उत्प्रेरकों की उपस्थिति में होती हैं। एन्जाइम जैव

रासायनिक उत्प्रेरक होते हैं। गन्ने के रस से एल्कोहल, एल्कोहल से एसिटिक अम्ल आदि एन्जाइमों के द्वारा ही निर्मित होते हैं।

उदप्रांगार (Hydrocarbon)–उदप्रांगार (Hydrocarbon), कार्बनिक यौगिक होते हैं, जो उदजन और प्रांगार के परमाणुओं से मिलकर बने होते हैं। इनका मुख्य स्रोत भू-तैल है। प्राकृतिक गैस में भी केवल उदप्रांगार पाये जाते हैं। उदप्रांगार संतृप्त तथा असंतृप्त दो प्रकार के होते हैं।

उदासीनीकरण अभिक्रिया (Neutral Reacion)–किसी अम्ल के साथ किसी क्षारक की क्रिया करने से लवण और जल उत्पन्न करने की अभिक्रिया को उदासीनीकरण अभिक्रिया कहा जाता है।

$$NaOH + HCl \rightarrow NaCl + H_2O$$

सोडियम	हाइड्रोक्लोरिक सोडियम	जल
हाइड्रॉक्साइड (क्षारक)	अम्ल (अम्ल)	क्लोराइड (लवण)

उत्प्लावन बल (Buoyancy)–किसी तरल (द्रव या गैस) में आंशिक या पूर्ण रूप से डूबी किसी वस्तु पर ऊपर की ओर लगने वाला बल उत्प्लावन बल कहलाता है। उत्प्लावन बल नावों, जलयानों, गुब्बारों आदि के कार्य के लिये जिम्मेदार है।

उपधातु (Metalloid)–वे तत्त्व जिनमें धातु तथा अधातु दोनों के गुण पाये जाते हैं, उन्हें उपधातु कहते हैं। नैपाली, अंजन, भिदातु, टांकण, सिकातु प्रमुख उपधातु हैं।

उपापचय (Metabolism)–सजीवों के शरीर में होने वाली सभी जैव-रासायनिक क्रियाओं को संयुक्त रूप से उपापचय कहते हैं। ये सजीव के वृद्धि एवं विकास, प्रजनन तथा अनुकूलन के लिए अत्यन्त आवश्यक हैं। इसके अन्तर्गत दो प्रकार की क्रियाएँ होती हैं जिसमें पहली एनाबोलिज्म कैटाबोलिज्म है।

उपचयन अभिक्रियाएँ (Oxidation Reaction)–पदार्थ से ऑक्सीजन का योग अथवा पदार्थ से हाइड्रोजन का निष्कासन उपचयन कहलाता हैं।

उपचायक (Oxidising Agent)–पदार्थ जो उपचयन के लिए ऑक्सीजन देता है अथवा जो हाइड्रोजन को निष्कासित करता है, उपचायक कहलाता है।

उपचयन-अपचयन (रेडॉक्स अभिक्रियाएँ) (Redox Reactions)–किसी अभिक्रिया में एक अभिकारक उपचयित तथा दूसरा अभिकारक अपचयित होता है, इन अभिक्रियाओं को **रेडॉक्स** अभिक्रियाएँ कहते हैं।

उप-सहसंयोजक यौगिक (Coodination Compound)–रसायन विज्ञान में उप-सहसंयोजक यौगिक उन यौगिकों को कहते हैं जिनमें कोई परमाणु या आयन (प्रायः धात्विक) उसको घेरे हुए अणुओं या धनायनों के व्यूह (ततंल) से जुड़ा हो। बहुत से धातु-युक्त यौगिक उप- सहसंयोजक यौगिक ही हैं। उप-सहसंयोजक यौगिक का और अधिक

व्यापक परिभाषा यह है– "उपसहसंयोजक यौगिक वह है जिसमें कोई परमाणु अपने ऑक्सीकरण संख्या से भी अधिक संख्या वाली रासायनिक वस्तुओं से बन्धन बनाता है।" अनेकों प्रकार के उप-सहसंयोजक यौगिक मौजूद हैं जिनमें जलीय विलयन में धातु (जल के अणुओं से उप-सहसंयोजित) से लेकर विभिन्न जैवरासायनिक प्रक्रियाओं में भाग लेने वाले जटिल धात्विक एन्जाइम आदि हैं।

उपसहसंयोजकता-संख्या (Coordination Number)—यौगिकों में दो या दो से अधिक किस्म के दाता रह सकते हैं। केन्द्र में स्थित धात्विक आयनों में दाता समूहों की संख्या प्रत्येक धात्विक आयन के लिए निश्चित रहती है। ऐसी संख्या को उप-सहसंयोजकता-संख्या कहते हैं। सिजविक के अनुसार यह संख्या तत्त्वों की परमाणु संख्या पर निर्भर करती है। यह दो से आठ तक हो सकती है। हाइड्रोजन की उप-सहसंयोजकता संख्या दो है और भारी धातुओं की आठ। यदि दाता समूह या परमाणु में एक जोड़े से अधिक असाझी इलेक्ट्रॉन विद्यमान हों, तो ऐसे समूह या परमाणु दो धात्विक आयनों से संयुक्त हो सकते हैं।

उष्ण निमज्जन गैलवानीकरण (Hot & Dip Galvanizing)—उष्ण निमज्जन गैलवानीकरण, गैलवानीकरण की सबसे अच्छी विधि है। यदि उचित ढंग से मुलम्मा चढ़ाया जाय तो वायुमंडल में खुला रखने के लिये सर्वश्रेष्ठ मुलम्मा इस विधि से चढ़ता है। इस विधि से लोहा, इस्पात तथा एल्युमिनियम पर लगभग 460 डिग्री सेल्सियस ताप पर जस्ते की पतली तह लगायी जाती है। जब वायुमण्डल में गैलवानीकृत वस्तु को छोड़ दिया जाता है तो शुद्ध ऑक्सीजन के साथ क्रिया करके यह जिंक ऑक्साइड बना लेता है। फिर यह जिंक ऑक्साइड वायुमण्डल की कार्बन डाइऑक्साइड से क्रिया करके जिंक कार्बोनेट ($ZnCO_3$) बना लेता है जो कि बहुत ही मजबूत पदार्थ है और इस कारण बहुत सी स्थितियों में मूल पदार्थ के संक्षरण को रोकता है।

ऊ

ऊर्णक (Flocculation)—यदि जल गंदा हो तो अवसादन से जल स्वच्छ नहीं हो पाता। अतः छोटे कणों को पास-पास लाकर उन्हें अवसादन द्वारा हटाने के लिए ऊर्णन क्रिया कराई जाती है। इसके लिए रसायन डालने पड़ते हैं जिन्हें ऊर्णक कहते हैं जो रासायनिक ऊर्ण (थक्के) बनाते हैं। यह ऊर्ण निलम्बित कणों को अधिशोषित करके, बन्दी बनाकर तथा एकत्र करके बड़े-बड़े पिंड बनाता है। इसके लिए आलोडन आवश्यक है। ये भारी कण या ऊर्ण नीचे बैठ जाते हैं। जल का गँदलापन हटाने की प्रमुख विधि ऊर्ण ही है। ऊर्णन के लिए जिन रसायनों का प्रयोग किया जाता है, वे हैं—एल्युमिनियम सल्फेट या फेरस सल्फेट। कभी-कभी ऊर्ण में जीवाणु फँसे रह जाते हैं।

ऊर्ध्वपातन (Sublimation)—आयोडीन, नौसादर, कपूर आदि ऐसे पदार्थ हैं जो गर्म किये जाने पर बिना द्रव में बदले सीधे गैस में बदल जाते हैं और ठंडा किये जाने पर सीधे ठोस में बदल जाते हैं। इस प्रकार के पदार्थों को 'ऊर्ध्व' तथा इस क्रिया को ऊर्ध्वपातन कहते हैं। यह क्रिया करने के लिये सर्वप्रथम एक चीनी की प्याली में नौशादर और नमक का मिश्रण लो और उसके ऊपर एक उल्टी कीप रख दो। प्याली को गर्म करो। कुछ देर गर्म करने पर प्याली में सफेद धुँआ दिखायी देने लगेगा। यह धुआँ ऊपर उठकर कीप के ठंडे भाग में आने लगेगा। प्याली में सिर्फ़ नमक बचेगा। इस प्रकार नमक व नौशादर के मिश्रण को अलग किया जाता है।

ऊर्ध्वपातन में कोई पदार्थ ठोस अवस्था से वाष्प अवस्था में बिना तरल अवस्था ग्रहण किये परिवर्तित हो जाता है।

ऊर्जा (Energy)—किसी भी कार्यकर्ता के कार्य करने की क्षमता को ऊर्जा (Energy) कहते हैं। ऊर्जा की सरल परिभाषा देना कठिन है। ऊर्जा वस्तु नहीं है। इसको हम देख नहीं सकते, यह कोई जगह नहीं घेरती, न इसकी कोई छाया ही पड़ती है। संक्षेप में, अन्य वस्तुओं की भाँति यह द्रव्य नहीं है, यद्यपि बहुधा द्रव्य से इसका घनिष्ठ सम्बन्ध रहता है। फिर भी इसका अस्तित्त्व उतना ही वास्तविक है जितना किसी अन्य वस्तु का और इस कारण कि किसी पिंड समुदाय में, जिसके

ऊपर किसी बाहरी बल का प्रभाव नहीं रहता, इसकी मात्रा में कभी वृद्धि नहीं होती।

ऊर्जा संरक्षण का नियम (Law of Conservation of Energy)—ऊर्जा संरक्षण का नियम भौतिकी का एक प्रयोगाधारित नियम है। इसके अनुसार किसी अयुक्त निकाय की कुल ऊर्जा समय के साथ नियत रहती है अर्थात् ऊर्जा का न तो निर्माण सम्भव है न ही विनाश बल्कि इसका केवल रूप बदला जा सकता है। उदाहरण के लिये गतिज़ ऊर्जा, स्थितिज ऊर्जा में बदल सकती है, विद्युत् ऊर्जा, ऊष्मा ऊर्जा में बदल सकती है, यान्त्रिक कार्य से ऊष्मा उत्पन्न हो सकती है। ऊष्मागतिकी का प्रथम नियम भी वास्तव में ऊर्जा संरक्षण के नियम का एक परिवर्तित रूप है।

ऊष्मा (Heat)—ऊष्मा या ऊष्मीय ऊर्जा का एक रूप है, जो ताप के कारण होता है। ऊर्जा के अन्य रूपों की तरह ऊष्मा का भी प्रवाह होता है। किसी पदार्थ के गर्म या ठंढे होने के कारण उसमें जो ऊर्जा होती है उसे उसकी ऊष्मीय ऊर्जा कहते हैं। अन्य ऊर्जा की तरह इसका मात्रक भी जूल होता है पर इसे कैलोरी में भी व्यक्त करते हैं।

ऊष्मागतिकी (Thermodynamics)—भौतिकी में ऊष्मागतिकी (ऊष्मागतिकी = ऊष्मा की गति सम्बन्धी) के अन्तर्गत ऊर्जा का कार्य और ऊष्मा में रूपांतरण तथा इसका तापमान और दाब जैसे स्थूल चरों से सम्बन्ध का अध्ययन किया जाता है। इसमें ताप, दाब तथा आयतन का सम्बन्ध भी समझा जाता है।

ऊष्मारसायन (Thermochemistry)—ऊष्मागतिकी एवं भौतिक रसायन में ऊष्मारसायन वह शाखा है, जो किसी रासायनिक अभिक्रिया में उत्पन्न या शोषित की गयी ऊर्जा का अध्ययन करती है। ऊष्मारसायन में प्रायः ऊर्जा के शोषण या उत्सर्जन के परिणामस्वरूप होने वाले भौतिक परिवर्तन (जैसे गलन, क्वथन, फेज परिवर्तन आदि का भी अध्ययन शामिल है। इसके साथ-साथ ऊष्माधारिता, ज्वलन की ऊष्मा, निर्माण की ऊष्मा, इन्थाल्पी एवं मुक्त ऊर्जा की गणना भी की जाती है।

ऊष्माशोषी (Endothermic)—ऊष्मागतिकी में ऊष्माशोषी का अर्थ ऐसे प्रक्रम या रासायनिक अभिक्रिया से है जो ऊष्मीय ऊर्जा का शोषण करती है। इस प्रक्रिया की विलोम प्रक्रिया का नाम ऊष्माक्षेपी है। इस शब्द का उपयोग रासायनिक अभिक्रियाओं के सन्दर्भ में बहुत होता है। ऊष्माशोषी रासायनिक क्रियाओं में ऊष्मीय ऊर्जा, बन्ध ऊर्जा में परिवर्तित हो जाती है।

ऊष्माशोषी अभिक्रियाएँ (Endothermic Reactions)—जिन अभिक्रियाओं में ऊष्मा का अवशोषण होता हैं उन्हें ऊष्माशोषी अभिक्रियाएँ कहते हैं।

ऊष्माक्षेपी अभिक्रिया (Exothermic Reactions)—ऊष्माक्षेपी वे अभिक्रियाएँ

हैं जिनमें अभिक्रिया के दौरान ऊष्मा निकलती है। इनको रासायनिक समीकरण में दर्शाने के लिए उत्पाद की और (+) ऊष्मा लिख देते हैं।

$$C + O_2 \rightarrow CO_2 + \text{ऊष्मा}$$

ऊष्मा का संचार (Heat Transfer)– ताप ऊर्जा के अधिक गर्म पिंड से किसी ठंडे पिंड में पारगमन को ऊष्मा का संचार कहते हैं। जब किसी वस्तु का तापमान उसके परिवेश या अन्य वस्तु की अपेक्षा भिन्न होता है तो ताप ऊर्जा का संचार जिसे ताप का बहाव या ताप का विनिमय भी कहते हैं, यह क्रिया इस तरह से होती है कि वह वस्तु और उसका परिवेश ऊष्म-साम्यता ग्रहण कर लेते हैं। इसका अर्थ है कि दोनों का तापमान समान हो जाता है। ऊष्मप्रवैगिकी के द्वितीय नियम या क्लॉजियस के कथन के अनुसार ऊष्मा का संचार हमेशा अधिक गर्म वस्तु से ठंडी वस्तु की ओर होता है। जहाँ कहीं भी पास-पास स्थित वस्तुओं में तापमान की भिन्नता होती है, उनके बीच ऊष्मा के संचार को कभी रोका नहीं जा सकता, इसे केवल कम किया जा सकता है।

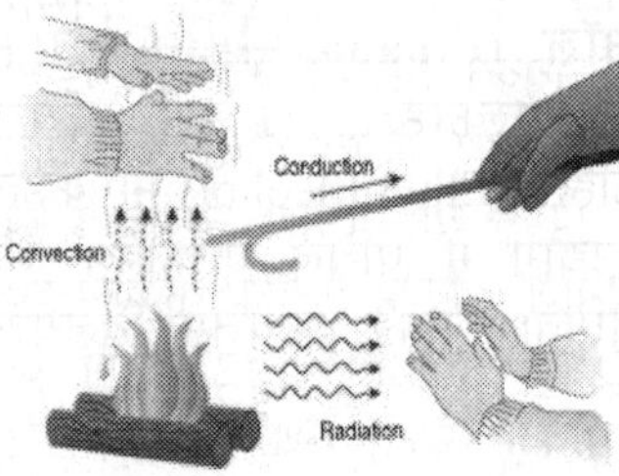

ऊष्मा समीकरण (Heat Equation)– ऊष्मा समीकरण महत्त्वपूर्ण आंशिक अवकल समीकरण है, जो किसी वस्तु के किसी क्षेत्र में समय के साथ ताप की स्थिति बताता है।

ए

एथेनॉल (Ethanol)—एथेनॉल एक प्रसिद्ध एल्कोहल है। इसे एथिल अल्कोहल (Ethyl Elcohol) भी कहते हैं। उद्योग में एथिल एल्कोहल की उपयोगिता इसकी अत्युत्तम विलेयक शक्ति के कारण है। इसका उपयोग वार्निश, पालिश, दवाओं के घोल तथा ईथर, क्लोरोफार्म, कृत्रिम रंग, पारदर्शक साबुन, इत्र तथा फल की सुगन्धों और अन्य रासायनिक यौगिक बनाने में किया जाता है। पीने के लिए विभिन्न मदिराओं के रूप में, घावों को धोने में जीवाणुनाशक के रूप में तथा प्रयोगशाला में घोलक के रूप में इसका उपयोग किया जाता है। पीने की औषधियों में यह डाला जाता है और मरे हुए जीवों को संरक्षित रखने में भी इसका उपयोग होता है। रेयॉन ऐसिटेट उद्योग के लिए ऐसीटिक अम्ल की पूर्ति मैंगनीज पराक्साइड तथा सल्फ़्यूरिक अम्ल की उपस्थिति में एल्कोहल का ऑक्सीकरण करके होती है, क्योंकि यह क्रिया शीघ्र होती है और इससे ऐसीटिक अम्ल तथा ऐसिटैल्डिहाइड प्राप्त होते हैं। स्पिरिट लैंप तथा स्टोव में और मोटर इंजनों में पेट्रोल के साथ इसको ईंधन के रूप में जलाते हैं। इसके अधिक वाष्पीकृत न होने के कारण मोटर को चलाने में कठिनाई न हो इस उद्देश्य से इसमें 25% ईथर या पेट्रोल मिलाते हैं।

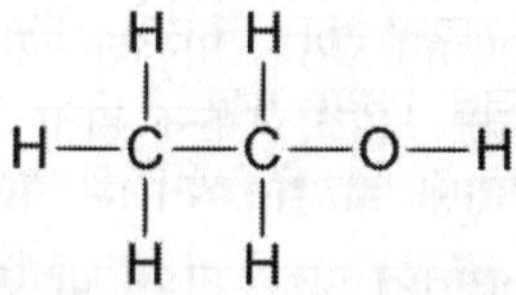

एनाबोलिज्म (Anabolism)—सभी मेटाबोलिक क्रियाएँ जिसके फलस्वरूप शरीर में सामान्य अणुओं से जीवद्रव्य की अपेक्षाकृत बड़े अणुओं का निर्माण होता है एनाबोलिज्म कहलाती हैं। इस क्रिया के फलस्वरूप ही शरीर में नये पदार्थों का संश्लेषण, शारीरिक विकास, वृद्धि एवं संरक्षण सम्भव है। प्रकाश- संश्लेषण एक महत्त्वपूर्ण एनाबोलिक क्रिया है।

एल्केन (Alkanes)—कार्बन तथा हाइड्रोजन से युक्त कार्बनिक यौगिक, हाइड्रोजन कहलाते हैं। इन्हें दो भागों में वर्गीकृत किया गया है :

1. ऐलिफैटिक अथवा खली वलय या अचक्रीय हाइड्रोकार्बन
2. बन्द शृंखला या चक्रीय हाइड्रोकार्बन

प्रथम वर्ग के हाइड्रोकार्बनों में कार्बन परमाणुओं की विवृत या शाखित शृंखला होती है तथा शृंखला के दोनों

सिरों के कार्बन आपस में जुड़े होते हैं। अतः इन्हें खुली वलय या अचक्रीय हाइड्रोकार्बन कहा जाता है। इस वर्ग के अधिकतर सदस्य प्रारम्भ में वसा से प्राप्त किये गये थे, इसलिए इन्हें ऐलिफैटिक हाइड्रोकार्बन कहा जाता है। ऐलिफैटिक शब्द ग्रीक शब्द–'ऐलीफोस', जिसका अर्थ है 'वसा' से लिया गया है। कार्बन-कार्बन बन्ध की प्रकृति के आधार पर इन हाइड्रोकार्बनों को पुनः दो श्रेणियों में विभाजित किया गया है।

(i) संतृप्त हाइड्रोकार्बन या ऐल्केन

(ii) असंतृप्त हाइड्रोकार्बन या ऐल्कीन तथा ऐल्काइन

संतृप्त हाइड्रोकार्बन में कार्बन परमाणु की चारों संयोजकता चार परमाणु अथवा समूहों से एकल बन्ध द्वारा जुड़ी रहती हैं जबकि असंतृप्त हाइड्रोकार्बन में कार्बन परमाणु बहुबन्ध से जुड़े रहते हैं। बहुबन्ध की प्रकृति के आधार पर इन हाइड्रोकार्बन को पुनः ऐल्कीन एवं ऐल्काइन में वर्गीकृत किया गया है।

संतृप्त हाइड्रोकार्बन या ऐल्केन को C_nH_{2n+2} सामान्य सूत्र द्वारा व्यक्त करते हैं, जहाँ *n* एक पूर्णांक (integer) है तथा इसका मान 1, ,2, 3, 4, ...आदि है। इस समजातीय श्रेणी के प्रथम तीन सदस्यों के सूत्र क्रमशः CH_4, C_2H_6 व C_3H_8 हैं। एल्केनों की रासायनिक अभिक्रियाशीलता बहुत कम है तथा सामान्य अभिकारक जैसे पौटेशियम परमैगनेट, पोटैशियम डाइक्रोमेट, नाइट्रिक अम्ल, सल्फ्यूरिक अम्ल, क्रोमिक अम्ल, सोडियम हाइड्रॉक्साइड, आदि के प्रति उदासीन हैं। इस उदासीनता के कारण इनकी पूर्णतः संतृप्त प्रकृति है, इसलिए इन्हें पेराफिन (लैटिन शब्द पेरम : कम, ऐफीनिस : ऐफीनीटी या क्रियाशीलता) कहा जाता है।

एल्डीहाइड्स (Aldehydes)–इसका स्रोत बसा, तेल अथवा ग्लिसरॉल का पृथक्कीकरण है। इसके हानिकारक प्रभाव हैं कि नाक से साँस लेने में जलन पैदा होना, बदबू फैलना।

एक्टिनॉएड (Actinide)–एक्टिनॉएड (आईयूपीएसी नामकरण) या एक्टिनाइड (परम्परागत वृहत प्रयोगनीय नामकरण) एक 15 रासायनिक तत्त्वों की श्रेणी होती है, जो एक्टिनियम से लेकर लॉरेन्शियम तक आवर्त सारणी में पाये जाते हैं। इनके परमाणु संख्या 89-103 तक होते हैं। इस श्रेणी का नाम इसके प्रथम सदस्य एक्टीनियम के नाम पर रखा गया है।

एम्पीयर (Ampere)–एम्पीयर, लघु रूप में उस विद्युत्धारा या विद्युत् आवेश की मात्रा प्रति सेकण्ड की इकाई है। एम्पीयर SI मूल इकाई है और इसका नाम विद्युत चुम्बकत्व को खोजने वाले वैज्ञानिक आंद्रे-मैरी एम्पीयर के नाम पर रखा गया है।

एल्किनाइन (Alkinine)–ऐसे यौगिक जिनमें कार्बन-कार्बन द्विबन्ध तथा कार्बन-कार्बन त्रिबन्ध उपस्थित हों तो वे ऐल्किनाइन कहलाते हैं। कार्बन शृंखला का क्रमांकन उस सिरे से करते हैं जिधर से द्विबन्ध अथवा त्रिबन्ध

समीप हो। यदि द्विबन्ध और त्रिबन्ध समान स्थिति पर हों तो द्विबन्ध को प्राथमिकता देते हैं अर्थात् क्रमांकन उस सिरे से करते हैं जिधर से कार्बन-कार्बन द्विबन्ध को न्यूनतम अंक दिया जा सके।

$$\overset{7}{HC} \equiv \overset{6}{C} — \overset{5}{CH_2} — \overset{4}{CH_2}$$

$$— \overset{3}{CH_2} — \overset{2}{CH} = \overset{1}{CH_2}$$

1-हेप्टीन-6-आइन

ऐल्काइन के एक हाइड्रोजन को पृथक करने से प्राप्त एक संयोजी समूह को ऐल्काइनिल (Alkynyl) समूह कहते हैं। इनका नामकरण संगत ऐल्काइन के *"yne"* के *"y"* को *-yl* से प्रतिस्थापित करके किया जाता है।

$$\text{(alkyne)} \xrightarrow[+yl]{-e} \text{(alkynyl)}$$

HC ≡ C—एथाइनिल

H_3C—C ≡ C—प्रोपाइनिल

H—C ≡ C—CH_2—2-प्रोपाइनिल

या प्रोपारजिल

एल्कलॉएड (Alkaloid)—एल्कलॉएड प्राकृतिक रूप से प्राप्त रासायनिक यौगिक होते हैं, जिनमें प्रायः क्षारीय नाइट्रोजन परमाणु होते हैं। इस समूह में कुछ ऐसे बन्धु यौगिक भी आते हैं, जिनमें उदासीन एवं अशक्त अम्लीय गुण होते हैं। समान गुणों और संरचना वाले कुछ अन्य यौगिकों को भी एल्कलॉएड समूह में रखा जाता है। कार्बन, हाईड्रोजन एवं नाइट्रोजन, अणुओं के अलावा एल्कलॉएड यौगिकों में गंधक और कभी-कभी क्लोरीन, ब्रोमीन या फॉस्फ़ोरस भी उपस्थित हो सकते हैं।

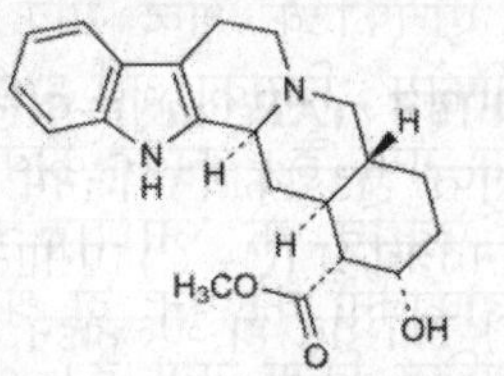

एल्युमिनियम (Aluminium)—एल्युमिनियम एक भौतिक तत्त्व है, जो धातुरूप में पाया जाता है। एल्युमिनियम का एक प्रमुख अयस्क बॉक्साईट है जो यह मुख्य रूप से एल्युमिनियम ऑक्साइड, आयरन ऑक्साइड तथा कुछ अन्य अशुद्धियों से मिलकर बना होता है। बेयर प्रक्रम द्वारा इन अशुद्धियों को दूर कर दिया जाता है जिससे सिर्फ एल्युमिना (Al_2O_3) बच जाता है। एल्युमिना से विद्युत् अपघटन द्वारा शुद्ध एल्युमिनियम प्राप्त होता है। एल्युमिनियम धातु विद्युत् तथा ऊष्मा का चालक तथा काफ़ी हल्की होती है। इसके कारण इसका उपयोग हवाई जहाज के पुर्जों को बनाने में किया जाता है। भारत में जम्मू कश्मीर, मुंबई, कोल्हापुर, जबलपुर, रांची, सोनभद्र, बालाघाट तथा कटनी में बॉक्साइट के विशाल भण्डार पाये जाते है। उड़ीसा स्थित नाल्को (NALCO) दुनिया की सबसे सस्ती एल्युमिनियम बनाने वाली कम्पनी है।

ऐ

ऐल्काइन (Alkynes)–ऐलिफैटिक असंतृप्त हाइड्रोकार्बन जिनमें कार्बन-कार्बन त्रिबन्ध ($C \equiv C$) (ऐसीटिलीनिक बन्ध) उपस्थित हो, ऐल्काइन कहलाते हैं। ऐल्काइनों का सामान्य सूत्र (C_nH_{2n-2}) होता है अर्थात् इनमें संगत ऐल्केन की अपेक्षा चार हाइड्रोजन परमाणु कम होते हैं। ऐल्काइनों, डाइईनों की समावयवी होती हैं क्योंकि ऐसीटिलीन ऐल्काइनों का सरलतम (प्रथम सदस्य) है, इस कारण ऐल्काइनों की सजातीय श्रेणी को ऐसीटिलीन श्रेणी भी कहते हैं।

ऐल्किल हैलाइड (Alkyl Halides)–ऐल्किल हैलाइड एल्केनों के हैलोजन व्युत्पन्न हैं जो कि ऐल्केनों के एक अथवा अधिक हाइड्रोजन परमाणुओं का हैलोजन परमाणुओं (F, Cl, Br, I) द्वारा प्रतिस्थापन करने से प्राप्त होते हैं।

$$R - H \xrightarrow[+X]{-H} R - X$$

X= हैलोजन परमाणु

(Cl, Br,I)

ऐल्किल हैलाइडों को हैलोएल्केन भी कहा जाता है।

सामान्य सूत्र (General formula) : $C_nH_{2n+1}X$

सामान्यतया, ऐल्किल हैलाइडों को R—X द्वारा प्रदशित किया जाता है।

R = ऐल्किल समूह

X = हैलोजन परमाणु

ऐल्किल हैलाइडों में हैलोजन परमाणु sp^3-संकरित कार्बन से जुड़ा रहता है।

$$-\overset{|}{\underset{|}{C}}-X$$

sp^3-संकरित कार्बन

ऐल्किल समूह (Alkyl Group)–परमाणु या परमाणुओं का समूह जिनकी मुक्त संयोजकता हो, मूलक कहलाते हैं। ऐल्केन अणु में से एक हाइड्रोजन परमाणु निकलने पर ऐल्किन मूलक या समूह बनता है। इसे सामान्यतया **R**— द्वारा प्रदर्शित करते हैं। ऐल्किल समूह को सामान्य सूत्र C_nH_{2n+1} से व्यक्त किया जाता है और इनके नाम ऐल्केन के 'एन' (ane) के स्थान पर 'इल' (yl) लिखने ये प्राप्त होते हैं। ऐल्किल समूहों को प्राथमिक, द्वितीयक

तथा तृतीयक कहा जाता है, अगर मुक्त संयोजकता वाला कार्बन दूसरे दो कार्बनों से क्रमशः जुड़ा हो।

ऐराइन (Arynes)– ऐरोमैटिक यौगिक जिनमें त्रिआबन्ध होता है, ऐराइन कहलाते हैं। इनका एक विख्यात उदाहरण है बेन्जाइन। बेन्जाइन में एक बेन्जीन वलय में एक C—C त्रिबन्ध होता है–

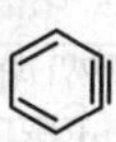

गणितीय रूप से, बेन्जाइन = बेन्जीन – 2H। इसे **विहाइड्रो-बेंजीन** भी कहते हैं। बेन्जाइन का त्रिबन्ध बहुत ही तनावयुक्त (strained) होता है, क्योंकि यह बेन्जीन वलय की षट्कोणीय ज्यामिति (hexagonal geometry) के कारण रेखीय रूप प्राप्त नहीं कर पाता है। इसलिए इसकी संरचना को हम एक विकृत (distorted) ऐसीटिलीन मान सकते हैं जिसमें नया π-बन्ध दो निकटवर्ती sp^2 कक्षकों अतिव्यापन (sideways overlap) से बनता है।

ओ

ऑक्टेन (Octane)–ऑक्टेन एक हाइड्रोकार्बन तथा अल्केन है। ऑक्टेन पैराफिन श्रेणी के हाइड्रोकार्बन। इस सूत्र के अट्ठारह समावयवी सम्भव हैं। पेट्रोलियम से प्राप्य 99 & 125° से. के मध्य इनमें सबसे महत्त्वपूर्ण 2,2,4 ट्राई मिथाइल पेंटेन है, जिसे आइसो ऑक्टेन कहते हैं। यह रंगहीन द्रव्य है।

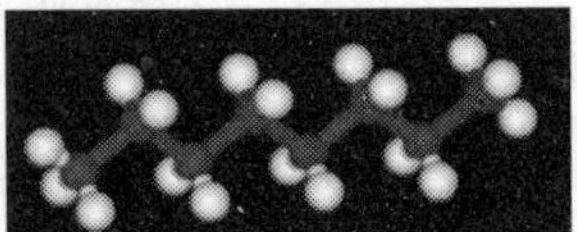

ओसांक नमीमापी–जिन उपकरणों द्वारा वायुमंडल का ओसांक ज्ञात करके सापेक्ष नमी ज्ञात की जाती है उन्हें ओसांक नमीमापी कहते हैं। ये उपकरण अनेक प्रकार के होते हैं, जैसे डेनियल-हाइग्रोमीटर, साइक्रोमीटर, रेनों-हाइग्रोमीटर या आर्द्र तथा शुष्क बल्ब नमीमापी आदि। इस उपकरण द्वारा बड़ी आसानी से ओसांक और सापेक्ष नमी का मान ज्ञात किया जाता है। इस यन्त्र में दो तापमापी को एक ही स्टैंड में लटका दिया जाता है। इनमें से एक तापमापी के बल्ब को खुला रखा जाता हैं। मलमल के कपड़े को गीला रखने हेतु बल्ब के नीचे एक पानी से भरा पात्र लटका दिया जाता है जिसमें कपड़े का एक सिरा डुबा दिया जाता है।

ओस (Dew)–प्रातःकालीन समय तृणों और पादपों की पत्तियों पर पड़े हुए मोती के समान जल की नन्हीं-नन्हीं बूँदों को ओस कहते हैं। अन्तर्राष्ट्रीय मौसम वैज्ञानिक समिति के द्वारा ओस की मान्य परिभाषा इस प्रकार है– ''धरातल की समीपवर्ती वायु में विद्यमान जल-वाष्प के प्रत्यक्ष संघनन के द्वारा मुख्य रूप से रात्रिकालीन विकिरण द्वारा, शीतलीकृत क्षैतिज तलों पर संचित पानी बूँदों को ओस कहते हैं।'' साफ और शांत मौसम में सूर्यास्त के बाद धरातल विकिरण के द्वारा तेज गति से ठंडा हो जाता है और निकटवर्ती वायु की तुलना में इसका तापमान नीचा हो जाता है। तत्पश्चात् धरातल के सम्पर्क में आने वाली वायु चलने की प्रक्रिया द्वारा ठंडी हो जाती है।

क

कॉलेस्ट्रिक द्रव क्रिस्टल (Cholestric Liquid Crystals)—अनेक कॉलेस्ट्रिक एस्टर एवं प्रकाशिकी समावयवीय पदार्थ पाये गये हैं जिनमें अधिकांश गुण नेमेटिक द्रव क्रिस्टलों के समान होते हैं ये ध्रुविल प्रकाश के साथ विशेष प्रकार के रंग प्रदान करते हैं। इनके परत समान संरचना होने के कारण ये स्मेक्टिक द्रव क्रिस्टलों के गुण भी प्रदर्शित करते हैं। ऐसा सबसे पहले पाया गया द्रव क्रिस्टल कॉलेस्टिरिल बेंजोएट (Cholesteryl benzoate) है जिसका संक्रमण ताप 146°C एवं गलनांक 178°C है। इसके अन्य उदाहरण *l*-कॉलेस्टिरिल फार्मेट से *l*-कॉलेस्टिरिल माइरिस्टेट तक है। इन एस्टरों में अम्ल की श्रृंखला की लम्बाई बढ़ने पर यौगिकों में स्मेक्टिक गुण की मात्रा में वृद्धि होने लगती है।

कागज़ का पुनःचक्रण (Paper Recycle)—कागज़ के पुनःचक्रण के लिए आपको पुराने समाचार-पत्र, पुराने लिफाफे, मैगज़ीन, पुरानी नोटबुक, पत्र एवं अन्य बेकार कागज़ चाहिए। चमकदार एवं प्लास्टिक लेपित कागज़ का उपयोग मत कीजिए। इसके अतिरिक्त आपको तार की जाली फ्रेम भी चाहिए, फ्रेम के स्थान पर आप बड़ी आयाम की छलनी भी ले सकते हैं। कागज़ों को छोटे-छोटे टुकड़ों में फाड़िए। इन्हें एक बाल्टी अथवा टब में रखकर जल डालिए। कागज़ के टुकड़ों को जल में एक दिन के लिए डूबा रहने दीजिए।

अब फ्रेम पर जड़ी जाली पर गीली लुगदी को फैलाइए। लुगदी की परत को यथा सम्भव एक समान बनाने के लिए फ्रेम को धीरे से ठोकिये। जल के बहकर निकल जाने तक प्रतीक्षा कीजिए। यदि आवश्यक हो तो फ्रेम पर पुराना कपड़ा अथवा समाचार-पत्र फैला दीजिए जिससे लुगदी का अधिक से अधिक जल सोख लिया जाये। अब लुगदी की इस परत को सावधानी से फ्रेम से अलग कर किसी पुराने समाचार-पत्र पर रखकर धूप में सुखाएँ। समाचार-पत्र के किनारों पर कुछ भारी वस्तु रखें। जिससे वे मुड़ न सकें। रंगीन कागज़ प्राप्त करने के लिए लुगदी को फैलाने से पूर्व आप इसमें खाने वाले रंग मिला सकते हैं, इसके अतिरिक्त फ्रेम पर लुगदी फैलाने से पूर्व आप इसमें सूखी

पत्तियों, फूलों की पंखुड़ियों तथा रंगीन कागज़ के टुकड़ें भी मिला सकते हैं। ऐसा करके आप सुन्दर पैटनों वाले पुनः चक्रण का आकर्षक कागज़ तैयार कर सकते हैं।

कठोर जल (Hard Water)–ऐसे जल को कठोर जल कहते हैं जिसमें खनिज लवणों की अधिकता हो। इसमें कैल्शियम और मैग्नीशियम के बाइकार्बोनेट और कार्बोनेट उपस्थित रहते हैं। इसकी सरल पहचान है कि यह साबुन के साथ झाग उत्पन्न नहीं करता।

कार्बन मोनोऑक्साइड (CO)– कार्बन यौगिकों के जलने से निर्मित होने वाली यह सबसे हानिकारक गैस है। जिसके मुख्य स्रोत, सिगरेट, मोटर गाड़ियाँ एवं घरेलू उपकरण हैं। यह गैस मनुष्य के रक्त के हीमोग्लोबिन से मिलकर एक जटिल यौगिक बनाता है, जिससे शरीर में हीमोग्लोबिन फेफड़ों में ऑक्सीजन ले जाना बन्द कर देता है।

इसका मुख्य स्रोत वाहन और उद्योगों में अधजले हाइड्रोकार्बन्स तथा ईंधन दहन है। इससे रक्त में ऑक्सीजन की कमी, सरदर्द, दृष्टि दोष और स्नायु सम्बन्धी रोग हो सकते हैं।

कार्बीन (Carbenes)–वह स्पीशीज जिसमें कार्बन पर छः इलेक्ट्रॉन और आवेश नहीं होता अर्थात् उदासीन होती हैं, कार्बीन कहलाती है।

$$H—\ddot{C}—H \quad \text{or} \quad :CH_2$$

इस प्रकार कार्बन पर दो सिग्मा बन्ध और दो अयुग्मित इलेक्ट्रॉन होते हैं अर्थात् कार्बन पर इलेक्ट्रॉन षष्टक होता है। अतः ये इलेक्ट्रोफाइल होते हैं।

कार्बेनायन (Carbanions)–ऐसा समूह जिसमें केन्द्रीय कार्बन परमाणु पर आठ इलेक्ट्रॉन (अष्टक) तथा ऋणावेश हो, कार्बेनायन कहलाता है। ये न्यूक्लियोफाइल होते हैं। केन्द्रीय कार्बन परमाणु sp^3 संकरण अवस्था में होता है जिसमें तीन sp^3 कक्षकों के साथ तीन सिग्मा-बन्ध बनते हैं जबकि एक इलेक्ट्रॉन युग्म चौथे sp^3 कक्षक में होता है। अतः इनका आकार चतुष्फलकीय या अमोनिया की भाँति क्विोण पिरैमिडी (5 या 7) होता है। जिसमें बन्धक कोण लगभग 109.5° होता है लेकिन इन दोनों विन्यासों के मध्य एक संक्रमण अवस्था (6) भी बनता है जिसमें एकाकी इलेक्ट्रॉन युग्म p-कक्षक में रहता है, अतःसंक्रमण अवस्था में कार्बन परमाणु का संकरण sp^2 होता है।

कार्बोनिय आयन या कार्बोकैटायन (Carbonium Ions or Carbocations)– यह कार्बन जिसके पास छः इलेक्ट्रॉन और धनावेश हो, कार्बोनियम आयन या कार्बोकैटायन कहलाता है। सम्बन्धित ऐनायन, कार्बेनायन के अनुरूप इस प्रकार की जाति के नामकरण हेतु 1970 के दशक के मध्य से शब्द कार्बोकैटायन का प्रचलन हुआ। अष्टक पूर्ण न होने के कारण ये अस्थायी होते हैं तथा इलेक्ट्रोफाइल की भाँति व्यवहार करते

हैं। कार्बोकैटायन कार्बन sp^2 संकरण अवस्था में होता है अतः इसका आकार समतल त्रिभुजीय (planar triangular) होता है। जिसमें बन्धक कोण 120° का होता है।

कार्बन-चक्र (Carbon Cycle)–कभी-कभी मानव गतिविधियाँ सामान्य चक्र को प्रभावित कर असन्तुलन को जन्म देती हैं। कार्बन डाइऑक्साइड के रूप में पौधों द्वारा प्रकाश-संश्लेषण क्रिया हेतु कच्चे माल के रूप में ग्रहण किया जाता है। फलस्वरूप कार्बोहाइड्रेट एवं अन्य जैविक पदार्थों का उत्पादन होता है। यह खाद्य-शृंखला द्वारा होते हुए, अन्ततः सूक्ष्म जीवों द्वारा कार्बन डाइऑक्साइड के रूप में बदल दिया जाता है। जीवों के श्वसन द्वारा कार्बन डाइऑक्साइड का उत्पादन होता है और यह पौधों द्वारा ग्रहण की जाती है।

कुछ वर्षों में जीवाश्म ईंधन के दहन के कारण कार्बन डाइऑक्साईड के वायुमंडलीय स्तर में वृद्धि हुई है। इसके कारण कार्बन का प्राकृतिक चक्रण प्रभावित हुआ है और विश्व आज भूमंडलीय तापमान वृद्धि की समस्या से जूझ रहा है।

कार्बधातुक यौगिक (Organometallic Compounds)–उन रासायनिक वस्तुओं को जिनमें एक या अधिक हाइड्रोकार्बन मूलक धातु या उप-धातु से ऋजु संयोजित होते हैं, उन्हें कार्बधातुक यौगिक कहते हैं। प्रकृति में ये अप्राप्य हैं, पर प्रयोगशाला में संश्लेषित इन यौगिकों की संख्या बहुत बड़ी है। फ्रैंकलैंड ने सर्वप्रथम 1849 ई. में डाइ-एथिल जस्ता नामक एक कार्बधातुक यौगिक का पृथक्करण किया और उसकी संरचना निर्धारित की। बाद में अनेक धातुओं और उप-धातुओं के संयोग से कई यौगिकों का संश्लेषण किया गया। इन यौगिकों ने आधुनिक रसायन की उन्नति में महत्त्वपूर्ण भूमिका निभाई है, जैसे टेट्रा-एथिल सीस एक बेहद उपयोगी प्रत्याघात है, जिसका उपयोग मोटर ईंधन में होता है। ये यौगिक कई प्रकार के होते हैं, जिन्हें साधारणतः दो भागों में विभाजित किया जाता है: (1) सरल कार्बधातुक यौगिक, जिनमें कार्बनिक समूह आर (R) (ऐल्किल, ऐरिल आदि) धातु से संयोजित हैं और (2) कार्बधातुक यौगिक मिश्रित, जब आर (R) और एक्स (X) (हैलोजन, हाइड्राक्सिल, हाइड्रोजन आदि) दोनों ही धातु से सम्बद्ध हों।

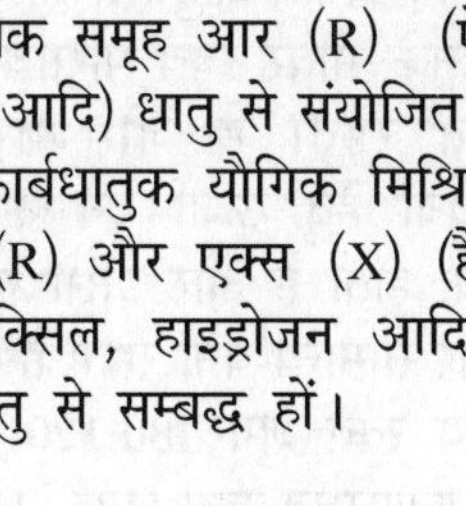

कार्बनिक अभिक्रियाएँ (Organic Reactions)–जिन रासायनिक अभिक्रियाओं में कार्बनिक यौगिक भाग लेते हैं, उन्हें कार्बनिक अभिक्रियाएँ कहते

हैं। ज्वलन सबसे पुरानी कार्बनिक अभिक्रिया है। इसी तरह वसा का साबुनीकरण करके साबुन बनाना भी प्राचीन कार्बनिक अभिक्रिया है। आधुनिक कार्बनिक रसायन का जन्म वोहलर द्वारा 1828 में यूरिया के निर्माण से हुआ।

कार्बोहाइड्रेट का चयापचय—जब भोजन ग्रहण किया जाता है तो उसके जटिल कार्बोहाइड्रेट या सैक्केराइडों पर पाचक नली में लार, अग्न्याशायिक रस तथा आन्त्रीय रस में विद्यमान एन्जाइमों की क्रिया होती है जिससे वे मोनोसैक्केराइडों (ग्लूकोज, फ्रक्टोज तथा गैलेक्टोज) में मुख्य रूप से ग्लूकोज में बदल जाते हैं। ग्लूकोज छोटी आँत की भितियों में विद्यमान अँकुरों से अवशोषित होकर उनके भीतर रक्त परिसंचरण में उपस्थित रहता है जो शारीरिक गतिविधियों हेतु ऊर्जा देने के लिए आवश्यक होता है और इससे रक्त में शुगर स्तर सामान्य बना रहता है अर्थात् उपवासीय रक्त शुगर 80-120 mg% तथा भोजनोपरान्त रक्त शुगर 120-80 mg% विद्यमान रहता है। बचे हुए ग्लूकोज पोर्टल शिरा द्वारा यकृत के अन्तर्गत प्रवेश कर जाता है। इस ग्लूकोज का कुछ भाग यकृत में होने वाली चयापचयी क्रियाओं में मिल जाता है और शेष अंश अग्न्याशीय से स्रवित होने वाले इन्सुलिन हार्मोन के द्वारा ग्लाइकोजन में बदल जाता है जिससे रक्त में शुगर (ग्लूकोज) स्तर सामान्य बना रहता है। इन्सुलिन की कमी होने पर जैसा कि मधुमेह या डायबिटीज में होता है पर्याप्त रूप से ग्लूकोज ग्लाइकोजन में परिवर्तन नहीं होता जिससे रक्त में ग्लूकोज की मात्रा सामान्य से अधिक हो जाती है। यह स्थिति अतिग्लूकोरक्तता या हाइपरग्लाइसीमिया कहलाती है। इन्सुलिन की अधिकता होने से रक्त शुगर स्तर घट जाता है, इसे अल्पग्लूकोजरक्तता या हाइपो-ग्लाइसीमिया (Hypoglycemia) कहते हैं। जरूरत के आधार पर जैसे हाइपोग्लाइसीमिया हो जाने पर यकृत का ग्लाइकोजन 'एड्रीनालीन' थाइरॉक्सीन तथा लेकैगॉन हार्मोन द्वारा पुनः ग्लूकोज में बदल जाता है। जो यकृत से रक्त में मुक्त होकर रक्त शुगर स्तर को बढ़ाकर उसे सामान्य बना देता है। शारीरिक क्रियाशीलता बढ़ जाने पर यकृत से रक्त में मुक्त हुआ ग्लूकोज ऊर्जा देने के लिए शरीर की समस्त नलिकाओं में प्रवेश कर जाता है।

यकृत से कुछ ग्लूकोज रक्त परिसंचरण द्वारा पेशियों में पहुँचकर उनमें ग्लाइकोजन के रूप में एकत्रित हो जाता है जो शारीरिक परिश्रम के समय ग्लूकोज में बदलकर पेशीय कार्य में मिल जाता है।

भोजन के साथ अधिक मात्रा में ग्रहण किया गया कार्बोहाइड्रेट वसा में परिवर्तित हो जाता है। जो शरीर में वसा भण्डारों में संचित हो जाती है जिससे शरीर के भार में वृद्धि हो जाती है। एक सामान्य वयस्क को प्रतिदिन लगभग 400 ग्राम कार्बोहाइड्रेट ग्रहण करने की आवश्यकता होती है।

कार्बनिक यौगिक (Organic Compounds)—कार्बन के रासायनिक यौगिकों को कार्बनिक यौगिक कहते हैं। प्रकृति में इनकी संख्या 10 लाख से भी अधिक है। जीवन पद्धति में कार्बनिक यौगिकों की बहुत ही महत्त्वपूर्ण भूमिका है। इनमें कार्बन के साथ-साथ हाइड्रोजन भी रहता है। ऐतिहासिक तथा परम्परागत कारणों से कुछ कार्बन के यौगिकों को कार्बनिक यौगिकों की श्रेणी में नहीं रखा जाता है। इनमें कार्बन डाइऑक्साइड, कार्बन मोनो-ऑक्साइड प्रमुख हैं सभी जैव अणु जैसे कार्बोहाइड्रेट, अमीनो अम्ल, प्रोटीन, आरएनए तथा डीएनए कार्बनिक यौगिक ही हैं।

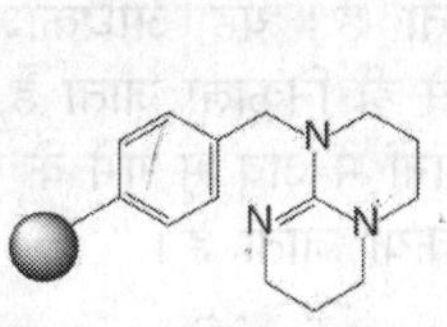

कार्बनिक रसायन (Organic Chemistry)—रसायन विज्ञान की एक प्रमुख शाखा है। कार्बनिक रसायन का सम्बन्ध मुख्यतः कार्बन और हाइड्रोजन के अणुओं वाले रासायनिक यौगिकों के संरचना, गुणधर्म, रासायनिक अभिक्रियाओं एवं उनके निर्माण (संश्लेषण या सिन्थेसिस एवं अन्य प्रक्रिया द्वारा) आदि के वैज्ञानिक अध्ययन से है। कार्बनिक यौगिकों में कार्बन और हाइड्रोजन के अतिरिक्त अन्य अणु भी हो सकते हैं, जैसे- नाइट्रोजन (नत्रजन), ऑक्सीजन, हैलोजन, फॉस्फ़ोरस, सिलिकॉन, गंधक (सल्फर) आदि।

कार्बन डाइऑक्साइड (Carbon Dioxide)—कार्बन डाइऑक्साइड एक रासायनिक यौगिक है जिसका निर्माण ऑक्सीजन के दो परमाणु तथा कार्बन के एक परमाणु से मिलकर हुआ है। सामान्य तापमान तथा दबाव पर यह गैसीय अवस्था में रहती है। वायुमंडल में यह गैस 0.03% से 0.04% तक पायी जाती है, परन्तु मौसम में परिवर्तन के साथ वायु में इसकी सान्द्रता भी थोड़ी परिवर्तित होती रहती है। यह एक ग्रीनहाउस गैस है, क्योंकि सूर्य से आने वाली किरणों को तो यह पृथ्वी के धरातल पर पहुँचने देती है परन्तु पृथ्वी की गर्मी जब वापस अन्तरिक्ष में जाना चाहती है तो यह उसे रोकती है। पृथ्वी के सभी सजीव अपनी श्वसन की क्रिया में कार्बन डाइऑक्साइड का त्याग करते हैं जबकि हरे पेड़-पौधे प्रकाश संश्लेषण की क्रिया करते समय इस गैस को ग्रहण करके कार्बोहाइड्रेट का निर्माण करते हैं। इस प्रकार कार्बन डाइऑक्साइड कार्बन चक्र का प्रमुख अवयव है।

कान्जुगेट सिस्टम (Conjugate System)—कान्जुगेट सिस्टम एक शक्तिमान स्वभाव का संयोजी रासायनिक बन्ध होता है।

क्रिस्टलीय अक्ष (Crystallographic Axes)–किसी क्रिस्टल की ज्यामिति को पूर्णतया व्यक्त करने के लिए जिन तीन अक्षों की आवश्यकता होती है उन्हें ही क्रिस्टलीय अक्ष कहते हैं। ये सभी अक्ष जिस बिन्दु पर आपस में काटते हैं अथवा मिलते हैं उस बिन्दु को मूल बिन्दु (origin) कहते हैं। दो क्रिस्टल अक्षों के बीच बने कोण को अन्तराअक्षीय कोण (Inter-axial angle) कहते हैं।

क्रिस्टलीय प्रतीक प्रणालियाँ (Crystallographic Systems)–किसी क्रिस्टल के फलक का क्रिस्टल के अक्षों से सम्बन्ध प्रदर्शित करने वाली हर प्रणाली को क्रिस्टलीय प्रतीक प्रणाली कहते हैं। अनेक वैज्ञानिकों ने अलग-अलग प्रकारों से इन्हें विकसित किया है। इनमें वाइस (Weis) की पैरामीटर पद्धति, मिलर (Miller) की सूचकांक पद्धति प्रमुख है। इनके अलावा लेवी (Levy) तथा गोल्डशिमट (Goldschmidt) की पद्धतियाँ होती हैं।

क्रोमाइट (Chromite)–क्रोमाइट काले रंग की खनिज है। यह लोहे तथा चुम्बक पत्थर के समान है। क्रोमियम की मुख्य खनिज क्रोमाइट हैं, इसमें क्रोमिक ऑक्साइड 68% तथा लौह ऑक्साइड 32% होता है। यह खनिज मुख्यतः ड्यूनाइट, पैरीडोटाइन और सर्पेनटाइन आदि शैलों से प्राप्त किया जाता है। इसका प्रयोग क्रोम मिश्रित इस्पात, क्रोम मिश्रित ईंटें तथा क्रोमियम नमक तैयार करने के लिए होता है। क्रोमियम नमक चमड़ा रंगने तथा साफ करने के काम आता है। क्रोमियम और लोहे की मिश्रित धातु का उपयोग जंगरहित और इस्पात में कठोर ताप सहने वाली शस्त्र प्लेटों के निर्माण में भी होता है। यह अधिकांश खुली खानों से ही निकाला जाता है, तथापि कुछ खानों में अब भू गर्भ के नीचे भी कार्य किया जाता है।

क्रोमियम एवं क्रोमियम रसायनों का उपयोग

उपयोग	सम्पूर्ण का प्रतिशत
धातु विनिर्माण एवं जंगरोधन	37
पिग्मेंट एवं सहयोगी उत्पाद	26
चमड़ा शोधन एवं वस्त्र उद्योग	20
काष्ठ संरक्षण	05
ड्रिलिंग नड	04
उत्प्रेरक, बैटरी, चुम्बकीय टेप आदि	08

कोलाइड (Colloids)–वे पदार्थ जो बहुत धीमी गति से विसरित होते हैं एवं जातव झिल्ली अथवा चर्म पत्र से नहीं छन पाते हैं उन्हें **कोलाइड**

(Colloids) कहते हैं, जैसे–जिलेटिन, स्टार्च, गोंद आदि। कोलाइड शब्द यूनानी के शब्द कोला (Kola) से लिया गया है। जिसका तात्पर्य गोंद जैसे चिपकने वाला होता है। ऐसे सभी पदार्थ प्रकृति में अक्रिस्टलीय होते हैं।

कोयला (Coal)—कार्बनिक युग में, कोई 255-350 लाख वर्ष पूर्व भूमि की गर्म तथा आर्द्र तहों में कोयले की उत्पत्ति हुई थी। नदियों के तटों वाले तथा दलदलों में स्थित प्राचीन पेड़ जब मर कर भूमि में दब गये थे तो ऊष्मा एवं दबाव के कारण ये लाखों वर्षों के अन्तराल में पीट एवं कोयले में परिवर्तित हो गये। मुख्यतः कोयला तीन प्रकार का होता है–ऐन्थ्रासाइट (सख्त कोयला), बिटुमिनस (नर्म कोयला) तथा लिगनाइट (भूरा कोयला)। ऐंथ्राइसाइट कोयले में सबसे अधिक 90% कार्बन होता है तथा इसकी कैलोरिक क्षमता भी अधिक (8700 कि. कैलोरी प्रति कि.ग्राम) होती है। बिटुमिनस, लिगनाइट एवं पीट में क्रमशः 80, 70 एवं 60% कार्बन होता है। विश्व में कोयला सबसे अधिक पाया जाने वाला जीवाश्म ईंधन है। सम्प्रति इसका उपयोग भी बहुत अधिक हो रहा है। यदि इसी रफ्तार से कोयले का इस्तेमाल होता रहा तो कोयले के भण्डार अगले 200 वर्षों तक चल सकते हैं तथा यदि इस दर में 2% प्रति वर्ष की वृद्धि होती है तो ये केवल 65 वर्षों में समाप्त हो सकते हैं।

भारत के पास विश्व का 5% कोयला है। भारतीय कोयला ऊष्मा उत्पन्न करने के लिहाज से बहुत अच्छा नहीं है। भारत में मुख्य कोयला क्षेत्र रानीगंज, झरिया, बोकारो, सिंगरौली, ताखर, चन्द्रवर्धा तथा गोदावरी तट के क्षेत्र हैं। भारत में झारखंड, उड़ीसा, पश्चिमी बंगाल, मध्य प्रदेश, आन्ध्रप्रदेश तथा महाराष्ट्र कोयला राज्य हैं।

जब कोयला जलाया जाता है तो कार्बन-डाइऑक्साइड उत्पन्न होती है जो एक ग्रीन-हाउस गैस है और जिसकी भूमंडलीय तापमान-वृद्धि में मुख्य भूमिका है। कोयले के दहन से सल्फर डाइऑक्साइड एवं नाइट्रोजन के ऑक्साइड उत्पन्न होते हैं।

कोयला जो कभी व्यर्थ का पत्थर समझा जाता था वह अब काला सोना समझा जाने लगा है। विश्व में लगभग 4 अरब मैट्रिक टन कोयले का उत्पादन प्रति वर्ष होता है तथा सभी स्रोतों से प्राप्त ऊर्जा का 45 प्रतिशत अकेले कोयले से प्राप्त होता है। कोयले के कारण ही सन् 1860 में औद्योगीकरण की शुरुआत हुई। वर्तमान में औद्योगिक नगरीय व कृषि विकास कोयले पर आधारित है। यह सदा से ऊर्जा प्राप्ति का प्रमुख स्रोत रहा है। कुल ऊर्जा का कोयले से सन् 1900 में 98%, सन् 1925 में 66%, सन् 1948 में 60%, सन् 1975 में 50% तथा वर्तमान में 45% प्राप्त हो रहा है। लेकिन इतने महत्त्वपूर्ण कोयले का संचित विश्व भण्डार अति सीमित है। एक बार समाप्त हो जाने पर कोयले का निर्माण असम्भव है क्योंकि इसका निर्माण लाखों वर्षों में प्राकृतिक प्रक्रियाओं के कारण हो पाता

है। अतः कोयला अनव्य ऊर्जा का स्रोत है। जिस मात्रा में कोयले का उत्पादन हो रहा है पुनः उसकी आपूर्ति निकट भविष्य में हो पाना सम्भव नहीं है।

कोयला एवं पारिस्थितिकीय समस्याएँ–

1. कोयला अनव्य ऊर्जा स्रोत है। अतः निकट भविष्य में इसका पुनर्जनन सम्भव नहीं है।
2. कोयले की धूम्र से वनस्पतियों को हानि पहुँचती है।
3. वर्तमान में कोयला खुली खदानों से निकाला जा रहा है। अतः ऊपर ही चट्टानों को हटाकर अन्यत्र संगृहीत किया जा रहा है जो कठिन व व्यय साध्य कार्य है। जैसे एक टन कोयला निकालने में पाँच टन मलवा निकलता है। भारत में 23 करोड़ टन कोयला निकाले जाने की संभावना है। फलतः 115 घन मीटर मलवा प्रति वर्ष निकलेगा। जिसको रखने के लिये प्रतिवर्ष पर्याप्त स्थान की आवश्यकता पड़ेगी। इस तरह जहाँ मलवा का ढेर इकट्ठा किया जा रहा है वहाँ नीचे की भूमि बेकार होती जा रही है। नदी में पहुँचकर मलवा तल को उथला बना रहा है और जल को प्रदूषित कर रहा है। कभी-कभी इस ढेर के खनिज, राख, और धूल उड़ाकर कहीं और निक्षेपित हो रहे हैं जिससे वहाँ की मिट्टी की उत्पादकता समाप्त हो रही हैं, जिससे खाद्यात्र उत्पादन प्रभावित हो रहा है।
4. कोयला दहन द्वारा ताप विद्युत् शक्ति उत्पन्न करने में पर्याप्त जल की खपत होती है। जब तप्त जल ताप विद्युत् गृहों से छोड़ा जाता है तो वह तप्त जल नदी नालों में पहुँचकर जल को प्रदूषित करता है जिससे जलीय जीव जन्तु मर जाते हैं।
5. वजन में कोयला भारी होता है। अतः खपत क्षेत्रों तक इसे पहुँचाने में परिवहन व्यय अधिक पड़ता है।
6. कोयले को जलाने से कार्बन डाइआक्साइड की अत्यधिक मात्रा वायुमंडल में पहुँचकर वायु प्रदूषण के साथ-साथ हरित गृह प्रभाव पैदा कर रही है, जिससे पारिस्थितिकी तन्त्र के असंतुलित होने का खतरा बढ़ता जा रहा है और मानव जीवन में संकट उत्पन्न होता जा रहा है।
7. कोयला में मिश्रित एसिड वायुमंडल में पहुँचकर वर्षा के साथ अम्ल वर्षा करता है जिससे पर्यावरणीय समस्याएँ पैदा हो रही हैं।

उपरोक्त विवरण से स्पष्ट है कि कोयला अनव्य ऊर्जा स्रोत है और इसके उपयोग से पारिस्थितिकीय समस्याएँ पैदा हो रही हैं जो मानव हेतु शुभ लक्षण नहीं हैं।

कोहरा (Fog)–कोहरा संघनित जल-वाष्प का एक काफी महत्त्वपूर्ण

स्वरूप होता है। धरातल के समीप जल-वाष्प के संघनन से ही इसकी उत्पत्ति होती है। इसके कारण वायुमंडल की पारदर्शकता कम हो जाती है। धरातल से संलग्न हवा की परतों में कोहरा पैदा हो जाने से ऐसा महसूस होता है मानो चारों तरफ धुआँ छा जाता हो। आधुनिक युग में मनुष्य जीवन पर कोहरे का इतना अधिक प्रभाव पड़ता है कि इसकी उत्पत्ति, विकास एवं स्वरूप और इसके अपघटन आदि विविध पक्षों का वैज्ञानिक तरीके से अध्ययन किया जाने लगा है। वायु, रेल एवं समुद्री यातायात या मनुष्य के अन्य दैनिक क्रियाकलापों पर कोहरे का निश्चित रूप से विपरीत प्रभाव पड़ता है। इसके द्वारा विभिन्न प्रकार के यातायात में व्यवधान पड़ने का मुख्य कारण वायुमंडल की पारदर्शता या दृश्यता में कमी पड़ जाना है। भारत के महानगरों में कोहरे के कारण यातायात प्रायः ठप पड़ जाता है। जिसके कारण नागरिकों को मुश्किलों का सामना करना पड़ता है, कितनी दुर्घटनायें होती हैं, और हर प्रकार के काम-काज में अनेक बाधाएँ आती है, इन सब की कल्पना सहज में ही की जा सकती है। संक्षेप में मौसम के विविध तत्त्वों में कोहरे का काफ़ी प्रमुख स्थान होता है।

कोयला गैस (Coal Gas)–प्रदीपक गैसों में पहली गैस कोयला गैस थी। कोयला गैस कोयले के भंजक आसवन या कार्बनीकरण से प्राप्त होती है। एक समय कोक बनाने में उपजात के रूप में यह प्राप्त होती थी। पहले केवल गैस की प्राप्ति के लिये ही कोयले का कार्बनीकरण होता है। आज भी केवल गैस की प्राप्ति के लिये कोयले का कार्बनीकरण होता है।

क्रिस्टलीकरण (Crystallization)–प्रयोगशाला में क्रिस्टलीकरण की प्रक्रिया भी की जाती है। यह क्रिया करने के लिये सबसे पहले एक प्याली में कुछ पानी लो उसमें जितना नीले थोथे का चूर्ण घोल सकते हो, घोलो। अब इस घोल को गर्म करो। कुछ और नीला थोथा इसमें घुल जायेगा। जब गर्म पानी में और नीला थोथा घुलना बन्द हो जाये (संतृप्त घोल), तब इसे छान लो। छने हुए नीले थोथे के घोल को ठण्डा होने के लिए रख दो। कुछ समय पश्चात नीले थोथे के विशेष आकार के क्रिस्टल मिल जायेंगे।

कुछ ठोस पदार्थ के पानी में संतृप्त घोल को यदि ठंडा करें तो वह पदार्थ एक विशेष आकर के रवों में पानी से पृथक हो जायेगा। यही विधि क्रिस्टलीकरण कहलाती है।

क्रिस्टलीकरण से किसी भी पदार्थ को शुद्ध बनाया जा सकता है। विभिन्न ठोसों के क्रिस्टलों के आकार तथा रंग भी अलग-अलग होते हैं।

कुछ पदार्थों के क्रिस्टलों में जल भी होता है, जैसे चीनी, फिटकरी, नीला थोथा। इस जल को क्रिस्टल जल कहा जाता है। इन्हें गर्म किये जाने पर जल उड़ जाता है तथा ये रंगहीन हो जाते

हैं। जल के सम्पर्क में आने पर इनका स्वरूप मूल रूप में आ जाता है।

किण्वक (Enzyme)—सजीवों के प्रत्येक जीवित कोशिकाओं में जीवन पर्यन्त जैव-रासायनिक क्रियाएँ होती रहती हैं। ये जैव-रासायनिक क्रियाएँ किसी न किसी जैव उत्प्रेरक की उपस्थिति में होती है। इन्हीं जैव उत्प्रेरक को किण्वक इन्जाइम) कहते हैं। इन्जाइम शब्द का प्रयोग सर्वप्रथम **कुह्ने** ने 1878 में किया था। ये नाइट्रोजन युक्त कार्बनिक रासायनिक यौगिक हैं जो मात्र उपस्थित रहकर कोशिका में होने वाली जैव-रासायनिक क्रियाओं की दर को प्रभावित करते हैं ।

किण्वन (Fermentation)— किण्वन एक जैव-रासायनिक क्रिया है। इसमें जटिल कार्बनिक यौगिक सूक्ष्म सजीवों की सहायता से सरल कार्बनिक यौगिक में विघटित होते हैं। इस क्रिया में ऑक्सीजन की आवश्यकता नहीं पड़ती है। किण्वन के प्रयोग से अल्कोहल या शराब का निर्माण होता है। पावरोटी एवं बिस्कुट बनाने में भी इसका उपयोग होता है। दही, सिरका एवं अन्य रासायनिक पदार्थों के निर्माण में भी इसका प्रयोग होता है।

किरणात (Uranium)—किरणात (यूरेनियम) आवर्त सारणी की एक अन्तर्वर्ती श्रेणी, ऐक्टिनाइड श्रेणी का तृतीय तत्त्व है। इस श्रेणी में आन्तरिक इलेक्ट्रॉनीय परिकक्षा (5 परिकक्षा) के इलेक्ट्रॉन स्थान लेते हैं। प्रकृति में पाये गये तत्त्वों में यह सबसे भारी तत्त्व है। कुछ समय पहले तक इस तत्त्व को छठे अन्तर्वर्ती समूह का अन्तिम तत्त्व माना जाता था।

क्रियात्मक समूह (Functional Group)—परमाणु या परमाणुओं का वह समूह जो किसी कार्बनिक यौगिक के रासायनिक गुणों का निर्धारण करता है क्रियात्मक समूह कहलाता है। कार्बन के रासायनिक यौगिकों को कार्बनिक यौगिक कहते हैं। प्रकृति में इनकी संख्या 10 लाख से भी अधिक है। जीवन पद्धति में कार्बनिक यौगिकों की बहुत ही महत्त्वपूर्ण भूमिका है। इनमें कार्बन के साथ-साथ हाइड्रोजन भी रहता है। ऐतिहासिक तथा परम्परागत कारणों से कुछ कार्बन के यौगकों को कार्बनिक यौगिकों की श्रेणी में नहीं रखा जाता है। इनमें कार्बन डाइऑक्साइड, कार्बन मोनो-ऑक्साइड प्रमुख हैं। सभी जैव अणु जैसे कार्बोहाइड्रेट, अमीनो अम्ल, प्रोटीन, आरएनए तथा डीएनए कार्बनिक यौगिक ही हैं। कार्बन और हाइड्रोजन के यौगिकों को हाइड्रोकार्बन कहते हैं। मिथेन (CH_4) सबसे छोटे अणुसूत्र का हाइड्रोकार्बन है। ईथेन (C_2H_6), प्रोपेन (C_3H_8) आदि इसके

बाद आते हैं, जिनमें क्रमशः एक एक कार्बन जुड़ता जाता है।

क्रिस्टलिकी (Crystallography)– क्रिस्टलिकी या मणिविज्ञान एक प्रायोगिक विज्ञान है जिसमें ठोसों में परमाणुओं के विन्यास का अध्ययन किया जाता है। पहले क्रिस्टलिकी से तात्पर्य उस विज्ञान से था जिसमें क्रिस्टलों का अध्ययन किया जाता है। एक्स-किरण के डिफ्रैक्सन द्वारा क्रिस्टलों के अध्ययन के पहले क्रिस्टलों की जानकारी केवल उनकी ज्यामिति (आकार-प्रकार) देखकर की जाती थी। किन्तु आजकल विविध-प्रकार के किरण-पुंजों (एक्स-किरण, एलेक्ट्रॉन, न्यूट्रान, सिन्क्रोट्रॉन आदि) के डिफ्रैक्सन से किया जाता है।

क्रिस्टलीय ठोस (Crystalline Solid)–क्रिस्टलीय ठोस साधारणतः लघु क्रिस्टलों की अत्यधिक संख्या से बना होता है, उनमें प्रत्येक क्रिस्टल का निश्चित ज्यामिति आकार होता है। क्रिस्टल में परमाणुओं, अणुओं अथवा आयनों का क्रम सुव्यवस्थित होता है। इसमें दीर्घ परासी व्यवस्था होती है अर्थात् कणों की व्यवस्था का खास पैटर्न होता है जिसकी निश्चित क्रम से पुनरावृत्ति होती है। क्रिस्टलीय ठोसों का गलनांक निश्चित होता है। क्रिस्टलीय ठोस विषमदैशिक प्रकृति के होते हैं अर्थात् उनके कुछ भौतिक गुण जैसे विद्युतीय प्रतिरोधकता और अपवर्तनांक एक ही क्रिस्टल में भिन्न-भिन्न दिशाओं में मापने पर अलग-अलग मान प्रदर्शित करते हैं। यह अलग-अलग दिशाओं में कणों की भिन्न व्यवस्था से उत्पन्न होता है। भिन्न-भिन्न दिशाओं में कणों की व्यवस्था अलग होने पर एक ही भौतिक गुण का मान प्रत्येक दिशा में भिन्न पाया जाता है। सोडियम क्लोराइड, क्वार्ट्ज आदि इसके प्रमुख उदाहरण हैं। अधिकतर ठोस पदार्थ क्रिस्टलीय प्रकृति के होते हैं। उदाहरण के लिए सभी धात्विक तत्त्व जैसे– लोहा, ताँबा और चाँदी अधात्विक तत्त्व जैसे-सल्फर, फॉस्फोरस और आयोडीन एवं यौगिक जैसे सोडियम क्लोराइड, जिंक सल्फाइड और नेफ्थेलीन क्रिस्टलीय ठोस हैं।

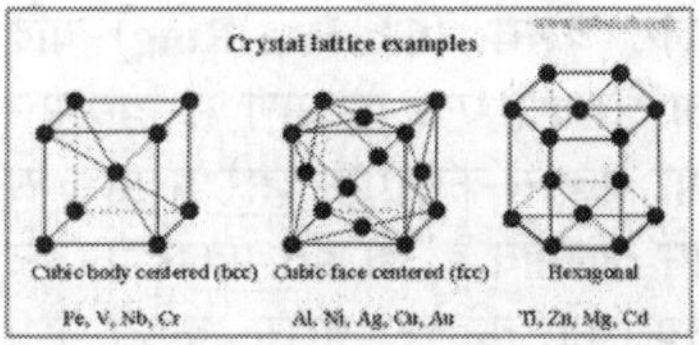

कीटनाशक (Pesticide)–कीटनाशक रासायनिक या जैविक पदार्थों का ऐसा मिश्रण होता है, जो कीड़े-मकोड़ों से होने वाले दुष्प्रभावों को कम करने, उन्हें मारने या उनसे बचाने के लिए किया जाता है। इसका प्रयोग कृषि के क्षेत्र में पेड़-पौधों को बचाने के लिए बहुतायत से किया जाता है।

कीटोन (Ketone)–अल्केन में किसी बीच वाले कार्बन से जुड़े दोनों हाइड्रोजन परमाणुओं को एक ऑक्सीजन परमाणु द्वारा विस्थापित करने पर जो कार्बनिक यौगिक प्राप्त होता है उसे कीटोन कहते हैं। कीटोन में कम से कम एक C=O

समूह पाया जाता है। एसिटोन, ब्यूटोन प्रमुख कीटोन हैं।

कीमिया (**Alchemy**)–कीमिया एक प्राचीन दर्शन या सोच तथा व्यवसाय था जिसमें अल्कली धातुओं को स्वर्ण में बदलने का प्रयत्न किया जाता था। इसके अलावा दीर्घायु होने के लिये अमृत के निर्माण का प्रयत्न तथा अनेक ऐसे पदार्थ बनने का प्रयत्न किया जाता था जो असाधारण गुणों वाले हों। कीमिया शब्द पुरानी फ़ारसी से आया है जिसका शाब्दिक अर्थ सोना (स्वर्ण) होता है। उर्दू भाषा में रसायनशास्त्र को आज भी कीमिया कहा जाता है।

कीलेट वलय (**Chelate Ring**)–यदि दाता परमाणु एक ही अणु में विद्यमान हैं पर कम-से-कम एक-दूसरे परमाणु से उनमें अलगाव है, तो इस प्रकार के बने वलय को कीलेट वलय कहते हैं। कीलेटीकरण से यौगिकों का स्थायित्व बहुत बढ़ जाता है। पाँच सदस्य वाले कीलेट वलय सबसे अधिक स्थायी होते हैं। चार या छः सदस्य वाले कीलेट वलय भी सरलता से बन जाते हैं। यह प्रभाव कार्बनिक एमिनो-यौगिकों में स्पष्ट रूप से देखा जाता है। मोनोमेथिल ऐमिन कदाचित ही उपसहसंयोजक-योगिक बनता है, पर एथिलीन डाइऐमिन बड़ी सरलता से उप-सहसंयोजक-यौगिक बनाता है, जो बहुत स्थायी होता है।

कूलम्ब (**Columb**)–कूलम्ब आवेश मापने का एक SI मात्रक जिसे C से दर्शाते हैं।

कैटाबोलिज्म (**Catabolism**)–सभी मेटाबोलिक क्रियाओं का समूह जिसके फलस्वरूप भोज्य-पदार्थों के बड़े-बड़े अणु छोटे-छोटे अणुओं में टूटकर ऊर्जा मुक्त करते हैं, कैटाबोलिज्म कहलाता है। यह ऊर्जा अन्य जीवन क्रियाओं के लिए आवश्यक है। श्वसन एक कैटाबोलिक क्रिया है। इस क्रिया के फलस्वरूप शरीर के भार में कमी आ जाती है।

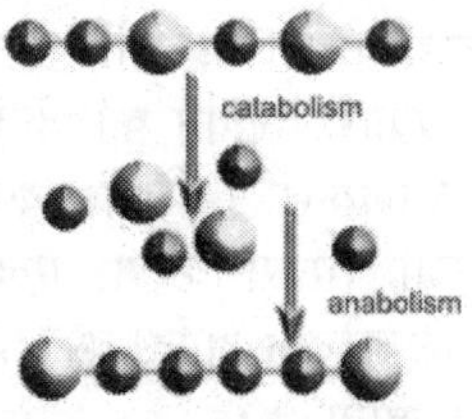

कैण्डेला (**Candela**)–कैण्डेला प्रकाश प्रबलता को मापने की एक मूल इकाई है। प्रकाश प्रबलता यानी किसी प्रकाश स्रोत द्वारा एक दिशा में उत्सर्जित शक्ति, जो ल्यूमिनघेसिटी फंक्शन द्वारा वेटेड है।

केल्विन (**Kelvin**)–केल्विन तापमान की मापन इकाई है। यह सात मूल इकाइयों में से एक है। केल्विन पैमाना ऊष्मगतिकीय तापमान पैमाना है, जहाँ परिशुद्ध शून्य, पूर्ण ऊर्जा की सैद्धान्तिक अनुपस्थिति है, जिसे शून्य केल्विन भी कहते हैं। केल्विन पैमाना और कैल्विन का नाम ब्रिटिश भौतिक शास्त्री और अभियान्त्रिक विलियम थामसन, प्रथम बैरन केल्विन

(1824-1907) के नाम पर रखा गया है, जिन्होंने विशुद्ध तापमान मापक पैमाने की आवश्यकता जतायी थी।

कैल्शियम (Calcium)–चूर्णातु एक भौतिक तत्त्व है। यह जीवित प्राणियों के लिए अत्यावश्यक होता है। भोजन में इसकी समुचित मात्रा होनी चाहिए। खाने योग्य चूर्णातु दूध सहित कई खाद्य पदार्थों में मिलती है। खान-पान के साथ-साथ चूर्णातु के कई औद्योगिक इस्तेमाल भी हैं जहाँ इसका शुद्ध रूप और इसके कई यौगिकों का इस्तेमाल किया जाता है। आवर्त सारिणी में चूर्णातु का अणु क्रमांक 20 है और इसे अंग्रेजी शब्दों 'सीए' से इंगित किया गया है। 1808 में सर हम्फ्री डैवी ने इसे खोजा था। उन्होंने इसे चूर्णातु क्लोराइड से अलग किया था। चूर्णातु का नाम संस्कृत भाषा के शब्द 'चूर्ण' पर रखा गया है। चूर्णातु चूना पत्थर का एक बड़ी मात्रा है। पौधों में भी चूर्णातु पाया जाता है

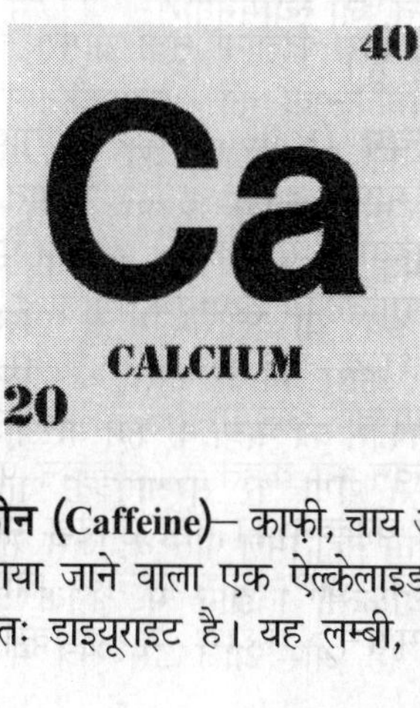

कैफ़ीन (Caffeine)– काफ़ी, चाय आदि में पाया जाने वाला एक ऐल्केलाइड जो वस्तुतः डाइयूराइट है। यह लम्बी, श्वेत सुइयों के रूप में जल के एक अणु के साथ क्रिस्टलित होता है तथा कार्बनिक विलायको के साथ क्रिस्टलित करने पर इसका अनार्द्र रूप प्राप्त होता है। अनार्द्र का गलनांक 235° तथा यह गन्धहीन और कड़वा होता है।

कैलीफॉनियम (Californium)–ऐक्टिनाइड श्रेणी का तीसरे वर्ग का रेडियोऐक्टिव तत्त्व (परमाणु क्रमांक 98, Cf, परमाणु भार 251)। इसे क्यूरियम-242 पर ऐल्फ़ा कणों की बमबारी से खोजा गया था।

कैलोफेन (Callophane)–यह यन्त्र जिसमें दिन के प्रकाश का पराबैंगनी प्रकाश के स्रोत के रूप में उपयोग किया जाता है।

क्लोरीन (Chlorine)–क्लोरीन एक रासायनिक तत्त्व है, जिसकी परमाणु संख्या 17 तथा संकेत Cl है। ऋणात्मक आयन क्लोराइड के रूप में यह साधारण नमक में उपस्थित होती है और सागर के जल में घुले लवण में प्रचुर मात्रा में पायी जाती है। सामान्य तापमान और दाब पर क्लोरीन गैस के रूप में पायी जाती है। इसका प्रयोग तरणतालों को कीटाणुरहित बनाने में किया जाता है। यह एक हैलोजन है और आवर्त सारणी में समूह 17 (पूर्व में समूह 7, 7ए या 7बी) में रखी गयी है। यह एक पीले और हरे रंग की हवा से हल्की प्राकृतिक गैस जो एक निश्चित दाब और तापमान पर द्रव में बदल जाती है। यह पृथ्वी के साथ ही समुद्र

में भी पायी जाती है। क्लोरीन पौधों और मनुष्यों के लिए आवश्यक है। इसका प्रयोग कागज़ और कपड़े बनाने में किया जाता है। इसमें यह ब्लीचिंग एजेंट (धुलाई करने वाले द्रव्य) के रूप में काम में लाई जाती है। वायु की उपस्थिति में यह जल के साथ क्रिया कर हाइड्रोक्लोरिक अम्ल का निर्माण करती है। मूलतः गैस होने के कारण यह खाद्य शृंखला का भाग नहीं है। यह गैस स्वास्थ्य के लिए हानिकारक होती है। तरणताल में इसका प्रयोग कीटाणुनाशक की तरह किया जाता है। साधारण धुलाई में इसे ब्लीचिंग एजेंट के रूप में प्रयोग करते हैं। ब्लीच और कीटाणुनाशक बनाने के कारखाने में काम करने वाले लोगों में इससे प्रभावित होने की आशंका अधिक रहती है।

कैलोरीमिति (Calorimetry)– किसी रीति से ऊष्मा के मापन को ऊष्मामिति या कैलोरीमिति कहते हैं। किसी रासायनिक अभिक्रिया में या अवस्था परिवर्तन में अथवा किसी भौतिक या रासायनिक परिवर्तन, किसी जैविक प्रक्रम में (Biological Process) जो ऊष्मा उत्पन्न होती है, अवशोषित होती है उसकी मात्रा की माप करके पदार्थों अथवा प्रक्रमों की विशिष्ट ऊष्मा, ऊष्मा धारिता, गुप्त ऊष्मा आदि का निर्धारण किया जा सकता है। ऊष्मामिति का आरम्भ जूल (Joule) के उस प्रयोग से आरम्भ हुआ जो 'कैलोरी के यान्त्रिक तुल्यांक' के निर्धारण के लिये किया गया था। वास्तव में यह प्रयोग ऊर्जा के संरक्षण के सिद्धान्त पर आधारित था। कैलोरीमिति के लिये जो उपकरण उपयोग में लाये जाते हैं, उन्हें 'कैलोरीमापी' कहते हैं।

क्लोरोफॉर्म (Chloroform)– क्लोरोफॉर्म या ट्राईक्लोरो मिथेन एक कार्बनिक यौगिक है, जिसका रासायनिक सूत्र $CHCl_3$ है। यह एक रंगहीन और सुगन्धित तरल पदार्थ होता है जिसे चिकित्सा क्षेत्र में किसी रोगी को शल्य क्रिया किये जाने के लिए मूर्छित करने हेतु निश्चेतक के रूप में प्रयोग किया जाता है। निश्चेतना विज्ञान (एनेस्थीसिया) के अन्तर्गत निश्चेतक देने वाले डॉक्टर के तीन महत्त्वपूर्ण प्रयोजन होते हैं, जिनमें पहला, शल्य-क्रिया के लिए रोगी को मूर्छा की स्थिति में पहुँचाकर उसे पुनः सकुशल अवस्था में लाना होता है। इसके बाद दूसरा काम रोगी को दर्द से छुटकारा दिलाना तथा तीसरा काम शल्य-चिकित्सक की आवश्यकतानुसार रोगी की मांसपेशियों को कुछ ढीला करने का प्रयास करना होता है। आरंभिक काल में एक ही निश्चेतक यानी ईथर या क्लोरोफॉर्म से उपरोक्त तीनों काम किये जाते थे, किन्तु क्लोरोफॉर्म की मात्रा के कम या अधिक होने से रोगी पर सुरक्षापूर्वक वांछित परिणाम नहीं मिल पाते थे, जिस कारण से चिकित्सा विज्ञान में अनेक शोध जारी रहे और आज इस क्षेत्र में हुई

प्रगति से संतुलित निश्चेतक के माध्यम से रोगियों को भिन्न-भिन्न औषधियों के प्रभाव से आवश्यकतानुरूप वांछित परिणाम मिलते हैं।

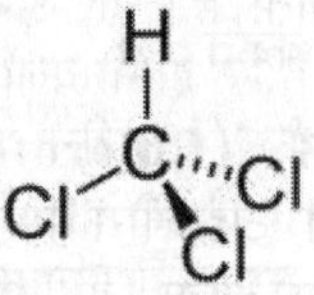

क्वथनांक (Boiling Point)– किसी द्रव का क्वथनांक वह ताप है जिस पर द्रव के भीतर वाष्प दाब, द्रव की सतह पर आपोपित वायुमंडलीय दाब के बराबर होता है ।

क्लैथ्रेट (Clathrates)–इस प्रकार के यौगिकों की नलिकाएँ विभिन्न आकार की और पूरी तरह बन्द होती हैं, फलस्वरूप इन्हें पंजर अन्तर्निहित यौगिक या क्लैथ्रेट या क्विनोल क्लैथ्रेट कहते हैं। क्लैथ्रेट यौगिकों के लिए क्विनोल अथवा हाइड्रोक्विनोन सबसे महत्त्वपूर्ण मेजबान की भूमिका निभाते हैं। हाइड्रोक्विनोन के तीन अणु परस्पर H-बन्ध द्वारा जुड़कर एक पंजर संरचना बनाते हैं जिनमें SO_2, CH_3OH, CH_3CN, C_2H_4, HCOOH, CO_2, O_2, HCl, H_2S आर्गन, क्रिप्टॉन, जे नन आदि मेहमान अणु पंजर संरचना में फिट होकर क्लैथ्रेट बनाते हैं। सर्वप्रथम व्हीलर ने 1849 में हाइड्रोक्विनोन-H_2S क्लैथ्रेट यौगिक प्रतिपादित किया था। एच.एम. पॉवेल ने हाइड्रोक्विनोन, मेथिल ऐल्कोहॉल और आर्गन के साथ आसानी से से क्लैथ्रेट बनाते हैं जबकि एथिल ऐल्कोहॉल (बड़े आकार) और हीलियम (बहुत छोटे आकार) के कारण यौगिक नहीं बनाते हैं। इस प्रकार के यौगिक जल द्वारा भी बनाये जाते हैं, जल के छः अणु परस्पर मिलकर पंजर संरचना बनाते हैं और क्लोरीन, प्रोपेन व मेथिल आयोडाइड जैसे मेहमान अणु इस संरचना में फँस जाते हैं। जल क्लैथ्रेट केवल निम्न ताप पर ही स्थिर होते हैं जबकि कमरे के ताप पर आते ही अपघटित हो जाते हैं। क्लैथ्रेट और अन्तर्निहित यौगिकों का निर्माण मेजबान तथा मेहमान अणुओं के संयुक्त क्रिस्टलीकरण द्वारा किया जाता है। हाइड्रोक्विनोन का उत्कृष्ट गैस के साथ उच्च दाब पर क्रिस्टलीकरण करने पर क्विनोल उत्कृष्ट गैस क्लैथ्रेट बनता है। क्लैथ्रेट तथा अन्तर्निहित यौगिक आपस में काफ़ी कुछ मिलते-जुलते हैं।

क्लोरीन (Cl)–इसका मुख्य स्रोत कपास तथा आटे के ब्लीचिंग, क्लोरीन सिलैण्डर का रिसाव तथा अन्य रासायनिक प्रक्रिया है। यह श्वसन संस्थान को प्रभावित करता है। आँखों में जलन, नाक में तकलीफ के कारण साँस लेने में कठिनाई आदि हो सकती है।

क्लोरीनीकरण–क्लोरीन गैस तथा अन्य क्लोरीन उत्पाद (ब्लीचिंग पाउडर) आम विसंक्रमणकारी है। जल के शुद्धिकरण के लिए क्लोरीन का प्रयोग 1850 ई. में हुआ।

जल के साथ क्लोरीन की क्रिया से हाइपोक्लोरस अम्ल तथा हाइड्रोक्लोरिक अम्ल बनते हैं–

$$Cl_2 + H_2O \rightarrow HOCl + Cl + H^+$$

हाइपोक्लोरस
अम्ल

इनमें से हाइपोक्लोरस अम्ल ही विसंक्रमण तथा ऑक्सीकरण के लिए जिम्मेदार है। कार्बनिक पदार्थ, अमोनिया तथा जल में उपस्थित लोहा या H_2S का ऑक्सीकरण होता है। क्लोरीन डालने से जल में अजीब स्वाद आ जाता है, अतः ऐसे जल को सक्रिय कार्बन में से होकर गुजारा जाता है। इसे कार्बन फिल्टर कहते हैं। किन्तु प्रायः सामान्य क्लोरीनीकरण ही अपनाया जाता है। यह अनुमान लगा लिया जाता है कि इतनी क्लोरीन मिलाई जाये कि कुछ क्लोरीन शेष (0.2 मिग्रा/ली. 10 मिनट बाद) रहे। प्रायः म्यूनिसिपल तथा औद्योगिक प्रणालियाँ सामान्य क्लोरीनीकरण ही अपनाती हैं। क्लोरीन को जल-शुद्धि के पूर्व या बाद में मिलाया जा सकता है।

ख

खनिज लवणों का चयापचय (Metabolism of Mineral Salts)– प्रत्येक मानव में खनिज लवणों की उपस्थिति होती है मानव में खनिज लवणों की सम्पूर्ण मात्रा शरीर के भार की लगभग 4.5% होती है। इन्हें भोजन के साथ ग्रहण किया जाता है और ये मूत्र, पसीने तथा मल के द्वारा शरीर से बाहर निकल जाते हैं।

खनिज विज्ञान (Mineralogy)– खनिज विज्ञान भू-विज्ञान की एक शाखा है। इसमें खनिजों के भौतिक और रासायनिक गुणों का अध्ययन किया जाता है। विज्ञान की इस शाखा के अन्तर्गत खनिजों के निर्माण, बनावट, वर्गीकरण, उनके पाये जाने के भौगोलिक स्थानों और उनके गुणों को भी शामिल किया गया है। इसके माध्यम से ही खनिजों के प्रयोग और उपयोग का भी अध्ययन इसी में किया जाता है। विज्ञान की अन्य शाखाओं की भाँति इसकी उत्पत्ति भी कई हजार वर्ष पूर्व हुई थी।

खनिज तेल (Mineral Oil)– प्राकृतिक रूप से पाया जाने वाला पदार्थ जिसमें मुख्यतः ठोस, द्रव और गैस अवस्था में हाइड्रोकार्बन होते हैं। इसमें अल्प मात्रा में गंधक, नाइट्रोजन और ऑक्सीजन यौगिक भी मिलते है।

ग

गंधक (Sulphur)–गंधक एक रासायनिक एवं सक्रिय तत्त्व है। सोना और प्लेटिनम को छोड़कर अन्य तत्त्वों के साथ यह संयोग करता है तथा अनेक यौगिक बनाता है। इन यौगिकों में गंधक की संयोजकता दो, चार या छह रहती है। हाइड्रोजन के साथ इससे हाइड्रोजन सल्फाइड, ऑक्सीजन के साथ ऑक्साइड और धातुओं के साथ धातुओं के सल्फाइड बनते हैं। यह एक सर्वाधिक महत्त्वपूर्ण तत्त्व है, जिसका रासायनिक उद्योगों में उपयोग किया जाता है। यद्यपि आज इसके स्थान पर अनेक पदार्थ उपयोग में लाये जाने लगे हैं, तथापि आज भी इसकी खपत बहुत अधिक है। किसी भी राष्ट्र की रासायनिक उद्योगों की प्रगति का अनुमान सल्फ्यूरिक अम्ल की खपत से किया जा सकता है, जो गंधक द्वारा ही निर्मित होता है। सल्फ्यूरिक अम्ल के अतिरिक्त गंधक के उपयोग कुछ अन्य उद्योगों, जैसे कीटनाशक पदार्थों, दियासलाई, बारूद, विस्फोटक पदार्थो आदि-आदि में भी होते हैं।

Sulfur Photo from MII, courtesy of the Smithsonian Institution

गणकीय तरल गतिकी (Computational Fluid Dynamics or CFD)–गणकीय तरल गतिकी या अभिकलनीय तरल गतिकी, तरल यान्त्रिकी और गणक विधियों का एक मिश्र विषय है जिसमें आंकिक विधियों की मदद से तरल गति के जटिल समीकरणों का हल निकाला जाता है। संगणकों के आ जाने से इस विषय में शोध एवं विकास के कार्य तेजी से चलने लगे हैं।

गलनांक (Melting Point)– किसी ठोस का गलनांक वह तापमान है जिस पर वह अपनी ठोस अवस्था से द्रव अवस्था में पहुँच जाता है। गलनांक पर ठोस और द्रव प्रावस्था साम्यावथा में

होती हैं। जब कोई पदार्थ की अवस्था द्रव से ठोस अवस्था में परिवर्तित होती है तो जिस तापमान पर यह होता है उस तापमान को हिमांक कहा जाता है।

ग्राही (Acceptor)—दो परमाणुओं के बीच परस्पर अभिक्रिया में इलेक्ट्रॉन ग्रहण करने वाले परमाणु को ग्राही कहते हैं।

ग्रीगनार्ड के अभिकर्मक (Grignard Reagents)—ग्रीगनार्ड के अभिकर्मक मैग्नीशियम के धात्वीय कार्बनिक यौगिक हैं, जो अपने आविष्कर्ता विक्टर ग्रीगनार्ड के नाम पर ग्रीनयार्ड अभिकर्मक कहलाते हैं। विक्टर ग्रिगनार्ड फ्रांसीसी रसायनज्ञ थे। अन्य कार्बनिक यौगिकों के संश्लेषण में इनका बहुत ही महत्त्वपूर्ण स्थान है। कार्बन-कार्बन बन्धों के निर्माण के लिये ग्रिगनार्ड अभिक्रिया अत्यन्त महत्त्वपूर्ण है। इसके अतिरिक्त कार्बन- फास्फोरस, कार्बन-टिन, कार्बन-सिलिकॉन, कार्बन-बोंरान आदि कार्बन के साथ विषम-परमाणु वाले बन्ध बनाने में इस अभिक्रिया का बहुत महत्त्व है।

गुणात्मक अकार्बनिक विश्लेषण (Qualitative Inorganic Analysis)— गुणात्मक अकार्बनिक विश्लेषण विश्लेषणात्मक रसायन की एक विधि है जिसकी सहायता से अकार्बनिक यौगिकों में उपस्थित मूलकों का पता लगाया जाता है। यह एक गैर-उपकरणीय (Non-instrumental) विधि है। उपकरणीय विश्लेषण के विकास के कारण इस विधि का व्यावहारिक महत्त्व नहीं रह गया है। किन्तु अब भी यह प्रमुखता से पढ़ाई-सिखाई जाती है। इसका मुख्य ध्येय लवणों के जलीय विलयनों में उपस्थित आयनों का पता लगाना है। इसलिए अन्य रूप में मौजूद पदार्थ को पहले जलीय विलयन के रूप में लाना जरूरी हो सकता है तभी मानक विधियाँ काम में लायी जा सकती हैं। इसके बाद उस विलयन को भिन्न-भिन्न अभिकर्मकों द्वारा क्रिया कराया जाता है जिससे रंग में परिवर्तन, ठोस अवक्षेप का निर्माण या कोई अन्य दृष्टिगोचर परिवर्तन होता है जिससे उचित निष्कर्ष निकाला जाता है।

गैस (Gas)—पदार्थ की तीन अवस्था ठोस, द्रव तथा गैस होती है। पदार्थ की इस तीसरी अवस्था में जो पदार्थ होते हैं उनका न तो निश्चित आकार होता है न नियत आयतन। ये जिस बर्तन में रखी जाती हैं, उन्हीं का आकार तथा आयतन धारण कर लेती हैं। गैसों की कोई मुक्त सतह भी नहीं होती है। इसके अणु एक-दूसरे से दूर होते हैं। उनमें खिंचाव या आकर्षण काफ़ी कम होता है, जिस कारण अणु आसानी से मिलजुल सकते हैं। जीवधारियों के लिये दो गैसे मुख्य हैं, ऑक्सीजन गैस जिसके द्वारा जीवधारी जिन्दा रहता है, और खून को साफ करता रहता है दूसरी जिसे जीवधारी अपने शरीर से छोडते हैं, उसका नाम कार्बन डाइऑक्साइड है।

विशेषताएँ–

1. ये द्रवों की तरह बह सकती है।
2. इनकी खुली सतह नहीं होती।
3. इन्हें केवल बन्द बर्तन में इकट्ठा किया जा सकता है।
4. गैसों का आकार और आयतन निश्चित नहीं होता।
5. इन्हें खुरचा नहीं जा सकता।

गैसोहोल **(Gasohole)**–ब्राजील तथा जिम्बाब्वे में यह ईंधन कारों एवं बसों को चलाने के काम आता है। भारत में भी गैसोहोल का इस्तेमाल कुछ स्थानों पर करने की योजना बनायी जा रही है। गैसोहोल ऐथेनोल एवं गैसोलिन अथवा पेट्रोल का मिश्रण होता है।

गैसों का अणुगति सिद्धान्त (Kinetic Theory of Gases)–ये सिद्धान्त मुख्य रूप से उन्नीसवीं शताब्दी में विकसित हुआ। इस सिद्धान्त से गैसों के नियमों जैसे बॉयल का नियम, चार्ल्स का नियम, आवागाद्रो का नियम इत्यादि को समझने में अत्यधिक सहायता मिली।

इस सिद्धान्त के अनुसार–

1. गैसें असंख्य अतिसूक्ष्म कणों से बनी होती हैं जो एक-दूसरे से इतनी अधिक दूरी पर होते हैं कि अणुओं का वास्तविक आयतन बर्तन के आयतन की तुलना में नगण्य होता है। ये अति सूक्ष्म कण अणु/परमाणु होते हैं।
2. अणु अत्यधिक वेग से विचरण करते हैं। अणुओं का विचरण सीधी रेखाओं में हर दिशा में होता है। विचरण करते हुए अणु आपस में एवं बर्तन की दीवारों से हर क्षण टकराते रहते हैं। अणुओं का दीवारों पर टक्करों के परिणामस्वरूप दाब लगता है।
3. अणु ठोस, गोलाकृतिक एवं पूर्ण प्रत्यास्थ्य होते हैं अर्थात् उनके आपस में टकराने से अथवा बर्तन की दीवार से टकराने से गतिज ऊर्जा का ह्रास नहीं होता यद्यपि ऊर्जा का स्थानांतरण हो सकता है।
4. अणुओं के मध्य किसी प्रकार का आकर्षण बल नहीं होता अर्थात् वे स्वतन्त्र होते हैं।
5. अणुओं पर गुरुत्त्वाकर्षण बल नगण्य अथवा शून्य माना जाता है।
6. किसी क्षण भिन्न-भिन्न अणुओं के भिन्न-भिन्न वेग ही हो सकते हैं। अतः भिन्न-भिन्न गतिज ऊर्जा हो सकती हैं परन्तु अणुओं की माध्य गतिज ऊर्जा परम ताप के अनुक्रमानुपाती होती है।

उपर्युक्त अभिगृहीतों में आये पद गैस का आयतन एवं गैस का दाब के बारे में विचार करते हैं।

गैसों के रुद्धोष्प प्रसार से शीतलन एवं द्रवीकरण (Cooling and Liquefaction of Gases by Adiabatic Expansion)–जब एक संपीडित गैस का रुद्धोष्म परिस्थितियों में किसी प्रतिरोधी दाब के विरुद्ध प्रसार करते हैं तो गैस द्वारा बाह्य कार्य किया

जाता है अतः गैस अणुओं की आन्तरिक ऊर्जा में कमी आती है जिससे गैस का शीतलन होता है।

शुद्ध वायु (CO_2 व H_2O रहित) को कम्प्रेशर (Compressor) की सहायता से 200 वायुमण्डल दाब तक संपीडित करते हैं। फिर उसका कुछ भाग प्रसार वाल्व (Expansion valve) द्वारा एक वायुमण्डल दाब के क्षेत्र में निस्सरित होता है तथा शेष भाग रुद्धोम परिस्थिति में पिस्टन को धकेलता है जिससे बाह्य कार्य होता है। इस तरह वायु (गैस) जूल थॉम्सन एवं रुद्धोष्म प्रसार दोनों ही कारणों से ठंडी होती है तथा उपकरण के अन्दर परिसंचरित (Circulate) होकर कम्प्रेशर में चली जाती है। ठंडी गैस को संपीडित करके यही क्रिया बार-बार दोहराई जाती है जिससे वायु के ताप में निरन्तर कमी आती जाती है।

गैस का आयतन (Volume of Gases)—गैस के आयतन से तात्पर्य उस आयतन से है जो उसके अणुओं/परमाणुओं के स्वतन्त्र विचरण के लिए उपलब्ध है। चूँकि अणुओं का वास्तविक आयतन उपेक्षणीय है अतः बर्तन का आयतन ही गैस का आयतन होता है।

गैस का दाब (Pressure of Gases)—इकाई क्षेत्रफल पर लगने वाले बल को दाब कहते हैं। बर्तन में उपस्थित गैस के अणु बर्तन की दीवार से टकराते हैं तो दीवार पर धक्का (बल) लगता है। दीवार के इकाई क्षेत्रफल पर हर क्षण असंख्य अणु टकराते हैं, उनके द्वारा लगाया गया इकाई क्षेत्रफल पर बल गैस का दाब होता है।

गैस-निर्माण (Gastrification)—गैस-निर्माण दो उद्देश्यों से होता है। कुछ गैसें प्रकाश उत्पन्न करने के लिये बनायी जाती हैं। ऐसी औद्योगिक गैसों को प्रदीपक गैस कहते हैं। कुछ गैसें ईंधन के लिये बनायी जाती हैं जिनको तापन गैस कहते हैं। दोनों किस्मों की गैसें दाह्य गैस हैं।

गैसों का द्रवण (Liquefaction of Gases)—किसी गैस को द्रव अवस्था में लाने की क्रिया को गैसों का द्रवण कहते हैं। इसमें कई प्रक्रमों और कलाओं से होकर गुजरना पड़ता है। इसका उपयोग वैज्ञानिक, औद्योगिक एवं व्यापारिक उद्देश्यों के लिये किया जाता है। बहुत सी गैसों को केवल ठण्डा करके सामान्य वायुमण्डलीय दाब पर ही द्रव में बदला जा सकता है। कुछ को CO_2 द्रव में बदलने के लिये दाबित भी करना पड़ता है।

गुप्त ऊष्मा (Latent Heat)—जब कोई पदार्थ एक भौतिक अवस्था (जैसे ठोस) से दूसरी भौतिक अवस्था (जैसे द्रव) में परिवर्तित होता है तो एक नियत ताप पर उसे कुछ ऊष्मा प्रदान करनी पड़ती है या वह एक नियत ताप पर ऊष्मा प्रदान करता है। किसी पदार्थ की गुप्त ऊष्मा, ऊष्मा की वह मात्रा है जो उसके इकाई मात्रा द्वारा अवस्था

परिवर्तन के समय अवशोषित की जाती है या मुक्त की जाती है। इसके अलावा पदार्थ जब अपनी कला बदलते हैं तब भी गुप्त ऊष्मा के बराबर ऊष्मा का आदान-प्रदान करना पड़ता है।

आयन (Ion)–गच्छाम (ion) एक परमाणु या अणु है जिसमें विद्युदणु की और प्रोटोन की संख्या समान नहीं है और यह उस गच्छाम को एक धनात्मक या ऋणात्मक प्रभारी देते हैं।

गंधकाम्ल (Sulphuric Acid)–गंधकाम्ल (सल्फ्यूरिक एसिड) एक तीव्र अकार्बनिक अम्ल है। प्रायः सभी आधुनिक उद्योगों में गंधकाम्ल अत्यावश्यक होता है। अतः ऐसा माना जाता है कि किसी देश द्वारा गंधकाम्ल का उपभोग उस देश के औद्योगीकरण का सूचक है। गंधकाम्ल के अधिक उपभोग करने वाले देश अधिक समृद्ध माने जाते हैं। शुद्ध गंधकाम्ल रंगहीन, गन्धहीन, तेल जैसा भारी तरल पदार्थ है जो जल में हर परिमाण में विलेय है। इसका उपयोग प्रयोगशाला में प्रतिकारक के रूप में तथा अनेक रासायनिक उद्योगों में विभिन्न रासायनिक पदार्थों के संश्लेषण में होता है। बड़े पैमाने पर इसका उत्पादन करने के लिए सम्पर्क विधि का प्रयोग किया जाता है जिसमें गंधक को वायु की उपस्थिति में जलाकर विभिन्न प्रतिकारकों से क्रिया करायी जाती है।

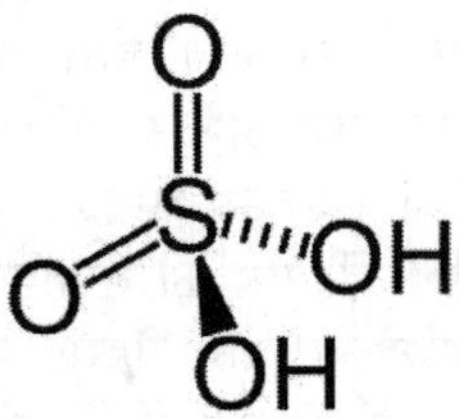

घ

घनत्व (Density)–भौतिकी में किसी पदार्थ के इकाई आयतन में निहित द्रव्यमान को उस पदार्थ का घनत्व कहते हैं।

विज्ञान के तहत घनत्व के बारे में भी बताया जाता है। एक क्विंटल रुई, एक क्विंटल लोहे से अधिक स्थान घेरती है। इसलिए लोहा रुई से सघन है। विज्ञान में पदार्थों की सघनता समझने के लिए घनत्व शब्द का प्रयोग करते हैं। किसी वस्तु के एकांक आयतन की संहति को उस वस्तु का घनत्व कहा जाता है। किसी वस्तु की संहति को उसके आयतन से भाग देकर उस वस्तु का घनत्व निकाला जाता हैं।

इसका सूत्र निम्न प्रकार है–

उदाहरण–यदि मिट्टी के एक लीटर तेल की संहति 780 ग्राम है तो

मिट्टी के तेल का घनत्व = संहति/आयतन = 780/1000 = 7.8 ग्राम/मिलीलीटर

घनत्व के मात्रक (Measurement of Density)–ग्राम प्रति मिलीलिटर, ग्राम प्रति घन सेंटीमीटर या किलोग्राम प्रति घन मीटर को घनत्व का मात्रक या मापक माना गया है।

घुलनशीलता (Solubility)–किसी रसायन या यौगिक की किसी द्रव्य में घुल जाने की क्षमता को घुलनशीलता कहते हैं।

च

चाँदी (Silver)–भारत में चाँदी का उत्पादन नाममात्र होता है। यह स्वतन्त्र अवस्था में भी नहीं पायी जाती है। भारत में चाँदी की माँग अन्य देशों की अपेक्षा अधिक है, क्योंकि इसका उपयोग आभूषण तथा सजावट की वस्तुओं के लिए बहुत अधिक किया जाता है। यह ताँबे, सीसे, सोने एवं जस्ते आदि धातुओं के साथ मिश्रित रूप में पायी जाती है। चाँदी के अयस्क हैं–अर्गेनाटाइट, पायराजाराइट, स्टैफनाइट, हार्नसिल्वर और औस्टाइट। इसका उपयोग आभूषण, औषधि, बर्तन आदि के निर्माण में होता है।

चरक (Charak)–चरक को आयुर्वेद चिकित्साशास्त्र का आचार्य माना जाता है। इनके द्वारा रचित 'चरक संहिता' आयुर्वेद के विद्यार्थियों के लिए प्रमुख पाठ्य पुस्तक है। आयुर्वेद के ग्रन्थों को आठ खण्डों तथा 120 अध्यायों में विभाजित करने की परम्परा का निर्वाह चरक संहिता में भी किया गया है।

चरक संहिता के प्रथम खण्ड 'सूत्र-स्थान' में औषधि-विज्ञान, आहार पथ्य तथा शारीरिक एवं मानसिक रोगों की चिकित्सा का उल्लेख किया गया है। द्वितीय खण्ड 'निदान स्थान' में प्रमुख रोगों के कारण स्पष्ट किये गये है। तीसरे खण्ड 'विमान स्थान' में शारीरिक रचना का वर्णन किया गया है। पाँचवें खण्ड 'इन्द्रिय स्थान' में रोगों की चिकित्सा का वर्णन किया गया है। सातवें खण्ड 'कल्प स्थान' तथा आठवें खण्ड 'सिद्धि स्थान' में विशेष उपचारों का उल्लेख है। चरक ने 'चरक संहिता' में बालक की उत्पत्ति और विकास का वैज्ञानिक ढंग से वर्णन किया है तथा शरीर के विभित्र अंगों की बनावट और विकास का वैज्ञानिक ढंग से वर्णन किया है। शरीर के विभिन्न अंगों के कार्यों, तरह-तरह के रोग, उनके लक्षण तथा उपचार, आयुर्वेदिक जड़ी-बूटियों के नाम, उनके गुण तथा किस रोग पर कौन-सी औषधि गुणकारी सिद्ध होगी आदि, बातों का विस्तृत वर्णन किया है।

चालन (Conduction)–जिस किसी पदार्थ से विद्युत्धारा का प्रवाह हो सके उसे चालक कहते हैं और चालक का ये गुण चालन कहलाता है। उदाहरण के लिए आप किसी भी धातु को ले सकते हैं जैसे लोहा, चाँदी, सोना

इत्यादि। किसी भी वस्तु में दो स्तर होते हैं जिसे हम वैलंस बैंड तथा कंडक्शन बैंड कहते हैं। इन दोनों के बीच की दूरी फोर्बिडन गैप कहलाती है। किसी भी वस्तु में एलेक्ट्रोंस प्रवाहित होना इस बात पर निर्भर करता है कि क्या एलेक्ट्रोंस वैलंस बैंड से कंडक्शन बैंड में जा रहा है या नहीं। अगर हाँ तो इसका मतलब है कि उस वस्तु में विद्युत् प्रवाहित हो रही है। चालक में दोनों बैंड मिले हुए रहते हैं मतलब फोर्बिडन गैप नहीं रहता है इसलिए इसमें से एलेक्ट्रोंस या करंट आसानी से प्रवाहित होते हैं।

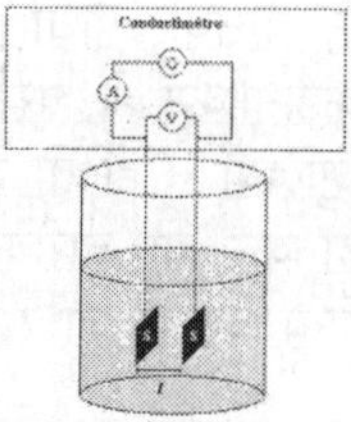

चार्ल्स गे लूसाक का नियम (Charles Gay Lussac's Law)–नियत दाब पर किसी गैस की निश्चित मात्रा का आयतन परम ताप के अनुक्रमानुपाती होता है।

अर्थात् $V \alpha T$

चूना एवं सीमेंट पत्थर (Leak and Cement Stone)–साधारण सीमेंट बनाने के लिए मध्य प्रदेश और राजस्थान में चूने तथा उत्तर प्रदेश के कंकड़ों का भारी जमाव है। भारत में अनेक स्थानों पर चूने का पत्थर स्वयं ही ऐसे रासायनिक संघटन का होता है कि उसमें मिट्टी बहुत ही कम (1 से 2%) मिलाने की संभावना रह जाती है। यहाँ भिन्न-भिन्न प्रकार के मिट्टीदार चूने के पत्थर को ही आपस में मिलाकर उपयुक्त रासायनिक मिश्रण तैयार कर लिया जाता है। चूना स्वयं बहुत भारी एवं सस्ता पदार्थ होता है। अतः भारत के सीमेंट के सारे ही कारखाने प्रायः चूने के पत्थरों की खानों के पास ही खोले गये हैं। सीमेंट के लिए हरसौंठ (जिप्सम) राजस्थान से मंगवाई जाती है। विशेष किस्म के कोयले की चूरी का आयात मध्य प्रदेश, झारखण्ड, आन्ध्र प्रदेश तथा पश्चिम बंगाल आदि राज्यों से परिवहन सुविधा एवं परिवहन लागत आदि को ध्यान में रखकर इसको मंगाया जाता है।

छ

छानना (Filter)—अधिकांश उपचार सन्यन्त्रों में पहली क्रिया छानने की होती है। प्रायः गँदले जल में छोटे-छोटे टुकड़े (कागज़, तिनके) तथा चीथड़े तैरते रहते हैं। इनको छानकर अलग करना आवश्यक है, नहीं तो ये सन्यन्त्र को हानि पहुँचा सकते हैं।

इस क्रिया के द्वारा घुलनशील ठोस पदार्थ को किसी द्रव पदार्थ से तीसरे माध्यम की सहायता से अलग किया जा सकता है। इस प्रक्रिया को निम्न प्रकार प्रयोग किया जा सकता है– नमक और रेत का चूर्ण लो। पानी से आधे भरे बीकर में चूर्ण को डालकर कांच की डण्डी से खूब हिलाओ। हम देखते हैं कि नमक पानी में घुल जाता है और रेत वैसे ही पड़ा रहता है।

इस विधि के द्वारा अशुद्ध जल को शुद्ध बनाया जाता है। जिस जल में तैरने वाली वस्तुएँ, पत्तियाँ, पौधों की जड़ें तथा अन्य कूड़ा-कर्कट हो, परन्तु किसी तरह की अशुद्धियाँ न हों तो वह साफ कपड़े से छानकर या बारीक छलनी द्वारा पीने योग्य बनाया जा सकता है।

ज

जस्ता (Zinc)—जस्ता स्वतन्त्र रूप में नहीं पाया जाता है। यह प्रायः सीसे के साथ मिश्रित एवं जस्ते की सल्फाइड से प्राप्त होता है। इसका उपयोग लोहे को जंग से बचाने के लिए, पॉलिश करने और रसायन उद्योग आदि में होता है।

जल की कठोरता (Hardness of Water)—मृदु जल में साबुन के घोल में सरलता से झाग उत्पन्न होता है। जिस जल के साथ साबुन दही जैसी फुटकियाँ उत्पन्न कर दे, उसे भारी या कठोर जल कहते हैं। जल का भारीपन दो प्रकार का होता है–अस्थायी कठोरता तथा स्थायी कठोरता।

***(क)* जल का अस्थायी भारीपन दूर करना**–कैल्शियम और मैग्नीशियम के घुलनशील बाईकार्बोनेटों की वजह से जल में अस्थायी रूप से कठोरता उत्पन्न हो जाते है। उबालने से बाइकार्बोनेट अनघुलित कार्बोनेटों में बदल जाते हैं। इन्हें छानकर पृथक् कर लिया जाता है।

Calcium Bi-Carbonate → Calcium Carbonate + Carbon Dioxide + Water

$Ca(HCO_3)_2 \rightarrow Ca(CO_3) + CO_2 + H_2O$

इस भारीपन को दूर करने के लिए चूना मिलाया जाता है, जिससे घुलित बाइकार्बोनेट अनघुलित में परिवर्तित हो जाता है। जल के भारीपन को दूर करने की इस विधि को क्लार्क विधि कहा जाता है।

Calcium Bicarbonate + Lime → Calcium Carbonate + Water

***(ख)* जल का स्थायी भारीपन दूर करना**–इस प्रक्रिया में निम्नलिखित विधि के अनुसार जल का स्थायी भारीपन दूर किया जा सकता है–

1. परम्यूटिट विधि–इस विधि द्वारा पानी की दोनों प्रकार की कठोरता (स्थायी व अस्थायी) को दूर किया जा सकता है। चीनी मिट्टी, सोडियम कार्बोनेट और रेत को एक साथ गर्म करके सोडियम परम्यूटिट बना लिया जाता है। इसे एक विशेष पात्र में भर कर उसमें से कठोर जल को गुजारा जाता है, जिससे वह रासायनिक क्रिया करके मृदु जल बन जाता है। परम्यूटिट कैल्शियम और मैग्नीशियम के लवणों को अघुलन लवणों में बदल जाते हैं। जल नीचे की नली द्वारा बाहर आ जाता है।

2. धावन सोडा डालकर—स्थायी कठोर जल में धावन सोडा डालकर कैल्शियम और मैग्नीशियम क्लोराइड और सल्फेट लवणों को कार्बोनेटों में परिवर्तित कर दिया जाता है, जो अघुल होने के कारण छानकर अलग कर दिये जाते हैं।

$$Ca\,Cl_2 + Na_2CO_3 + H_2O \rightarrow$$
$$2NaCl + CaCO_3 + H_2O$$
$$Mg\,Cl_2 + NaCO_3 + H_2O \rightarrow$$
$$2NaCl + MgCO_3 + H_2O$$
$$Cz\,SO_4 + Na_2CO + H_2O \rightarrow$$
$$Na_2SO_4 + CaCO_3 + H_2O$$
$$Mg\,SO_4 + Na_2CO_3 + H_2O \rightarrow$$
$$Na_2SO_4 + MgCO_3 + H_2O$$

3. आसवन विधि द्वारा—एक रिटार्ट में स्थायी कठोर जल डालकर गर्म किया जाता है, जिससे पानी की भाप बन जाती है। यह भाप ग्राहक पात्र में चली जाती है जिसे ठंडा जल डालकर ठंडा कर लिया जाता है। ठंडे होने पर भाप जल में बदल जाती है जो मृदु होता है।

जल ऊर्जा (Water Energy)—नदी में बहने वाले पानी को बाँध-निर्माण से एक बड़े तालाब में इकट्ठा कर लिया जाता है तथा इसे ऊँचाई से नीचे गिराया जाता है। बाँध के निचले भाग में लगे टरबाईनों के पंखे इस तेज पानी के बहाव से गति में आते हैं।

यही टरबाईन फिर विद्युत् उत्पादकों को बिजली उत्पन्न करने के लिए चलाती है। हम छोटे एवं लघु जल विद्युत् सन्यन्त्र भी बना सकते हैं। पहाड़ी क्षेत्रों की नदियों पर ऐसे संयत्रों का निर्माण करके छोटे स्तर पर बिजली पैदा की जा सकती है। छोटे संयत्रों के लिए भी पानी कम-से-कम 10 मीटर की ऊँचाई से गिरना चाहिए। भारत में, अनुमान है कि लगभग 4×10^{11} किलोवाट प्रतिघंटा जल विद्युत् उत्पन्न करने की क्षमता है। अभी तक हमने इस क्षमता का केवल 11% ही उत्पादन किया है।

जल ऊर्जा से प्रदूषण नहीं होता है। यह ऊर्जा पुनःस्थापित होने वाली है तथा आम तौर पर जल ऊर्जा परियोजनाएँ बहु-आयामी होती हैं जिनका लाभ बाढ़ों की रोकथाम के लिए, सिंचाई के लिए एवं जल परिवहन के लिए भी होता है। परन्तु बहुत बड़े बाँधों के अनेक पर्यावरणीय प्रभाव भी हैं।

जल विद्युत् शक्ति वर्तमान ऊर्जा स्रोतों में सबसे मुख्य है। यह ऊर्जा का अजस्त्र स्रोत है तथा नव्यकरणीय ऊर्जा के अन्तर्गत आता है। जब तक सूर्य और चन्द्रमा मौजूद रहेंगे पृथ्वी पर वर्षा होती रहेगी तथा जल विद्युत् शक्ति का उत्पादन होता रहेगा। जल विद्युत् शक्ति के उत्पादन के लिये आवश्यक है कि वर्ष भर वर्षा हो ताकि नदियों में पर्याप्त जल प्रवाह होता रहे। नदी मार्ग में जल पर्याप्त होने पर बाँध बनाने की आवश्यकता नहीं पड़ती है। जल विद्युत् शक्ति उत्पादन केन्द्रों के पास ही बाँध क्षेत्र भी होने चाहिए। लेकिन उक्त सभी आदर्श दशाओं का मिलना असम्भव है। मात्र कांगों बेसिन में जल विद्युत् शक्ति उत्पादन

की अनुकूल दशायें मिलती हैं लेकिन कम आबादी और औद्योगीकरण के अभाव में यहाँ जल विद्युत् शक्ति की माँग काफ़ी कम है।

जिन देशों में अनुकूल भौगोलिक दशायें नहीं पायी जाती हैं लेकिन आबादी ज्यादा होती है तथा औद्योगिक विकास की अन्य अनुकूल दशायें विद्यमान होती हैं, तो पर्वतीय भागों में नदियों पर बड़े-बड़े बाँध बनाकर जलाशय बनाये जाते हैं तथा जल विद्युत् शक्ति पैदा करके माँग क्षेत्रों तक विद्युत् तारों के द्वारा पहुँचाया जाता है लेकिन बड़े बाँधों और जलाशयों के निर्माण से निम्नलिखित परिस्थितिकीय समस्याएँ पैदा हो रही हैं–

1. बाँधों और विशाल जलाशयों का निर्माण अत्यधिक व्यय साध्य है। सरदार सरोवर बाँध के निर्माण हेतु विश्व बैंक ने 63 अरब रूपयों का ऋण प्रदान किया है। इस तरह जो देश ऋण जाल में फंसता जा रहा है उससे उसका निकलना कठिन हो रहा है तथा ऋणदाता देश द्वारा विभिन्न रूपों में दोहन किया जा रहा है।
2. बाँधों और जलाशयों के निर्माण से बहुत बड़ी आबादी को हटना पड़ता है। अतः उन्हें पुनः बसाना एक कठिन समस्या है। उदाहरण के तौर पर नर्मदा सागर व सरदार सरोवर बाँध व जलाशयों के निर्माण से दो लाख लोगों के विस्थापित होने की संभावना है।
3. बाँध और जलाशय वाले क्षेत्रों में दबाव के कारण भूकम्प आने की सम्भावना होती है। कोयना भूकम्प व टिहरी भूकम्प इसके उदाहरण हैं।
4. बड़े बाँधों और जलाशयों के निर्माण से विशद वन क्षेत्रों को साफ करना पड़ता है, जिससे अनेकों पारिस्थितिकीय समस्याएँ उठ खड़ी हो रही हैं।
5. बड़े बाँधों और जलाशयों के निर्माण से विशद क्षेत्र जलमग्न हो जाता है। जैसे सरदार सरोवर बाँध से 40 हजार हेक्टेयर भूमि के जलमग्न होने की संभावना है।
6. जल विद्युत् उत्पादन केन्द्रों से माँग क्षेत्रों तक विद्युत् पहुँचाने में दूरी के अनुरूप विद्युत ह्रास होता है।
7. जलाशयों में जल जमाव से अनेकों बीमारियों के होने की संभावना होती है।

उपरोक्त तथ्यों से स्पष्ट है कि जल विद्युत उत्पादन से जितना लाभ नहीं है उससे कहीं अधिक पर्यावरणीय हानि हो रही हैं, इसलिए इन बड़ी परियोजनाओं का हमेशा विरोध किया जा रहा है। यही कारण है कि आज बड़ी जल विद्युत् परियोजनाओं के स्थान पर लघु बाँध और जलाशय बनाने पर बल दिया जा रहा है। चीन छोटे बाँधों और जलाशयों का निर्माण कर विद्युत उत्पादन कर रहा है। भारत में भी पारिस्थितिकीय संरक्षण को ध्यान में

रखते हुए छोटे बाँधों और जलाशयों का निर्माण कर जल विद्युत शक्ति का उत्पादन करना चाहिए।

जल गैस (Water Gas)–जलगैस एक कृत्रिम गैस है। इसमें कार्बन मोनो-ऑक्साइड और हाइड्रोजन मिश्रित होती है। कोयला गैस के साथ मिलाकर जल गैस ईंधन में काम आती है। इससे बड़ी मात्रा में हाइड्रोजन तैयार होती है और पेट्रोलियम तथा मेथिल एल्कोहल का संश्लेषण भी होता है। यह बहुत उपयोगी है किन्तु इसके प्रयोग में विशेष सावधानी बरतनी पड़ती है क्योंकि जलगैस कार्बन मोनो-ऑक्साइड के कारण प्रबल विषाक्त होती है। कोई गन्ध न होने के कारण विष की भयंकरता बढ़ जाती है। इसकी ज्वाला बड़ी गरम होती है। ताप 1,600 डिग्री सें. से भी ऊपर उठ जाता है।

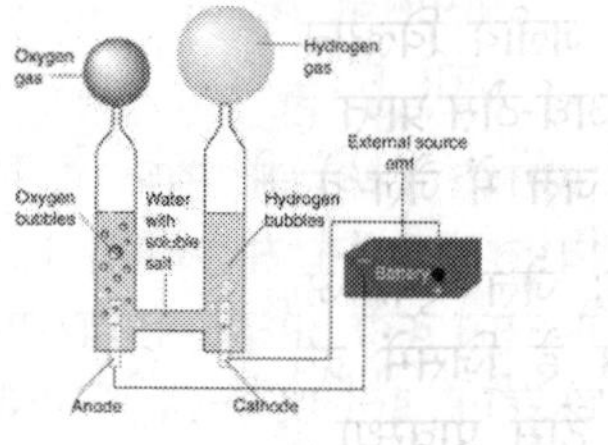

जल का चयापचय (Metabolism of Water)–जल समस्त प्राणियों और जीव जन्तुओं का जीवनदायी कहलाता है अर्थात् जल ही जीवन है। जल के अभाव में किसी भी जीवजन्तु और प्राणी का जीवन सम्भव नहीं। एक वयस्क व्यक्ति में उसके कुल भाग का लगभग 70% जल पाया जाता है और उसे प्रतिदिन 2 से 2.5 लीटर जल ग्रहण करने की आवश्यकता होती है। जल का छोटी एवं बड़ी आँत से रक्त में अवशोषण हो जाता है। रक्त से यह पोषकों एवं खनिज लवणों के साथ ऊतकों में पहुँच जाता है। जल वृक्कों द्वारा मूत्र के रूप में त्वचा से होकर पसीने के रूप में फेफड़ों से होकर जल वाष्प के रूप में तथा मल के साथ शरीर से बाहर स्रावित हो जाता है।

अधिक दस्त होने पर शरीर के आँत की क्षति होती है फलतः निर्जलीकरण की दशा उत्पन्न हो जाती है।

नमक का अधिक प्रयोग करने से रक्त में एवं ऊतक तरल में जल का आयतन बढ़ जाता है जिससे शरीर में विशेष रूप से पैरों पर शोफ हो जाता है।

भोजन के एक अवयव का मेटाबोलिज्म दूसरे अवयव के मैटाबोलिज्म से सम्बन्धित होता है जैसे प्रोटीन मेटाबोलिज्म का सम्बन्ध कार्बोहाइड्रेट मेटाबोलिज्म से होता है।

जालक तल (Lattice Planes)–त्रिविम जालक में कणों की व्यवस्था समांतर एवं समांतराली तल में अनेक प्रकार से होती है। इनको ही क्रिस्टल के जालक तल कहते हैं। सम्पूर्ण क्रिस्टल के फलक जालक तलों के समांतर होते हैं तथा सबसे सामान्य फलक वह होता है जिसमें सबसे ज्यादा बिन्दु समूह उपस्थित होते हैं।

जिप्सम (Gypsum)–जिप्सम एक प्रमुख खनिज है, इसे सेलेनाइट के नाम से भी जाना जाता है। यह खनिज विशेषतः ऊसर भूमि और शुष्क भागों में बहुत होती है। इसका प्रयोग कृषि कार्य के लिए भी होता है। इसका उपयोग खेतों में उर्वरक डालने तथा चूना मिलाकर प्लास्टर-ऑफ-पेरिस, रंग-रोगन, रासायनिक पदार्थों, गंधक का अम्ल एवं रासायनिक खाद बनाने में किया जाता है।

जूल (Joule)–जूल, अन्तर्राष्ट्रीय इकाई प्रणाली के अन्तर्गत ऊर्जा या कार्य की एक व्युत्पन्न इकाई है। एक जूल, एक न्यूटन बल को बल की दिशा में, एक मीटर दूरी तक लगाने में या फिर एक एम्पियर की विद्युत्धारा को एक ओम के प्रतिरोध से एक सेकण्ड तक गुजारने में व्यय हुई ऊर्जा या किये गये कार्य के बराबर होता है। इस इकाई को भौतिक विज्ञानी जेम्स प्रेस्कॉट जूल के नाम पर नामित किया गया है।

जूल थॉमस प्रभाव द्वारा गैसों का द्रवीकरण (Liquefaction of Gases by Joule Thomson Effect)–जेम्स जूल तथा विलियम थॉमस के अनुसार जब किसी गैस का उच्च दाब पर किसी सरन्ध्र डाट में से निम्न दाब अथवा निर्वात निस्सरित होने दिया जाये तो ताप में कमी आती है। ये प्रभाव जूल थॉमस प्रभाव कहलाता है। निस्सरण से गैस का प्रसारण होता है। अतः अणु दूर-दूर हटते हैं अर्थात् अणुओं के आकर्षण बल के विरुद्ध कार्य करना पड़ता है। जिसमें अणुओं की आन्तरिक ऊर्जा व्यय होती है अतः शीतलन होता है। ये देखा गया है कि जूल थॉमस प्रभाव एक निश्चित ताप के नीचे ही सम्भव है। यह ताप व्युत्क्रम ताप T_i कहलाता है।

व्युत्क्रम ताप (Inversion Temperature) – (T_i) का वान्डर वाल्स नियतांकों a तथा b से निम्न सम्बन्ध है–

$$T_i = \frac{2a}{Rb}$$

जेल (Gels)–जब एक द्रवस्नेही एवं द्रव-विरोधी सॉल को स्कंदित करते हैं तो अवक्षेप प्राप्त होता है जिसकी प्रकृति कभी-कभी जिलेटिनी होती है। इसकी परिक्षिप्त प्रावस्था सामान्य तथा कठोर होती है जिसमें लगभग सम्पूर्ण द्रव समायोजित रहता है। इस पदार्थ को जेल कहते हैं जैसे जिलेटिन के 5% गर्म जलीय विलयन को ठंडा करते हैं तो अर्ध-ठोस प्राप्त होता है जो जिलेटिन का जल में जैल कहलाता है।

अतः जेल एक अर्ध ठोस कोलाइडी तन्त्र है जिसमें द्रव प्रावस्था अधिक एवं ठोस प्रावस्था कम होती है। इन ठोस प्रावस्थाओं में से जिलेटिन, सेलिसिक अम्ल, सोडियम ओलिएट प्रमुख है जबकि द्रव प्रावस्था में जल प्रमुख है। दो से अधिक प्रावस्थाओं से निर्मित जेल भी ज्ञात है। शुष्क जेलों को शून्य जेल (Zero Gel) भी कहते हैं जैसे जिलेटिन की पट्टी सेलोफोन की पट्टी शुष्क जेल कहलाती

है। जेल निर्माण के दौरान भौतिक गुणों में भी परिवर्तन आता है जैसे चालकता, श्यानता, पृष्ठ तनाव आदि।

जैविक गैस (Biogas)–जैविक गैस मीथेन, कार्बन डाइआक्साइड, हाइड्रोजन एवं हाइड्रोजन सल्फाइड का मिश्रण होती है जिसमें सर्वाधिक मात्रा में मीथेन होती है। यह गैस प्राणि अपशिष्टों (कभी-कभी वनस्पति अवशेषों) के ऑक्सीजन रहित (Anaerobic) विघटन से उत्पन्न की जाती है। इस क्रिया में पानी भी इस्तेमाल होता है। ऑक्सीजन रहित विघटन बैक्टीरिया द्वारा होता है।

जैविक गैस प्रदूषण न फैलाने वाली, साफ एवं कम खर्चे वाली गैस है जो ग्रामीण क्षेत्रों में लाभदायक है जहाँ बहुत-सा पशु एवं वनस्पति अपशिष्ट उपलब्ध होता है। भारत विश्व का सर्वाधिक पशु वाला देश है इसलिए भारत में जैविक गैस की उत्पत्ति की क्षमता बहुत अधिक है। केवल पशु गोबर से हम प्रतिवर्ष 22,500 मेगा घन मीटर जैविक गैस पैदा कर सकते हैं। एक सामान्य परिवार की जरूरत 60 घन फुट के एक गोबर गैस प्लांट से पूरी हो सकती है। जैविक गैस के प्रमुख फायदे हैं–यह साफ, प्रदूषण रहित एवं सस्ती है। प्लांट से गैस सीधी सप्लाई होती है तथा इसे संचित करने की समस्या नहीं होती। गोबर गैस प्लांट से बचने वाले कचरे (Sludge) में सभी पोषक तत्त्व होते हैं तथा यह एक बहुत अच्छी खाद बनाता है। पशु अवशेषों के बन्द एवं आक्सीजन रहित विघटन में स्वास्थ्य समस्या भी उत्पन्न नहीं होती जो गोबर के खुले इस्तेमाल में रोग फैलाने वाले कीटाणुओं एवं जीवों के कारण हो सकती है।

हमारे देश में दो प्रकार के जैविक गैस प्लांट इस्तेमाल किये जाते हैं स्थायी गुम्बद वाला जैविक गैस प्लांट एवं तैरते टैंक वाले जैविक गैस प्लांट।

1. तैरते टैंक वाले जैविक गैस प्लांट–इसका डाइजेस्टर टैंक भूमिगत होता है और गैस अपशिष्ट के ऊपर जमा होती रहती है। गैस बर्तन ऊपर नीचे हो सकता है तथा इससे गैस पाइप से निकलती है जो एक वाल्व द्वारा नियन्त्रित होती है। डाइजेस्टर टैंक दो भागों में बँटा होता है। एक भाग में पाईप द्वारा गोबर, पानी इत्यादि का मिश्रण टैंक के अन्दर आता है। दूसरे भाग से यही कचरा विघटन के पश्चात् निकलता रहता है।

कई बार जंग लगने से स्टील का गैस बर्तन लीक करने लगता है तथा गैस बाहर निकलने लगती है। इसलिए इस टैंक को बार-बार पेंट करते रहना पड़ता है। इससे इसकी सुरक्षा तो होती है परन्तु यह कार्य महँगा पड़ता है।

2. स्थायी गुम्बद वाला जैविक गैस प्लांट–इसकी संरचना भी तैरते टैंक वाले जैविक गैस प्लांट जैसी ही होती है। फर्क केवल यह होता है कि स्टील

के गैस बर्तन के स्थान पर ईंटों तथा सीमेन्ट से बना एक स्थायी गुम्बद होता है। डाईजेस्टर टैंक में विभाजन के स्थान पर एक ही चैम्बर होता है। गोबर एवं जल को डालने और विघटित कचरे को निकालने के लिए अलग से व्यवस्था होती है। हमारा गैर-पारम्परिक ऊर्जा स्रोतों का मन्त्रालय बायोगैस प्रोग्राम को बढ़ावा दे रहा है। ग्रामीण क्षेत्रों में KVIC जनता मॉडल, दीनबन्धु मॉडल, प्रगति मॉडल, गणेश मॉडल आदि बायो-गैस के मॉडल प्रचलित हैं, पर अभी भी बायोगैस (गोबर-गैस) को अधिक लोकप्रिय बनाने की आवश्यकता है।

जैविक ईंधन (Biofuel)–जैविक ईंधन का किण्वीकरण (Fermentation) करके एथनोल (Ethanol) एवं मिथेनोल (Methanol) नामक एल्कोहल बनाये जा सकते हैं। कार्बोहाइड्रेट युक्त गन्ना ऐथेनोल उत्पन्न करने के लिए उपयोग में लाया जा सकता है। ऐल्कोहल स्वच्छ ईंधन है तथा इससे प्रदूषण भी नहीं होता परन्तु पेट्रोल की तुलना में इसकी कैलोरी क्षमता कम होती है तथा ताप कम निकलता है।

जैव भार ऊर्जा (Biomass Energy)–जैव भार वह कुल पदार्थ है जो पौधों एवं प्राणियों द्वारा उत्पन्न होता है। इसमें लकड़ी, फसलों के अवशेष, गोबर खाद, मल, कृषि अवशेष आदि होते हैं। जैव भार ऊर्जा निम्नलिखित प्रकार की होती है।

फसलों के अवशेष, छिलका, खोरी (गन्ने का अवशेष), नारियल के रेशे, मूँगफली के छिलके, कपास की डंडियाँ आदि ऐसे कृषि अवशेष हैं जिनको जलाकर ऊर्जा प्राप्त की जाती है। पशुओं का गोबर, मछलियों एवं मुर्गियों का अपशिष्ट तथा मानव मल आदि भी जैव भार ऊर्जा के उदाहरण हैं। ब्राजील में 30% बिजली का उत्पादन गन्ने के छिलके को जलाकर किया जाता है। भारत के गाँवों में गोबर के उपले जलाकर ऊर्जा पैदा की जाती है। गाँव की 80% ताप ऊर्जा की माँग को कृषि अवशेष, लकड़ी एवं गोबर के उपलों से पूरा किया जाता है।

ग्रामीण इलाकों में जैव भार के इन अवशेषों को खुले चूल्हों में जलाया जाता है जिनसे धुआँ पैदा होता है। अब लम्बी चिमनी वाले चूल्हे बनाये गये हैं जो अधिक उपयोगी एवं धुआँ रहित होते हैं।

पौधों एवं प्राणियों के अवशेषों को जलाने से वायु प्रदूषण होता है। इससे बहुत सी राख भी बाकी बची रह जाती है। गोबर जलाने से बहुत से पोषक तत्त्व जैसे नाइट्रोजन एवं फ़ास्फोरस भी नष्ट हो जाते हैं। इसलिए अधिक लाभदायक यह है कि इस जैवभार को जैविक गैस (Biogas) अथवा जैविक ईंधन (Bio fuel) में परिवर्तित कर लिया जाये।

प्रकाश संश्लेषण द्वारा हरे पौधे सौर ऊर्जा को सोख कर उसे जैव भार ऊर्जा में परिवर्तित करते रहते हैं। तेज

बढ़ने वाले पेड़-पौधे, जैसे सेमल, पोपलर तथा बबूल, झाड़ीनुमा घास, गन्ने जैसी फसलें अथवा ज्वार, चुकन्दर, जलीय पौधे जैसे–जल सम्बुल तथा समुद्री अपतृण कार्बोहाइड्रेट से भरे आलू एवं अनाज ऊर्जा देने वाली वनस्पतियाँ हैं। इनसे या तो सीधे जलाकर ऊर्जा प्राप्त की जा सकती है अथवा इनको संशोधित करके जलने वाली गैसें अथवा दूसरे ईंधन बनाये जा सकते हैं।

जैव-रासायनिकी (Biochemistry)– जैव-रासायनिकी रसायनशास्त्र की वह शाखा है जो पेड़-पौधों, जानवरों और उनके जैविक प्रक्रमों से सम्बन्धित है।

ज्वारीय ऊर्जा (Tidal Energy)–ज्वार की प्रक्रिया में आने वाले उछाल और गिरावट से ज्वारीय ऊर्जा का उपयोग किया जाता है। छोटे ज्वारीय शक्ति सन्यन्त्र चीन और तत्कालीन USSR में बनाये गये। ज्वारीय शक्ति का प्रयोग विशेषकर विद्युत उत्पादन में किया जाता है। भारत में ज्वारीय शक्ति के उपयोग के लिए सन्यन्त्र कच्छ की खाड़ी सुन्दर वन में स्थापित किये गये हैं।

विश्व में बहुत कम स्थान हैं जहाँ ज्वारीय ऊर्जा उत्पन्न की जाती है। कनाडा के फंडी खाड़ी में आने वाले ज्वार-भाटा की लहरें, जो 17-18 मीटर ऊँची होती हैं, से 5000 मेगावाट बिजली पैदा की जाती है। फ्राँस में लारांस के स्थान पर पहली आधुनिक ज्वारीय शक्ति उत्पन्न की जा सकती है।

झ

झाग़ (Foam)–झाग या फेन वह वस्तु होती है, जो द्रव या ठोस में गैस के बुलबुलों को फँसाने से प्राप्त होती है। साबुन को पानी में मिलाने से बना झाग़ (फ़ोम) इसका सबसे आम उदाहरण है। यह शब्द इस जैसी अन्य घटनाओं के लिए भी प्रयोग किया जा सकता है, जैसे क्वांटम फ़ेन। द्रव के बने फ़ेन को कलिल (कोलाइड) का एक प्रकार भी माना जा सकता है। जब ऐसे द्रव को जमा दिया जाता है तो ठोस बनता है जो फ़ेन का यथावत हिमीकृत रूप होता है। ऐसे ठोस फेन के उदाहरणों में फ़ेनित एल्युमीनियम का नाम लिया जा सकता है। ठोस में गैस के बुलबुलों से बने झाग़ के एक अन्य उदाहरण के रूप में खाने की वस्तु पाव (ब्रेड) बहुधा प्रयुक्त होती है। फ़ोम रासायनिक कारखानों का एक आम सह-उत्पाद है जो अकसर अवांछित होता है। सिलिकोन तेल एक साधारण विफेनक है, जो फ़ेन को अवांछित तरल में बनने से रोकता है।

ट

टांकिकाम्ल (Boric Acid)–टांकिकाम्ल पृथ्वी में सभी जगह एवं जीव शरीर में न्यून मात्रा में उपस्थित रहता है। अनेक खनिज जलों में यह अधिक मात्रा में विलीन रहता है। होमबर्ग ने 1702 ई. में सर्वप्रथम इसे सुहागे पर गंधकाम्ल की क्रिया द्वारा निर्मित किया। टांकिकाम्ल एक जीवाणुनाशक पदार्थ है और चिकित्सा में काम आता है। यह खाद्य पदार्थों में जीवाणुओं की रोकथाम कर सकता है, परन्तु स्वयं इसमें कुछ विषैले गुण होने के कारण इसके खाद्य सम्बन्धी उपयोगों पर रोक लगा दी गयी है। लकड़ी पर चमक तथा कपड़ों के ज्वाला प्रतिरोधी बनाने के यह काम आता है। इसको निकल के विद्युल्लेपन कार्य के विलयन में भी डालते हैं। आज इसका उपयोग ऊष्मा प्रतिरोधी काँच बनाने में हो रहा है। चीनी मिट्टी के बरतनों में चमक लाने के लिए टांकिकाम्ल तथा बोरेट यौगिकों का पुरातनकाल से उपयोग होता आया है। बोरॉन सर्वदा मिट्टी में सूक्ष्म मात्रा में उपस्थित रहता है।

ट्रांसयूरेनिक तत्त्व (Transuranic Elements)–यूरेनियमोत्तर तत्त्व या परायूरेनियम तत्त्व या ट्रांसयूरेनिक तत्त्व वे रासायनिक तत्त्व हैं, जिनका परमाणु भार 92 से अधिक होता है। 92, यूरेनियम का परमाणु भार है। अतः ये सभी आवर्त सारणी में यूरेनियम के बाद आते हैं। इनमें से कोई भी तत्त्व स्थिर नहीं होता है और रेडियोधर्मी क्षय के उपरान्त अन्य छोटे तत्त्वों में बदल जाते हैं। आवर्त सारणी को देखने से ज्ञात होगा कि प्रकृति में पाये जाने वाले तत्त्वों में यूरेनियम सबसे भारी है और इसकी परमाणु संख्या 92 है, परन्तु कुछ ऐसे मनुष्य निर्मित तत्त्व भी हैं जिनकी परमाणु संख्या 92 से अधिक है। इन तत्त्वों को हम यूरेनियमोत्तर तत्त्व या परायूरेनियम तत्त्व कहते हैं। ये सारे तत्त्व अस्थिर तथा रेडियोऐक्टिव गुण के हैं।

टाइटेनियम (Titanium)–टाइटेनियम तत्त्व का सबसे पहले सन् 1791 में ग्रेटर ने पता लगाया तथा सन् 1795 में क्लापराथ ने इसका नाम टाइटेनियम रखा। इसके मुख्य खनिज इलमिनाइट तथा रुटाइल हैं। दूसरे खनिज स्थुडोब्रूकाइट, एरीजोनाइट, गाइकीलाइट तथा पायरोफेनाइट, इत्यादि हैं

धातु के क्लोराइड के वाष्प को द्रवित सोडियम के ऊपर से पारित करने पर अथवा पोटैशियम के साथ अवकरण से अथवा धातु के हेलोजन लवण या ऑक्साइड के कैल्सियम, मैंग्नीशियम या एल्युमिनियम द्वारा अवकरण से यह धातु प्राप्त होती है। बुसे (सन् 1853) ने पोटैसियम टाइटेनेट, सोडियम सल्फेट और सल्फयूरिक अम्ल के विद्युतिच्छेदन द्वारा सफ़ेद टाइटेनियम प्राप्त किया था।

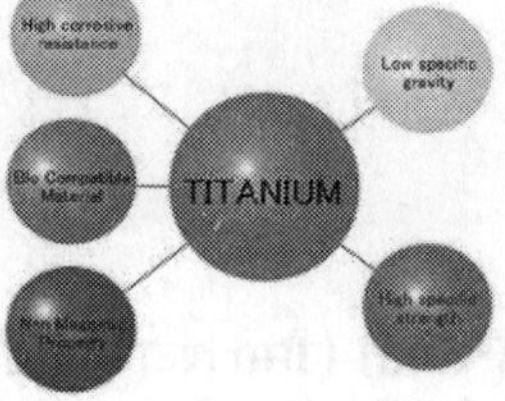

ठ

ठोस (Solid)—ठोस पदार्थ की एक अवस्था है, जिसकी पहचान पदार्थ की संरचनात्मक दृढ़ता और विकृति (आकार, आयतन और स्वरूप में परिवर्तन) के प्रति प्रत्यक्ष अवरोध के गुण के आधार पर की जाती है। ठोस पदार्थों में उच्च यंग मापांक और अपरूपता मापांक होते हैं। इसके विपरीत, ज्यादातर तरल पदार्थ निम्न अपरूपता मापांक वाले होते हैं और श्यानता का प्रदर्शन करते हैं। भौतिक विज्ञान की जिस शाखा में ठोस का अध्ययन करते हैं, उसे ठोस-अवस्था भौतिकी कहते हैं। पदार्थ विज्ञान में ठोस पदार्थों के भौतिक तथा रासायनिक गुणों और उनके अनुप्रयोग का अध्ययन करते हैं। ठोस-अवस्था रसायन में पदार्थों के संश्लेषण, उनकी पहचान और रासायनिक संघटन का अध्ययन किया जाता है। ठोस प्रवाहशील नहीं होते हैं और न ही उन्हें रोकने के लिए किसी बर्तन की आवश्यकता होती हैं। उनको ढेर के रूप में इकट्ठा किया जा सकता है। इनकी मुक्त सतहें होती है। ठोस के कण एक-दूसरे के बहुत नजदीक होते हैं। ठोस सख्त तथा कठोर होते हैं।

विशेषताएँ–

1. ठोस कठोर होते हैं तथा इन्हें खुरचा जा सकता है।
2. ठोस का आयतन और आकार निश्चित होता है।
3. इनकी खुली सतहें होती है।
4. इन्हें ढेर के रूप में इकट्ठा रखा जा सकता है।
5. ये द्रव और गैसों की तरह बहते नहीं।

ड

डॉ. शान्तिस्वरूप भट्नागर (Dr. Shanti Swaroop Bhatnagar)—डॉ. शान्तिस्वरूप भट्नागर का जन्म 21 फरवरी 1894 को पंजाब के शाहपुरा गाँव में हुआ था। इनके पिता परमेश्वरी सहाय एवं माता पार्वती थी। लाहौर के फोरमैन क्रिश्चिन कॉलेज से एम. एस.-सी. पास करने के उपरान्त वे 4 अगस्त, 1919 को अध्ययन के लिए यूरोप के लिए रवाना हुए। इंग्लैण्ड, फ्रान्स और जर्मनी में उन्होंने महान वैज्ञानियों को अपनी प्रतिभा से प्रभावित किया। अध्ययन के बीच में ही प. मदनमोहन मालवीय ने उन्हें बनारस हिन्दू विश्वविद्यालय में रसायनशास्त्र का प्रोफेसर बनाकर बुला लिया। इसी क्रम में वे लाहौर विश्वविद्यालय में रसायन की प्रयोगशाला के डायरेक्टर नियुक्त हो गये। यहाँ उन्होंने देश और विदेश में शोधार्थियों का मार्गदर्शन किया। सन् 1940 में इन्हें भारत सरकार के वैज्ञानिक तथा औद्योगिक गवेषण विभाग का सलाहकार बनाया गया। उन्होंने दिल्ली आकर वैज्ञानिक तथा औद्योगिक गवेषण मण्डल की स्थापना में योगदान किया। सन् 1941 में उन्हें 'सर' की उपाधि मिली। सन् 1946 में हमारे देश में राष्ट्रीय प्रयोगशालाएँ स्थापित की गयी, जो कि आज हमारी प्रगति के लिए रीढ़ बनी हुई हैं। उनकी प्रगति का बहुत बड़ा श्रेय डॉ. भटनागर को जाता है। जनवरी 1955 को उनका देहान्त हो गया।

डॉ. भटनागर का विज्ञान एवं रसायन विज्ञापन में बहुत बड़ा योगदान रहा है। इनके मौलिक कार्यों में प्रमुख इस प्रकार रहे–

1. बेकार पदार्थों से उपयोगी वस्तुओं का निर्माण। जूट एवं जूट के चूरे, शीरा (Molasses), गूदड, बाँस के कचरे, नारियल के खोपड़े तथा रेशों से उपयोगी चीज़ों का निर्माण।
2. सन् 1933 में तेल की खुदाई में आने वाली बाधा को 'कोलाइड' के अनुसन्धान और उपयोग से दूर किया।
3. मोम का रंग मिटाने तथा अपद्रव्य को निकालकर तेल की लौ को अधिक प्रज्वलित करना। इससे

तेल के नष्ट होने को बचाने के साथ-साथ धूम्र बनने की अभिक्रिया को कम किया।

4. उद्योगों में वनस्पति और खनिज तेलों के उपयोग में मितव्ययिता की तकनीक विकसित की।
5. गाँव में मजबूत मकान बनाने की तकनीक के विकास में योगदान किया।
6. जूट की गूदड़ और बिनौले से तेल के उपरान्त की विधि विकसित की।
7. वैकेलाइट आदि उपयोगी पदार्थों के निर्माण के विकास की विधियों का विकास किया।
8. वनस्पति तेलों से रेलगाड़ी आदि के पहियों में उपयोग के लिए एक्सल आयल के उप्पादन की विधि और तकनीक विकसित की।

उनकी खोजों के लिए लन्दन की कैमिकल सोसाइटी ने उन्हें अपना फ़ेलो बनाया। इसी प्रकार इन्सटीटयूट ऑफ फिजिक्स ने भी उन्हें अपना फ़ेलो नियुक्त कर सम्मानित किया।

डॉ. आत्माराम (Dr. Atmaram)– डॉ. आत्माराम का जन्म 12 अक्टूबर, 1908 उत्तर प्रदेश में चाँदपुर के किलाना गाँव में हुआ था। एम.एस.की डिग्री प्राप्त करने बाद वे अनुसन्धान कार्य में लग गये। उन्हें डी.एस-सी. की डिग्री प्रदान की गयी। इसके उपरान्त वे कलकत्ता केन्द्रीय काँच और मिट्टी अनुसन्धानशाला के निर्देशक पद पर चले गये। इसको आज राष्ट्रीय प्रयोगशाला होने का गौरव प्राप्त है। इसका श्रेय डॉ. आत्माराम को ही जाता है।

उनकी विशेषज्ञता काँच और मिट्टी के क्षेत्र में थी। कलकत्ता की इस राष्ट्रीय प्रयोगशाला में 1950 ई. में उन्होंने देश के काँच और मृत्तिका उद्योग (सिरेमिक) को विकसित करने के लिए अनेक अनुसन्धान और आविष्कार किये। इस क्षेत्र में उनके प्रमुख योगदान इस प्रकार हैं–

1. कच्चे माल के अधिकतम उपयोग के लिए नवीनतम तकनीकों का विकास।
2. काँच और मृत्तिक उद्योग से सम्बन्धित उपकरणों और उपस्करों के निर्माण से विदेशों से आयात सामग्रियों में कमी।
3. ऑप्टिकल काँच का उपयोग।
4. विदेशों से आयातित सेलेनियम के स्थानापन्न का उत्पादन (इसका उपयोग चूड़ियों की रंगाई में होता है)।
5. सन् 1961 में विज्ञान कांग्रेस के 48वें अधिवेशन में हिन्दी भाषा में 'भारत में ऑप्टिकल काँच का उत्पादन' प्रस्तुत किया। इसमें उन्होंने कलकत्ता की प्रयोगशाला में निर्मित ऑप्टिकल काँच की विशेषताओं पर प्रकाश डाला, जो कि ऑप्टिकल यन्त्रों के निर्माण में विश्वस्तरीय पाया गया।

6. भारत आज काँच के निर्माण में आत्म-निर्भर इन्हीं के प्रयासों से हुआ है। यहाँ निर्मित काँच से रेज फ़ाइटर, पनडुब्बी, पेरिस्कोप, सैन्य दूरबीन, कैमरा, गनसाइट, आकाशीय दूरबीन, सूक्ष्मवीक्षण यन्त्र, चश्में आदि ऑप्टिकल यन्त्रों के निर्माण में भारतीय काँच उत्कृष्ट हैं, जिसका श्रेय डॉ० आत्माराम को जाता है।

डॉ० आत्माराम ने अमेरिका, यूरोप तथा एशिया के कई देशों का भ्रमण किया। उनकी सेवाओं के लिए सन् 1959 में उन्हें पद्मश्री की उपाधि से विभूषित किया गया।

डॉ. बीरबल साहनी (Dr. Birbal Sahni)—डॉ. बीरबल साहनी का जन्म पंजाब के शाहपूर जिले के भेडा ग्राम में 14 नवम्बर, 1891 को हुआ। सन् 1918 में कैम्ब्रिज विश्वविद्यालय में उच्च अध्ययन हेतु चले गये, यहाँ उन्होंने ट्राइपॉस उपाधि प्राप्त की। उन्होंने प्रो० सर एलबर्ट चार्ल्स स्वीर्ड के मार्गदर्शन में शोध-कार्य आरम्भ किया। बीरबल साहनी म्यूनिख भी गये जहाँ उन्होंने प्रसिद्ध वनस्पतिशास्त्री प्रो० के० गोनल के निर्देशन में अनुसन्धान किया। उनका पहला शोध-पत्र वनस्पति विज्ञान के प्रख्यात पत्र 'न्यू फाइढोलासिंस' में प्रकाशित हुआ था। सन् 1919 में लन्दन विश्वविद्यालय से उन्हें 'फॉसिल प्लान्ट्स' पर डॉक्टरेट की उपाधि मिली। इसी वर्ष उन्हें बनारस हिन्दू विश्वविद्यालय में प्राध्यापक पद पर नियुक्ति मिली। सन् 1921 में वे लखनऊ विश्वविद्यालय चले गये। वहाँ उन्हें वनस्पतिशास्त्र का विभागाध्यक्ष बनाया गया। सन् 1929 में कैम्ब्रिज विश्वविद्यालय ने उन्हें एस० सी० डी० की उपाधि से सम्मानित किया। सन् 1933 में उन्हें विज्ञान संकाय का डीन नियुक्त किया गया। 1943 में भू-गर्भ विभाग के वे संस्थापक आचार्य पद पर आसीन हुए। इन्होंने कई बार अमेरिका, कनाडा तथा इंग्लैण्ड सहित कई यूरोपीय देशों का भ्रमण किया। 10 अप्रैल, 1949 को उनका देहावसान हो गया।

वनस्पतिशास्त्र एवं भू-गर्भशास्त्र के रूप में रासायनिक विज्ञान पर इनके कई शोध हैं। इनके प्रमुख शोधों में 'दक्षिण पठार की आयु', महाद्वीप विभाजन सिद्धान्त', ग्लो सीटरिस वनस्पतियों की उत्पत्ति के उपरान्त हिमालय हैं।

डायोड (Diode)—डायोड एक विद्युत युक्ति है। अधिकांशतः डायोड दो सिरों (अग्र) वाले होते हैं किन्तु ताप-आयनिक डायोड में दो अतिरिक्त सिरे भी होते हैं जिनसे हीटर जुड़ा होता है। डायोड कई तरह के होते हैं किन्तु इन सबकी प्रमुख विशेषता यह है कि यह एक दिशा में धारा को बहुत कम प्रतिरोध के बहने देते हैं जबकि दूसरी दिशा में धारा के विरुद्ध बहुत प्रतिरोध लगाते हैं। इनकी इसी विशेषता के कारण ये अन्य कार्यों के अलावा प्रत्यावर्ती धारा को दिष्टधारा के रूप में बदलने के लिये दिष्टकारी परिपथों में प्रयोग किये जाते हैं। आजकल

के परिपथों में अर्धचालक डायोड अन्य डायोडों की तुलना में बहुत अधिक प्रयोग किये जाते हैं।

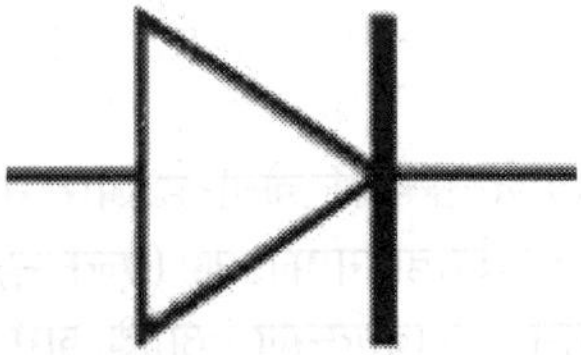

डिसेलिनेशन (Desalination)–डिसेलिनेशन (पानी से नमक अलग करना), डिसेलिनाइजेशन या डिसेलिनाइसेशन कई प्रक्रियाओं को संदर्भित करता है, जो पानी से नमक तथा दूसरे खनिजों को निकालती है। साधारणतया, लवण और खनिजों को हटाने की प्रक्रिया को भी डिसेलिनेशन कहते हैं, जैसे मृदा विलवणीकरण, नमकीन पानी को ताजे पानी में बदलने के लिए डिसेलिनेशन किया जाता है ताकि यह मानव खपत या सिंचाई के लिए उपयुक्त बना रहे। कभी-कभी इस प्रक्रिया द्वारा खाने वाला नमक एक सह-उत्पाद के रूप में बनता है। इसका प्रयोग समुद्री जहाजों और पनडुब्बियों में किया जाता है। उन क्षेत्रों में जहाँ ताजे पानी की उपलब्धता सीमित है या हो रही है, वहाँ सस्ते ढंग से ताजे पानी को उपलब्ध कराने के लिए आजकल डिसेलिनेशन पर ध्यान केन्द्रित किया जा रहा है।

डीकमान विधि (Dickmann's Method)–डाइकार्बोक्सिलिक अम्लों के एस्टर, सोडियम या सोडियम ऐथॉक्साइड की उपस्थिति में अन्तः अणुक (intra moleculer) क्लेजन संघनन कर चक्रीय कीटोन बनाते हैं। इस प्रकार प्राप्त कीटोन क्लीमेन्सन अपचयन द्वारा साइक्लोऐल्केन देते हैं।

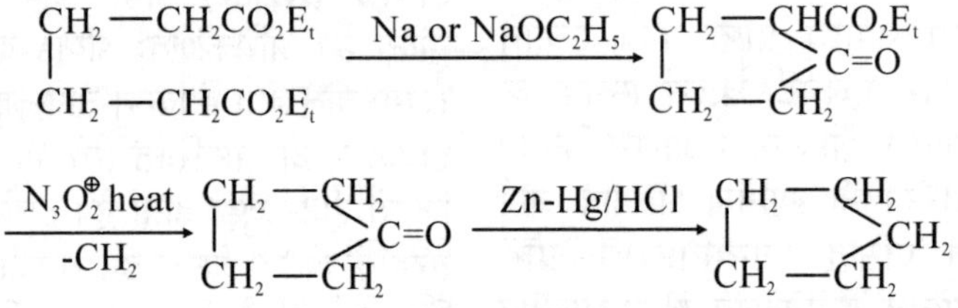

यह 5 व 6 सदस्यीय साइक्लोऐल्केन बनाने की सबसे अच्छी विधि है।

डील्स-ऐल्डर अभिक्रिया (Diels-Alder Reaction)–इस अभिक्रिया में ऐल्कीन (2π-इलेक्ट्रॉन) तथा संयुग्मित डाईन (4π-इलेक्ट्रॉन) आपस में क्रिया कर साइक्लोहेक्सेन व्युत्पन्न बनाता है। 1,3-ब्यूटाडाईन तथा इथीन का मिश्रण 200° तक गर्म करने पर साइक्लोहेक्सीन देता है जिसके अपचयन पर साइक्लोहेक्सेन प्राप्त होती है।

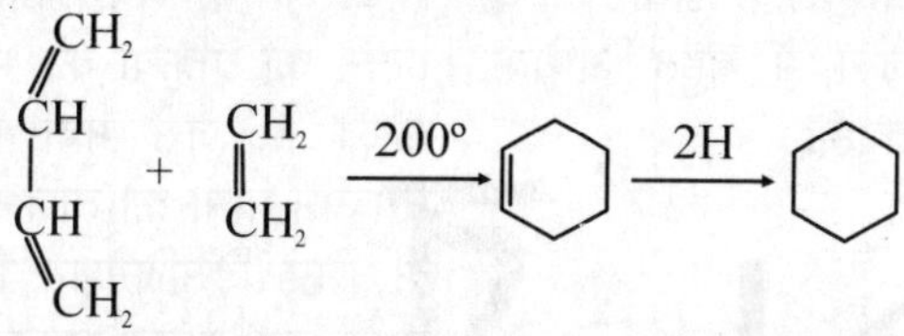

इस अभिक्रिया में किसी भी उत्प्रेरक की आवश्यकता नहीं होती है और न ही किसी सामान्य अणु का निष्कासन होता है। यदि डाईनोफाइल (ऐल्कीन) में इलेक्ट्रॉन आकर्षी समूह जैसे कार्बोनिल, सायनो, कार्बोक्सिल, आदि लगें तो अभिक्रिया कमरे के ताप पर भी हो जाती है।

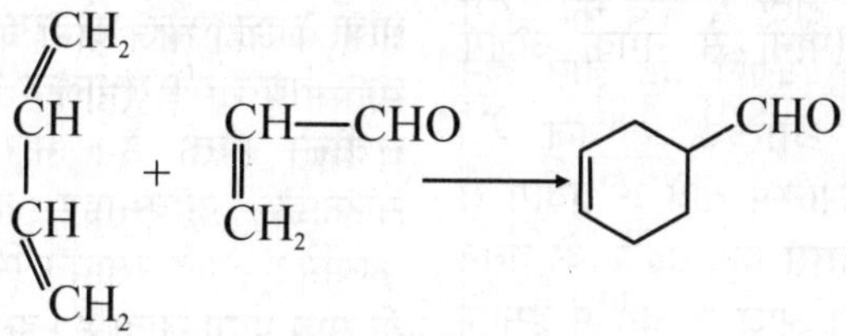

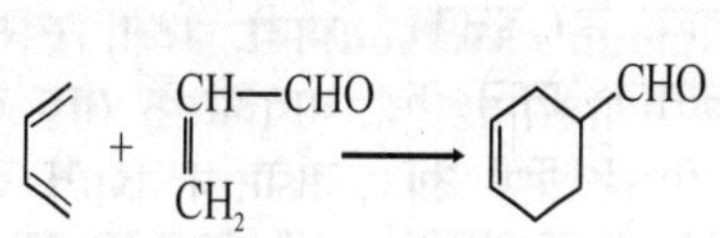

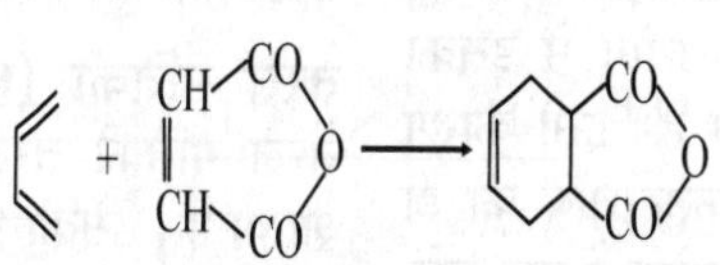

डोलोमाइट (Dolomite)–इसका अधिकांश उपयोग लोहा और इस्पात शुद्ध करने में एवं थोड़ी मात्रा में ढलाई खानों एवं सीमेंट के कारखानों में होता है। भारत में डोलोमाइट कई राज्यों में पाया जाता है। भारत में इसके 487 करोड़ के अनुमानित भण्डार हैं।

त

ताँबा (Copper)—ताम्र या ताँबा एक भौतिक तत्त्व है। इसकी परमाणु संख्या 29 और परमाणु भार 63.5 है। उपयोगिता की दृष्टि से ताँबे को दूसरा स्थान प्राप्त है, यद्यपि यह ज्ञात होने वाला पहला धात्विक खनिज हैं। धातु-युग का आरम्भ ताँबे के प्रयोग से ही हुआ है। इससे कई प्रकार के बर्तन बनाये जाते हैं। आज के युग में इसका महत्त्व और भी बढ़ गया है। इसका उपयोग बिजली का सामान बनाने के लिए किया जाता है। यह बिजली का सुचालक है। अधिक प्रतिरोधक क्षमता होने के कारण विद्युत उद्योग में इसका अधिक उपयोग हो रहा है। इसी कारण बिजली की तारें अधिकतर ताँबे की ही बनायी जाती हैं। टेलीफोन केबल तारें, रेलवे-इंजन, हवाई-जहाज और घड़ियों में भी इसका उपयोग किया जाता है।

विश्व का सबसे अधिक ताँबे का उत्पादन दक्षिण अमेरिका के चिली देश में होता है। दूसरे नम्बर पर संयुक्त राज्य अमेरिका आता है। अफ्रीका महाद्वीप में भी ताँबे के पर्याप्त भण्डार है। इसके अतिरिक्त भारत, जापान, आस्ट्रेलिया में भी ताँबे का उत्पादन होता है। भारत में झारखण्ड, मध्य प्रदेश, आन्ध्र प्रदेश, राजस्थान राज्यों में ताँबे के भण्डार पाये जाते हैं।

ताँबा लाल और भूरे रंग की धातु है जो विद्युत की सुचालक है। यह बहुत लचीला होता है। भारत में ताँबा सल्फाइड, ऑक्साइड, क्लोराइड या कार्बोनेट आदि रसायन मिश्रित चट्टानों के साथ पाया जाता है। इसके अतिरिक्त चाँदी, टिन, सीसा एवं सोना जैसी धातुओं के साथ ताँबा पाया जाता है। ताँबा प्रस्तर में ताँबे का अंश 3 से 6% तक मिलता है।

तरल गतिकी (Fluid Dynamics)—तरल गतिकी तरल यान्त्रिकी की एक शाखा है। इसका प्रयोग गतिशील तरलों (द्रव तथा गैस) की प्रकृति तथा उस पर लगने वाले बलों के आकलन के लिए किया जाता है। जटिल तरल गतिकी के सवालों के हल के लिए गणकीय तरल गतिकी का प्रयोग होता है जिसमें संगणकों के सहारे तरल समीकरणों का संख्यात्मक हल किया जाता है।

तरल गतिकी का मूल समीकरण सातत्य समीकरण कहलाता है।

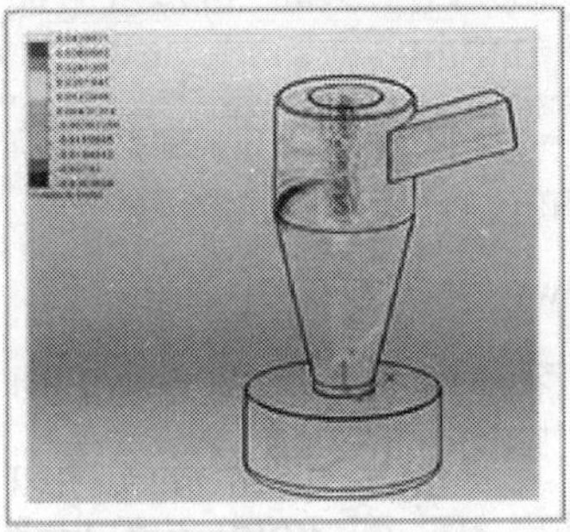

तत्त्व (Elements)–यह एक ऐसा द्रव्य है, जिसे रासायनिक अभिक्रियाओं द्वारा सरल पदार्थों में नहीं तोड़ा जा सकता। एक तत्त्व केवल एक ही प्रकार के परमाणुओं से बना होता है। अब तक 117 से अधिक तत्त्व ज्ञात हो चुके हैं। इनमें 92 तत्त्व प्रकृति में पाये जाते हैं, जबकि शेष तत्त्व वैज्ञानिकों ने प्रयोगशाला में कृत्रिम रूप से संश्लेषित किये हैं। इन सभी तत्त्वों का विशेष महत्त्व होता है।

तरल यान्त्रिकी (Fluid Mechanics)– तरल यान्त्रिकी तरल पदार्थों के स्वभाव एवं गति के सिद्धान्तों को समझाने वाली यान्त्रिकी की एक शाखा है। तरल द्रव या गैस हो सकते हैं और उसमें सीमित मात्रा में ठोस के मिले या घुले रहने पर भी इन सिद्धान्तों का प्रयोग किया जा सकता है। तरल पदार्थ भी न्यूटन के गति नियमों का अनुसरण करते हैं, पर आकार आसानी से बदल जाने के स्वभाव के कारण इनके गति नियमों को विशेष रूप दिया जाता है। नेवियर-स्टोक्स समीकरण तरल यान्त्रिकी के समीकरणों का सबसे विवरित रूप है।

तापमान (Temperature)– तापमान किसी वस्तु की उष्णता की माप है। तापमान से यह पता चलता है कि कोई वस्तु ठंढी है या गर्म जैसे यदि किसी एक वस्तु का तापमान 20 डिग्री है और एक दूसरी वस्तु का 40 डिग्री, तो यह कहा जा सकता है कि दूसरी वस्तु प्रथम वस्तु की अपेक्षा अधिक गर्म है।

तापायनिक उत्सर्जन (Thermionic Emission)–अधिक ताप के कारण उत्पन्न आवेश-वाहकों (जैसे इलेक्ट्रॉन) का किसी सतह से या किसी स्थितिज-ऊर्जा बैरियर के विरुद्ध प्रवाह तापायनिक उत्सर्जन कहलाता है।

ताप-नमी सूचकांक (Heat Wet Index)–वायुमंडलीय आर्द्रता एवं तापमान दोनों मानव शरीर को प्रभावित करते हैं कभी मौसम आनन्दमय प्रतीत होता है, तो कभी शरीर थोड़े परिश्रम से ही पसीने में तर हो जाता है। आपेक्षिक आर्द्रता का मौसम के आरामदायक या कष्टप्रद होने से सीधा सम्बन्ध होता है, क्योंकि हमारे शरीर के पसीने के वाष्पीकरण की दर इसी के द्वारा निश्चित होती है। वाष्पीकरण शरीर की ठंडक को प्रभावित करता है। अगर वायु का तापमान ऊँचा परन्तु सापेक्ष नमी कम हो, तो शरीर को कमरे के भीतर आराम मिलता है। परन्तु सापेक्ष नमी ऊँची होने पर वही तापमान दुखदायी प्रतीत होता है। उदाहरणार्थ,

80° फारेनहाइट तापमान व 20° सापेक्ष नमी शरीर के लिए आरामदेह है परन्तु सापेक्ष नमी 90% से अधिक होने पर वही तापमान कष्टप्रद होता है। इस सम्बन्ध में महत्त्वपूर्ण भूमिका अदा करने वाले अन्य कारक वायु का वेग और शारीरिक विकिरण के द्वारा ऊष्मा-ह्रास की दर है।

कमरे के भीतर विश्राम की दृष्टि से वायु के वेग का कोई महत्त्व नहीं रहता। इसी सम्बन्ध में संयुक्त राज्य अमेरिका के बेदर ने निश्चित तापमान और आर्द्रता की दशाओं में कई व्यक्तियों की परीक्षा करके उनके शरीर सुख सम्बन्धी प्रतिक्रियाओं के आधार पर तापनमी सूचकांक तैयार किये। ये सूचकांक आनुभविक सूत्र पर आधारित हैं। वस्तुतः इस सूचकांक (THI) को ग्रीष्म ऋतु में कमरों में कार्य करने वाले अमेरिकनों के शारीरिक सुख या कष्ट के मापन के लिए निकाला गया था। इस गणितीय विधि को आरम्भ में (Discomfort Index) कहा गया, लेकिन काफ़ी विवाद के बाद इसे "ताप-नमी सूचकांक" की संज्ञा प्रदान की गयी। इस सूचकांक को निम्नांकित तीन सूत्रों में से किसी एक के द्वारा निकाला जा सकता है–

(i) $THI=0.4\ (T_{dry}+T_{wet})+15$

(ii) $THI=0.55\ T_{dry}+0.2\ T_{dew}+17.5$

(iii) $THI=T_{dry}-(0.55-0.55RH)(T_{dry}-58)$

जबकि T_{dry} = ° फारेनहाइट में शुष्क बल्ब तापमान,

T_{wet} = °फारेनहाइट में आर्द्र बल्ब तापमान व

Tdew= °फारेनहाइट में ओसांक।

RH दशमलव में व्यक्त की गयी सापेक्ष नमी प्रदर्शित करता है।

उपरोक्त सूत्रों की सत्यता सार्वभौमिक रूप से प्रमाणित नहीं होती, क्योंकि तापमान और नमी के सम्मिलित प्रभाव के सम्बन्ध में प्रत्येक व्यक्ति की भिन्न-भिन्न प्रतिक्रिया होती है। दूसरी बात यह भी है कि ऊँचे सूचकांक की रिपोर्ट पढ़कर भी कई लोगों पर मनोवैज्ञानिक प्रभाव पड़ता है और उन्हें मौसम हकीकत में अधिक कष्टप्रद प्रतीत होने लगता है।

तापविद्युत् (Thermoelectricity)– तापविद्युत् वह विद्युत है जो दो असमान धातुओं के तारों की संधि को गर्म करने पर इन तारों के परिपथ में प्रवाहित होने लगती है। इस तथ्य को सर्वप्रथम सीबेक ने सन् 1821 में ताँबे एवं बिस्मथ के तारों की संधि को गर्म कर आविष्कृत किया। उपर्युक्त परिपथ में उत्पन्न विद्युतवाहक बल न्यून होता है

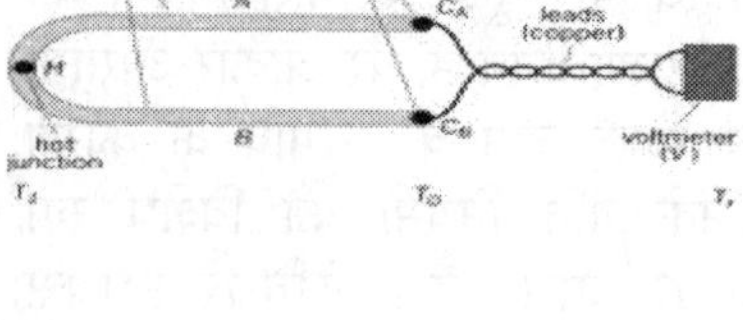

तरस्विनी (Flourine)—तरस्विनी एक रासायनिक तत्त्व है। यह आवर्त सारणी के सप्तसमूह का प्रथम तत्त्व है, जिसमें सर्वाधिक अधातु गुण विद्यमान हैं। इसका एक स्थिर समस्थानिक (भार संख्या 19) प्राप्त है और तीन रेडियोधर्मिता समस्थानिक (भार संख्या 17,18 और 20) कृत्रिम साधनों से बनाये गये हैं। इस तत्त्व को 1886 ई. में मॉयसाँ ने अलग किया। अत्यन्त क्रियाशील तत्त्व होने के कारण इसको मुक्त अवस्था में बनाना अत्यन्त कठिन कार्य था। मॉयसाँ ने विशुद्ध हाइड्रोक्लोरिक अम्ल तथा दहातु तरस्विनिक के मिश्रण से वैद्युत अपघटन द्वारा यह तत्त्व प्राप्त किया था। तरस्विनी मुक्त अवस्था में नहीं पाया जाता। इसके यौगिक चूर्णातु तरस्विनिक (Flooride) और क्रायोलाइड अनेक स्थानों पर मिलते हैं। तरस्विनी का निर्माण मॉयसाँ विधि द्वारा किया जाता है। हाइड्रोफ्लोरिक अम्ल में दहातु तरस्विनिक (Flooride) विलयित कर - 23° सें. पर सेल में अपघटन करने से धनाग्र पर तरस्विनी मुक्त होगी। मुक्त तरस्विनी को विशुद्ध करने के हेतु प्लैटिनम के ठंडे बर्तन तथा क्षारातु तरस्विनिक (Flooride) की नलिकाओं द्वारा प्रवाहित किया जाता है।

थ

थॉर्प-जीग्लर विधि (Thorpe-Zigler Method)–ऐलीफैटिक डाइसाइनो यौगिक तृतीयक लीथियम डाइऐल्किल ऐमीन $LiNEt_2$ के साथ अभिक्रिया कर साइक्लिक इमिनों यौगिक बनाते हैं जो जल अपघटन पर चक्रीय कीटोन बनाते हैं। इस अभिक्रिया की क्रियाविधि डीकमान अभिक्रिया के समान ही हैं।

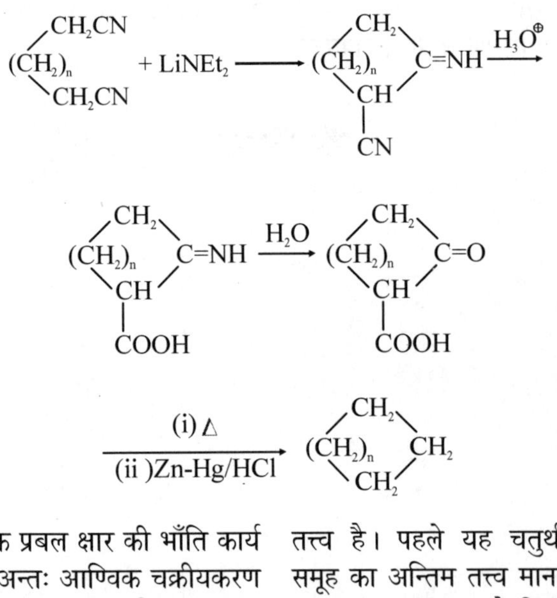

$LiNEt_2$ एक प्रबल क्षार की भाँति कार्य करता है। अन्तः आण्विक चक्रीयकरण उच्च तनुता पर होता है तथा इस विधि द्वारा बड़ी वलयों वाले यौगिक भी बनाये जाते हैं।

थोरियम (Thorium)–थोरियम आवर्त सारणी के ऐक्टिनाइड श्रेणी का प्रथम तत्त्व है। पहले यह चतुर्थ अन्तर्वर्ती समूह का अन्तिम तत्त्व माना जाता था, परन्तु अब यह ज्ञात है कि जिस प्रकार लैथेनम (La) तत्त्व के पश्चात् 14 तत्त्वों की लैथेनाइड शृंखला आम्रभ होती है, उसी प्रकार ऐक्टिनियम (Ac) के पश्चात् 14 तत्त्वों की दूसरी शृंखला आरम्भ

होती है, जिसे एक्टिनाइड शृंखला कहते हैं। थोरियम के अयस्क में केवल एक समस्थानिक (द्रव्यमान संख्या 232) पाया जाता है, जो इसका सबसे स्थिर समस्थानिक है। परन्तु यूरेनियम, रेडियम तथा ऐक्टिनियम अयस्कों में इसके कुछ समस्थानिक सदैव वर्तमान रहते हैं, जिनकी द्रव्यमान संख्याएँ 227, 228, 230, 231 तथा 234 हैं। इनके अतिरिक्त 224, 225, 226, 229 एवं 233 द्रव्यमान वाले समस्थानिक कृत्रिम उपायों द्वारा बनाये गये हैं।

द

दर्शव (Phenol)–दर्शव वस्तुतः कार्बनिक यौगिकों की एक श्रेणी का नाम है जिसका प्रथम सदस्य सामान्य दर्शव या कार्बोलिक अम्ल है। बेंजीन केन्द्रक का एक या एक से अधिक हाइड्रोजन जब हाइड्रॉक्सिल समूह से विस्थापित होता है, तब उससे जो उत्पाद प्राप्त होते हैं उसे दर्शव कहते हैं। यदि केन्द्रक में एक ही हाइड्रॉक्सिल रहे, तो उसे मोनोहाइड्रिक दर्शव, दो हाइड्रॉक्सिल रहें तो उसे डाइहॉइड्रिक दर्शव और तीन हाइड्रॉक्सिल रहें, तो उसे ट्राइहाइड्रिक दर्शव कहते हैं।

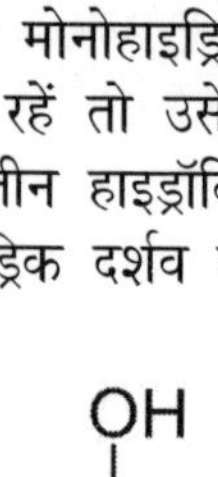

दहन (Combustion)–ऊष्मा द्वारा कार्बनिक यौगिकों का अपघटन 'दहन' कहलाता है। किसी जलने वाले पदार्थ के वायु या ऑक्सीकारक द्वारा जल जाने की क्रिया को दहन कहते हैं। इस क्रिया में आँखों से ज्वाला दिख भी सकती है और नहीं भी। इस प्रक्रिया में ऊष्मा भी उत्पन्न होती है । आम दहन के उत्पाद गैसों के द्वारा प्रदूषण भी फैलता है। विज्ञान के इतिहास में अग्नि या ज्वाला सम्बन्धी सिद्धान्तों का विशेष महत्त्व रहा है। निम्नतर ऐल्केन उच्च ताप पर अपघटित होकर कार्बन और हाइड्रोजन तत्त्व बनाती है, जबकि उच्चतर सदस्य निम्नतर ऐल्केन और ऐल्कीन का मिश्रण बनाते हैं। ऐल्केनों का तापीय अपघटन भंजन कहलाता है। उदाहरणार्थ,

$$C_{18}H_{38} \xrightarrow{\Delta} C_9H_{20} + C_9H_{18}$$

ऑक्टोडेकेन नोनेन नोनीन

ऐल्केनों का तापीय अपघटन क्रोमियम, वेनेडियम, मॉलीब्डेनम आदि उत्प्रेरकों की उपस्थिति में होता है तथा ऐल्कीन बनती है। ऐल्केनों में C—C बन्धों का विदलन सिलिका, ऐल्युमिना, जिंक ऑक्साइड आदि से उत्प्रेरित होता है तथा इस प्रक्रिया को उत्प्रेरित भंजन कहते हैं। जटिल तथा उच्च क्वथनांक वाले ऐल्केनों के उत्प्रेरित भंजन से पेट्रोल का निर्माण होता है।

दाब (Pressure)–किसी सतह के इकाई क्षेत्रफल पर लगने वाले अभिलम्ब बल को दाब कहते हैं। इसकी इकाई

न्यूटन प्रति वर्ग मीटर होती है। दाब की और भी कई प्रचलित इकाइयाँ हैं।

द्रव (Liquid)–किसी भी तरल पदार्थ को द्रव कहा जाता है। (एक बड़ा ही सामान्य सा शब्द है द्रव्य जो कई बार गलती से द्रव की जगह उपयोग में आ जाता है।) इस प्रकार के पदार्थों का आयतन निश्चित होता है, परन्तु आकार निश्चित नहीं होता तथा इसे जिस बर्तन में रखा जाता है उसी का आकार ग्रहण कर लेते हैं। द्रव एक स्थान से दूसरे स्थान पर बहकर चले जाते हैं, इनको रोकने के लिए बर्तन की आवश्यकता पड़ती है। द्रवों की केवल एक ही मुक्त सतह होती है। इस प्रकार के पदार्थ में अणुओं की कठोरता कम होती है। अणुओं के मध्य काफ़ी खाली स्थान होता है इसलिए यह ठोस के अणुओं की अपेक्षा एक-दूसरे को कम बल से आकर्षित करते हैं। कम परस्पर आकर्षण के कारण अणु एक स्थान पर स्थिर नहीं होते। यही कारण है कि वे जिस वर्तन में रखे जाते हैं उसी का रूप धारण कर लेते हैं।

विशेषताएँ–

1. सभी द्रव बह सकते हैं, इसलिए इन्हें ढेर में नहीं रखा जा सकता।
2. द्रव पदार्थों का आयतन निश्चित होता है, परन्तु आकार निश्चित नहीं होता।
3. तरल को खुरचा नहीं जा सकता।
4. इनकी खुली सतहें होती हैं।
5. सभी द्रव नीचे को ओर बहते हैं।

द्रव्यमान (Mass)–द्रव्यमान किसी पदार्थ का वह मूल गुण है, जो उस पदार्थ के त्वरण का विरोध करता है।

द्रवित पेट्रोलियम गैस (Liquefied Petroleum Gas, LPG)–द्रवित पेट्रोलियम गैस को रसोई गैस के रूप में अधिक जाना जाता है। यह वस्तुतः कई हाइड्रोकार्बन गैसों का मिश्रण है। यह घरों में खाना पकाने, गरम करने वाले उपकरणों एवं कुछ वाहनों में ईंधन के रूप में प्रयुक्त होती है। आजकल यह एक शीतलक (रेफ्रिजिरेन्ट) के रूप में क्लोरोफ्लोरो कार्बन के स्थान पर क्रमशः अधिकाधिक प्रयुक्त होने लगी है क्योंकि इसके प्रयोग से ओजोन परत को कोई नुकसान नहीं होता।

द्रवों में तापीय प्रसार (Thermal Expansion in Liquid)–जब किसी पदार्थ को गर्म करते हैं तो अन्तराअणुक दूरी बढ़ती है जिस कारण ठोस का द्रव में एवं द्रव का गैस में परिवर्तन होता है। ठोस के पिघलने पर उसका आयतन बढ़ता है। इसी प्रकार द्रव भी गर्म करने पर आयतन प्रसार प्रदर्शित करते हैं। द्रवों में आयतन प्रसार को ही द्रवों का प्रसार गुणांक कहते हैं। इसे α के रूप में व्यक्त किया जाता है। "स्थिर दाब पर $1^{\circ}C$ ताप बढ़ने पर किसी द्रव के आयतन में हुई वृद्धि एवं $0^{\circ}C$ ताप पर द्रव के आयतन के अनुपात को उसका तापीय प्रसार गुणांक कहते हैं।

$$\text{तापीय प्रसार गुणांक} = \frac{\text{ताप में वृद्धि पर आयतन में वृद्धि}}{273.15^{\circ}K \text{ पर आयतन}}$$

या उष्मीय प्रसार गुणांक (α)

$$= \frac{V_t - V_0}{V_0 . t}$$

द्रवों में संपीड्यता (Compressibility in Liquids)–जिस प्रकार ठोस एवं द्रवों को गर्म करने पर प्रसार होता है उसी प्रकार स्थिर ताप पर इन पर दाब में वृद्धि करने पर इनके आयतन में कमी होती है जिसे संपीड्यता (Compressibility) कहते हैं। संपीड्यता को संपीड्यता गुणांक K के रूप में व्यक्त करते हैं। गैसों में संपीड्यता उच्चतम एवं ठोसों में नगण्य पायी जाती है। एक निश्चित ताप पर दाब में इकाई वृद्धि से आयतन में होने वाली कम एवं मूल आयतन के अनुपात को ही उस पदार्थ का संपीड्यता गुणांक K कहते हैं।

अतः $\frac{V_1 - V_P}{V_1(P-1)}$ = K होगा

जहाँ V_1 = 0°C ताप एवं एक वायुमण्डल दाब पर द्रव का आयतन

V_P = 0°C ताप एवं P वायुमण्डल दाब पर द्रव का आयतन

(P–1) = द्रव के दाब में परिवर्तन

या $V_P = V_1 [1-K(P-1)]$

या $K = -\frac{1}{V}\left(\frac{\partial V}{\partial T}\right)_T$

द्रव स्नेही कोलाइड (Liquid Loving Collide)–ये कोलाइड द्रव अथवा परिक्षेपण माध्यम से स्नेह करते हैं। यदि परिक्षेपण माध्यम जल हो तो इन कोलाइडों को जल स्नेही (Hydrophilic) कोलाइड भी कहते हैं। जिन पदार्थों के अणु-भार सामान्यतया ज्यादा होते हैं। इस प्रकार के कोलाइडी विलयन बनाते हैं। जैसे रबर, गोंद, स्टार्च बहुलकों के विलयन द्रव-स्नेही कोलाइडी होते हैं।

द्रव विरोधी कोलाइड (Liquid Antagonist Collide)–ऐसे कोलाइड परिक्षेपण माध्यम के अणुओं से स्नेह नहीं करते हैं अर्थात् प्रतिकर्षण करते हैं। यदि विलयन जल हो तो उन्हें जल विरोधी कोलाइडों (Hydrophobic) कोलाइड कहते हैं। इनके प्रमुख उदाहरण धातुओं के बारीक चूर्ण, धातु हाइड्रोक्साइड, सल्फाइड आदि के चूर्ण के कोलाइडी विलयन।

द्रवों का आइरिंग सिद्धान्त (Eyring Theory of Liquids)–सर्वप्रथम 1933 में आइरिंग ने द्रवों की संरचना का सिद्धान्त द्रवों के मुक्त आयतन (Free Volume) की धारणा से प्रदान किया। अर्थात् सम्पूर्ण द्रव के आयतन की तुलना में इसके अणुओं का वास्तविक आयतन 3% कम होता है अर्थात् द्रव अवस्था में अणुओं के मध्य रिक्त आयतन कुल आयतन का 3% होता है।

द्रवों पर बरनैल तथा स्काट का सिद्धान्त (Bernal and Scot Theory of Liquids)–यह सिद्धान्त द्रव अवस्था में अव्यवस्था के सिद्धान्त पर आधारित है अर्थात् द्रव के अणुओं के मध्य अव्यवस्थित संकुलन (Random

Packing) होता है। विभिन्न वैज्ञानिकों ने विभिन्न द्रवों की आन्तरिक संरचना का अध्ययन X किरणों द्वारा करते समय पाया कि इनसे भी X किरणों का विवर्तन ठोसों की भाँति पाया जाता है। ठोस He एवं द्रव He में अन्तरा जालक दूरी *d* का मान क्रमशः 3.22Å है जो लगभग समान है अतः द्रव अवस्था और ठोस अवस्था में काफ़ी समानता होती है।

किसी पदार्थ में X किरण विवर्तन की सहायता से S दूरी पर स्थित अणु अथवा परमाणुओं की संख्या का निर्धारण किया जा सकता है। गैसों के लिए अणुओं का वितरण अव्यवस्थित, ठोसों का पूर्ण व्यवस्थित होता है। जबकि द्रवों में न्यून कोण विवर्तन उच्चिष्ठ (Small angle diffraction maxima) होते हैं जो द्रव अवस्था में कम दूरियों पर अणु ठोसों की भाँति उपस्थित होते हैं। जबकि दीर्घ परास (Large range) में द्रव अणुओं को देखने पर ज्यादा अव्यवस्था दिखायी देती है।

द्रव जल की संरचना (Structure of Liquid Water)–द्रवों की आन्तरिक संरचना में यह पाया गया है कि द्रवों के लघु क्षेत्र में अणुओं की व्यवस्था का अध्ययन करने पर ये ठोसों की भाँति पाये जाते हैं। अतः पानी एवं बर्फ़ की आन्तरिक संरचनाओं में काफ़ी समानता होती है।

द्रव क्रिस्टल (Liquid Crystals)–जब किसी ठोस को धीरे-धीरे गर्म करते हैं तब इसके अणुओं के मध्य आकर्षण बल घटने लगता है जिससे यह एक मध्यावर्ती अवस्था अविल द्रव (turbid liquid) अवस्था में परिवर्तित होता हुआ अन्त में स्वच्छ द्रव अवस्था में बदलता है। इस अविल द्रव अवस्था को ही द्रव क्रिस्टल अवस्था मेसोमोर्फिक अवस्था (Mesomorphic State) अथवा मध्यावर्ती (Intermediate State) कहते हैं। द्रव अवस्था का ताप घटाने पर इससे विपरीत पाया जाता है अर्थात् द्रव को ठंडा करने पर वह अविल द्रव (द्रव क्रिस्टल) एवं अन्त में ठोस अवस्था में बदलता है। इस परिवर्तन के तापों को क्रमशः ताप एवं गलनताप कहते हैं।

अतः संक्रमण ताप (Transition Temperature) वह ताप है जिस पर एक ठोस का अविल द्रव में परिवर्तन होता है अथवा एक अविल द्रव का ठोस में परिवर्तन होता है।

ठोस अवस्था $\xrightarrow{\text{संक्रमण ताप}}$ अविल द्रव (द्रव क्रिस्टल)

जबकि गलनांक (melting point) उस ताप को कहते हैं जिस पर एक अविल द्रव का पारदर्शी द्रव में परिवर्तन होता है।

अविल द्रव $\xrightarrow{\text{गलनांक}}$ पारदर्शी द्रव (सामान्य द्रव)

द्रवित पेट्रोलियम गैस (Liquid Petroleum Ges)–ब्यूटेन पेट्रोलियम गैस का मुख्य संघटक है तथा ईंधन एवं प्रोपेन इसके अन्य संघटक हैं। पेट्रोलियम गैस को आसानी से दबाव डालकर द्रव्य रूप में परिवर्तित किया जा सकता है। इसको एल.पी.जी. कहा

जाता है जो घरों में भोजन बनाने के लिए प्रयोग की जाती है। भारत में तेल क्षेत्र डिगबोई (असम), गुजरात के मैदान तथा मुम्बई-हाई और गोदावरी, कृष्णा, कावेरी एवं महानदी नदियों के डेल्टा क्षेत्रों में पाये जाते हैं।

द्रवस्थैतिकी (Fluid Statics)– द्रव-स्थैतिकी, तरल स्थैतिकी या हाइड्रो-स्टैटिक्स तरल पदार्थों की स्थिर अवस्था का विज्ञान है और तरल यान्त्रिकी की उप-शाखा है। इस विज्ञान में यह अध्ययन किया जाता है कि किन हालात में कोई तरल पदार्थ यान्त्रिक संतुलन में होने की वजह से शांत होता है। इसके विपरीत, तरल गतिकी विज्ञान की उस शाखा को कहते हैं जिसमें हिलते हुए, अशांत या असंतुलित तरलों का अध्ययन किया जाता है।

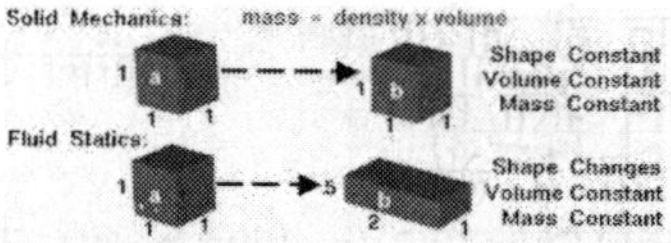

द्वि-विस्थापन अभिक्रिया (Double Displacement Reacion)–द्वि-विस्थापन अभिक्रिया में दो अलग-अलग परमाणु या परमाणुओं के समूह का आपस में आदान-प्रदान होता है।

द्विविस्थापन अभिक्रिया के उदाहरण–

$$\underset{\text{(बेरियम क्लोराइड)}}{BaCl_2} + \underset{\text{(सोडियम सल्फेट)}}{Na_2SO_4} \rightarrow \underset{\text{(बेरियम सल्फेट)}}{BaSO_4} + \underset{\text{(सोडियम क्लोराइड)}}{2NaCl}$$

$$\underset{\text{(सिल्वर नाइट्रेट)}}{AgNO_3} + \underset{\text{(सोडियम क्लोराइड)}}{NaCl} \rightarrow \underset{\text{(सिल्वर क्लोराइड)}}{AgCl} + \underset{\text{(सोडियम नाइट्रेट)}}{Na\,NO_3}$$

वे अभिक्रियाएँ जिनमें दो यौगिक आयनों के आदान-प्रदान द्वारा अभिक्रिया करके दो नये यौगिक बनाती हैं, द्वि-विस्थापन अभिक्रियाएँ कहलाती हैं।

द्विध्रुव-प्रेरित द्विध्रुव अन्तराणुक आकर्षण बल (Dipole-induced Dipole Intermolecular Attraction Force)–ये अन्तराणुक आकर्षण बल भी असमान प्रकृति के अणुओं के मध्य पाये जाते हैं। इनमें एक प्रकार के अणु आंशिक आयनिक गुणों युक्त एवं दूसरे प्रकार के अणु पूर्णतया सहसंयोजक गुणों से युक्त होते हैं। इन बलों की उपस्थिति को सर्वप्रथम 1920 में पीटर डेबाई द्वारा अनुभव की गयी है। इस आकर्षण से प्राप्त ऊर्जा को प्रेरणा ऊर्जा (Induction Energy) भी कहते हैं जिसका मान निम्न समीकरण का पालन करता है।

$$E_1 = -\frac{2\alpha\mu^2}{r^6}$$

जहाँ μ = द्विध्रुव युक्त अणु का द्विध्रुव आघूर्ण

α = सहसंयोजक अणु में ध्रुवणता की मात्रा

r = अन्तराणुक दूरी है।

इस प्रकार के आकर्षण बल H_2O, HCl, HNO_3, H_2SO_4 आदि द्विध्रुव युक्त द्रव अणुओं एवं C_6H_6, $CHCl_3$, CCL_4 आदि अध्रुवीय द्रव के अणुओं के मध्य पाये जाते हैं। इन आकर्षण बलों की मात्रा उपर्युक्त सभी आकर्षण बलों की तुलना में कम होती है।

ध

धन्वन्तरि (Dhanwantari)– धन्वन्तरि को आयुर्वेदिक औषधि- विज्ञान का देवता माना जाता है। पुराणों में इनकी ख्याति वर्णित है। कार्तिक कृष्ण त्रयोदशी धन्वन्तरि दिवस सम्पूर्ण भारत के वैध जगत् में मनाया जाता है। उनके ज्ञान के दो प्रमुख पक्ष–स्वास्थ्य नियमों की अनुपालना दीर्घायु और रोगों की रोकथाम, निदान और उपचार थे। इन्हें कुश से उत्पन्न माना जाता है। पौराणिक उपाख्यान के अनुसार समुद्र मन्थन से प्राप्त चौदह रत्नों में एक धन्वन्तरि थे। लोकमान्य तिलक धन्वन्तरि काल संहिता काल 6075 ई. पू. है। धन्वन्तरि का विवाह अश्वनी कुमारों की तीन पुत्रियों के साथ हुआ। उनकी चौदह सन्तानें हुई। 'सश्रुत' इनका शल्य प्रधान ग्रन्थ है। उन्होंने चिकित्सा विज्ञान के सभी क्षेत्रों में शोध किये। उन्होंने स्वास्थ्य रक्षक एवं आयुवर्द्धक द्रव्यों, "स्वभाव व्याधि प्रतिवेधनीय रसायनों सहित कई अन्य रसायनों का निर्माण किया। वे विशिष्ट औषधियों द्वारा किसी व्यक्ति को 100, 200, 300, 500 वर्षों का जीवन प्रदान करने में समर्थ थे। सुश्रुत में अमृत को जरा, रोग, मृत्यु का निवारक कहा गया है। इसका उत्पादन धन्वन्तरि ने ही किया।

धातुकर्म (Metallurgy)–धातुकर्म पदार्थ विज्ञान और पदार्थ अभियान्त्रिकी का एक क्षेत्र है, जिसके अन्तर्गत धातुओं, उनसे बनी मिश्रधातुओं और अन्तर्धात्विक यौगिकों के भौतिक और रासायनिक गुणों का अध्ययन किया जाता है। आधुनिक युग में धातुओं का महत्त्व किसी से छिपा नहीं है। विचार करके देखा जाये तो सहज ही ज्ञात हो जायेगा कि दैनिक कार्य में आने वाली छोटी से छोटी सिलाई की सुइयों से लेकर रेल के विशालकाय इंजन, विमान, मोटर गाड़ियाँ, साइकिलें, जहाज, भोजन के बरतन, विभिन्न प्रकार के औज़ार इत्यादि सभी किसी न किसी धातु अथवा मिश्रधातु से बने हैं। इतना ही नहीं, ये वस्तुएँ जिन कारखानों में बनायी जाती हैं, उनकी मशीनें तथा यन्त्र भी किसी न किसी वस्तु धातु के ही बने होते हैं। इस प्रकार धातुओं की महत्ता को भली प्रकार समझा जा सकता है परन्तु इसके साथ ही यह जान लेना भी आवश्यक है कि ये धातुएँ प्रकृति में अपने

वास्तविक रूप में नहीं पायी जातीं। अधिकतर धातुएँ ऑक्साइड, सल्फाइड अथवा कार्बोनेट के रूप में पायी जाती हैं, जो न्यूनाधिक मात्रा में विजातीय पदार्थों, जैसे चूना, सिलिका, मैग्नीशिया इत्यादि से मिली हुई होती हैं। प्रकृति में पायी जाने वाली धातुओं के इस रूप को अयस्क कहते हैं।

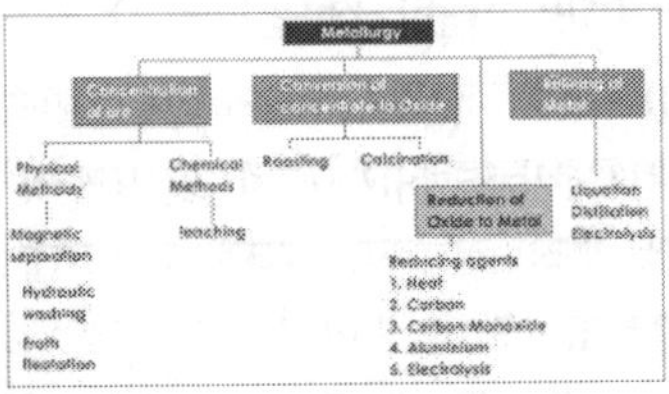

धातु (Metal)–रसायनशास्त्र के अनुसार धातु वे तत्त्व हैं जो सरलता से इलेक्ट्रान त्याग कर धनायन बनाते हैं और धातुओं के परमाणुओं के साथ धात्विक बन्ध बनाते हैं। इलेक्ट्रॉनिक मॉडल के आधार पर, धातु इलेक्ट्रॉनों द्वारा आच्छादित धनायनों का एक लैटिस हैं। धातुओं की पारम्परिक परिभाषा उनके बाह्य गुणों के आधार पर दी जाती है। सामान्यतः धातु चमकीले, प्रत्यास्थ, आघातवर्धनीय होते हैं। धातु ऊष्मा और विद्युत के अच्छे चालक होते हैं जबकि अधातु सामान्यतः भंगुर, चमकहीन और विद्युत तथा ऊष्मा के कुचालक होते हैं।

धात्विक क्रिस्टल (Metallic Crystal)– कमरे के ताप पर केवल तीन धातु ही द्रव अवस्था में रहते हैं जबकि अन्य सभी धातु कठोर ठोस होते हैं। Ga गैलीयम (31), (Cs) सीजियम (55) तथा Hg पारा (80) द्रव है। धातुओं के निश्चित आकार एवं निश्चित प्रभावी नाभिकीय आवेश के कारण ये अन्य परमाणु को निश्चित बल से आकर्षित करते हैं। इस कारण निश्चित समन्वय संख्या में इनकी विशेष आकृति युक्त क्रिस्टल संरचना होती है। विभिन्न धातुओं में पायी जाने वाली प्रमुख क्रिस्टल संरचनाओं में–

(i) अन्तः केंद्रित घन क्रिस्टल संरचना (BCC)

(ii) षट्कोणीय निविड संकुल संरचना (HCP)

(iii) फलक केंद्रित घन क्रिस्टल संरचना (FCC)

क्षार धातु सोडियम, पोटेशियम की क्रिस्टल संरचना अन्तः केंद्रित घन होती है। इनमें केन्द्रीय धातु की समन्वय संख्या 8 अन्य संरचना के धातुओं से कम है एवं विरल संकुलन क्षमता (68%) होने के कारण इनका कम घनत्व, कम कठोर, कम गलनांक, कम क्वथनांक, कम वाष्पन ऊर्जा, दुर्बल धातु बन्ध होता है जबकि समन्वय संख्या 12 एवं 74% संकुलन क्षमता के अन्य धात्विक क्रिस्टलों के धातुओं में उच्च कठोरता, गलनांक, क्वथनांक आदि पाये जाते हैं। संक्रमण धातु इस श्रेणी के हैं जो इनके उच्च घनत्व, कठोर, प्रबल धातु बन्ध, उच्च तनन क्षमता, अधिक धात्विक चमक एवं उच्च विद्युत चालकता प्रदर्शित करते हैं।

न

नमक (Salt)–इसका उपयोग अधिकांशतः घरेलू खाद्य पदार्थों, खाद, रासायनिक पदार्थ, स्टार्च इत्यादि कार्यों में होता है। नमक सोडियम तथा क्लोरिन गैस का बना होता है। इसे प्रायः समुद्र तथा खारी झीलों से प्राप्त किया जाता है। इसका प्रयोग सोडा बनाने, चमड़ा रंगने, मछलियाँ सुखाने, रंग को पक्का करने ब्लीचिंग पाउडर इत्यादि बनाने में भी होता है। इसका सर्वाधिक उपयोग सोडा ऐश (30-40 प्रतिशत) बनाने में होता है। नमक समुद्री जल एवं मरुस्थलीय झीलों से प्राप्त किया जाता है।

नाभिकस्नेही अभिकर्मक (Nucleophilic Reagents)–वे अभिकर्मक जो इलेक्ट्रॉन धनी या इलेक्ट्रॉन दाता या न्यूक्लियस प्रेमी रहते हैं, न्यूक्लिओफाइल कहलाते हैं। ये अणु में वहाँ आक्रमण करते हैं जहाँ इलेक्ट्रॉन घनत्व कम होता है। ये ऋणावेशित या उदासीन (जैसे लुइस क्षार) होते हैं।

न्यूक्लिओफाइल पर इलेक्ट्रॉन प्रतिकर्षी +1 समूह, जैसे ऐल्किल समूह की उपस्थिति में ऋणावेश बढ़ जाता है। अतः नाभिस्नेही शक्ति बढ़ती है अर्थात् न्यूक्लिओफाइल की प्रबलता बढ़ती है। उदाहरणार्थ हाइड्रॉक्साइड आयन की तुलना में एथॉक्साइड आयन एक प्रबल न्यूक्लियोफाइल हैं। कुछ प्रमुख न्यूक्लियोफ़ाइलों की शक्ति का क्रम है–

(i) $Cl^- > Br > I^-$

(ii) $C_2H_5O^- > OH^- > CH_3COO^-$

(iii) $CH_3^- > NH_2^- OH^- > F^-$

नाभिकस्नेही या न्यूक्लिओफिलिक प्रतिस्थापन अभिक्रियाएँ (Nucleophilic Substitution Reactions)–इनमें आक्रमणकारी अभिकर्मक एक न्यूक्लिओफाइल होता है। यह ऐल्किल हैलाइडों की एक गुणात्मक अभिक्रिया है।

$R—X + :OH \rightarrow — R—OH + :X^-$

यह अभिक्रिया दो क्रियाविधियों द्वारा सम्पन्न होता है– S_N1 व S_N2 ।

(a) S_N1 क्रियाविधि–नाभिकस्नेही प्रतिस्थापन एकअणुक (S_N1 *Substitution Nucleophilic unimolecular*)–सामान्यतः तृतीयक ऐल्किन हैलाइड दर्शाते हैं।

$(CH_3)_3\ C—Cl + H_2O \rightarrow$
तृ. ब्युटिल क्लोराइड

$(CH_3)_3\ C—OH + HCl$
तृ. ब्यूटिल ऐल्कोहॉल

अभिक्रिया दो पदों में होती है–

$(CH_3)_3C—Cl \xrightarrow{\text{मंद}} (CH_3)_3\ C^+ + Cl^-$

$(CH_3)_3\ C^+ + OH^- \xrightarrow{\text{तीव्र}} (CH_3)_3\ C - OH$

(b) S_N2 क्रियाविधि-नाभिकस्नेही प्रतिस्थापन द्विअणुक (S_N2 Mechanism - *Substitution Nucleophilic Biomolecular*)—सामान्यतः प्राथमिक ऐल्किल हैलाइड दर्शाते हैं।

$C_2H_5—Br + KOH\ (aq.) \longrightarrow C_2H_5OH + KBr$

नाइट्रीन (Nitrenes)—वह उदासीन स्पीशीज जिसमें केन्द्रीय नाइट्रोजन परमाणु पर एक सिग्मा बन्ध तथा दो एकाकी इलेक्ट्रॉन युग्म हों, नाइट्रीन कहलाती है।

$—\ddot{N}:$

नाइट्रोजन के बाह्यतम कक्ष में कुल छः युग्मित इलेक्ट्रॉन पाये जाते हैं अर्थात् यह इलेक्ट्रॉन न्यून होती है एवं इलेक्ट्रोफाइल की भाँति व्यवहार करती हैं।

नाइट्रीन बनाने की एक महत्त्वपूर्ण विधि है ऐजाइड को गर्म करना।

$RN_3 \xrightarrow{\Delta} R—\dot{N}: + N_2$

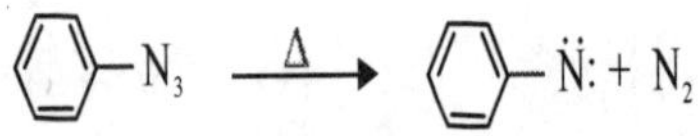

नाइट्रोजन ऑक्साइड (NO_2)—वाहनों के निष्कासन से, सॉफ्ट कोयले के दहन से, पेट्रोलियम पदार्थों के उपयोग से यह उत्पन्न होता है। यह फेफड़ों पर प्रभाव डालता है।

नाभिकीय विखंडन (Nuclear Fission)—यह ऐसा नाभिकीय बदलाव है जिसमें कुछ समस्थानिक (Isotopic) तत्त्वों के अधिक आण्विक भार (Large mass number) वाले अणुओं को न्युट्रान विस्फोटन से हल्के अणुओं में विघटित किया जाता है। इस क्रिया में शृंखला अभिक्रिया होती है जो नीचे समीकरण के रूप में दिखायी गयी है–

$${}_{92}U^{235} + {}_0n^1 \rightarrow {}_{36}Kr^{92} + {}_{56}BA^{141} + 3\,{}_0n^1 + \text{ऊर्जा}$$

नाभिकीय रिएक्टरों में यह शृंखला अभिक्रिया उपयोग की जाती है। विघटन की गति को नियन्त्रित करने के लिए केवल एक न्यूट्रॉन को ही दूसरे अणु-केन्द्र से टकराने के लिए छोड़ा जाता है। आम तौर पर यूरेनियम 235 नाभिक ही आणविक रिएक्टरों में इस्तेमाल होते हैं।

नाभिकस्नेही संयोग (Nucleophilic Addition)—यह कार्बोनिल यौगिकों जैसे, ऐल्डिहाइड और कीटोन की प्रमुख अभिक्रिया है–

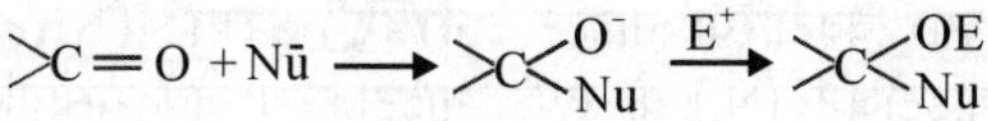

उदाहरणार्थ–

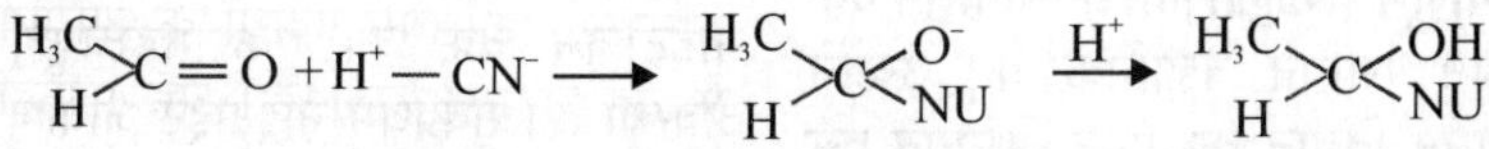

नाभिकीय संलयन (Nuclear Fusion)–इस प्रक्रिया में दो कम भार के समस्थानिकों (isotopes) को बहुत अधिक तापमान पर (1 अरब डिग्री सैल्सियस पर) जबरदस्ती मिलाया जाता है जब तक कि वे विलयन के द्वारा एक भारी समस्थानिक में परिवर्तित नहीं हो जाते। इस क्रिया में भारी मात्रा में ऊर्जा उत्पन्न होती है। इस क्रिया को आरम्भ करना कठिन होता है परन्तु इस क्रिया से कहीं अधिक ऊर्जा निकलती है।

उदाहरण के तौर पर अरब (1 billion) करोड़ डिग्री सेल्सियस पर दो हाइड्रोजन अणु आपसी वियलन से एक हीलियम अणु बनाते हैं तथा इस प्रक्रिया से बहुत अधिक ऊर्जा प्राप्त होती है।

$${}_1H^2 + {}_1H^2 * {}_3He^2 + {}_0n^1 + \text{ऊर्जा}$$

नाभिकीय ऊर्जा में असीम क्षमता पायी जाती है, परन्तु रिएक्टरों के रिसाव से रेडियोधर्मी प्रदूषण हो सकता है। आणविक अवशेषों का उपचार एवं विसर्जन भी एक गम्भीर समस्या है। भारत में अभी तक आणविक ऊर्जा इतनी विकसित नहीं है। हमारे देश में केवल चार नाभिकीय रिएक्टर लगाए गये हैं जिनकी कुल क्षमता 2005 मेगावाट बिजली उत्पादन की है। हमारे नाभिकीय रिएक्टर महाराष्ट्र के तारापुर में, राजस्थान में कोटा के पास राणा प्रताप में, तमिलनाडु के कल्पक्कम में और यू.पी. के नरौरा में स्थित हैं।

नाइट्रोजन-चक्र (Nitrogen Cycle)–नाइट्रोजन वायुमंडल में भरपूर मात्रा में उपस्थित है। नाइट्रोजन का यौगिकीकरण (Nitrogen fixation) भौतिक प्रक्रिया जैसे आसमानी बिजली के चमकने अथवा जैविक प्रक्रिया जैसे बैक्टीरिया एवं नील-हरित शैवाल द्वारा होता है। नाइट्रोजन पौधों द्वारा ग्रहण किये जाने के उपरान्त अमीनो एसिड, प्रोटीन, विटामिन आदि के संघटन में प्रयोग होती है। पौधों एवं जीवों की मृत्यु के बाद मृत जैविक ऊतकों में उपस्थित जैविक नाइट्रोजन अमोनीकरण और नाइट्रीकरण के लिए उत्तरदायी बैक्टीरिया द्वारा अमोनिया, नाइट्राइट और नाइट्रेट में परिवर्तित कर दी जाती है और यह पौधों के लिए पुनः उपलब्ध

हो जाती है। कुछ बैक्टीरिया नाइट्रेट को आण्विक नाइट्रोजन (N_2) के रूप में भी बदल देते हैं।

नागार्जुन (Nagarjuna)–नागार्जुन एक महान रसायन वैज्ञानिक थे। उन्होंने रसायन विज्ञान का गहन अध्ययन कर सम्पूर्ण भारत में प्रचार-प्रसार किया। वे वर्तमान गुजरात राज्य में सोमनाथ के निकट देहक-दुर्ग के रहने वाले थे। देश में भयंकर अकाल पड़ने पर धन की आवश्यकता पड़ी। उस समय नागार्जुन ने समुद्र पारकर एक द्वीप में जाकर सस्ती धातुओं से सोना बनाने की विद्या (कीमियागीरी) सीखने का विचार किया था। उन्होंने समुद्र पारकर कीमियागर साधु से सोना बनाने की विद्या सीख ली और वापस स्वदेश लौटकर सोना बनाकर अकाल का संकट दूर किया। सन् 1031 में भारत में अलबरुनी आया था। उसने नागार्जुन के रासायनिक ज्ञान की प्रशंसा की। रसायन विज्ञान पर उनके प्रसिद्ध ग्रन्थ 'रस रत्नाकर' और 'रसेन्द्र मंगल' है। इनके अलावा उनके प्रसिद्ध ग्रन्थ 'सुश्रुत संहिता', 'उत्तर तन्त्र', कक्षपुत्र तन्त्र' 'आरोग्य मंजरी', योगदान तथा 'योगाष्टक प्रमुख है। 'रस रत्नाकर में वर्णित रासायनिक क्रियाएँ आज भी वैज्ञानिकों को आश्चर्य में डाल देती हैं। इस ग्रन्थ में उन्होंने कृत्रिम सोना, रस शोधन, कज्ज़ली तैयार करने और फिर उससे पर्पटिका रस बनाने तथा रसायन की अनेक विधियों और प्रयोगों में लाये जाने वाले उपकरणों और उपस्करों का विस्तृत वर्णन किया है।

नाइट्रीकरण (Nitrification)–नाइट्रीकरण जैव रासायनिक क्रिया है, इसमें अमोनिया के ऑक्सीकरण से नाइट्राइट एवं नाइट्रेट बनते हैं। यह नाइट्रोजन चक्र की एक महत्त्वपूर्ण अवस्था है। सर्वप्रथम नाइट्राइट जीवाणु नाइट्रोसोमोनास एवं नाइट्रोकॉकस अमोनिया का ऑक्सीकरण नाइट्राइट में करते हैं। उसके पश्चात नाइट्रेट जीवाणु-नाइट्रोबैक्टर नाइट्राइट का परिवर्तन नाइट्रेट में करते हैं। यह नाइट्रेट फिर पादपों द्वारा भूमि से जड़ों द्वारा अवशोषित कर लिया जाता है और इस प्रकार नाइट्रोजन आहार शृंखला में प्रवेश करता है।

नाइट्रोजन (Nitrogen)–नाइट्रोजन एक रासायनिक तत्त्व है जिसका प्रतीक N है। इसका परमाणु क्रमांक 7 है। सामान्य ताप और दाब पर यह गैस है तथा पृथ्वी के वायुमण्डल का लगभग 78% नाइट्रोजन ही है। यह एक रंगहीन, गन्धहीन, स्वादहीन और प्रायः अक्रिय गैस है। इसकी खोज 1772 में स्कॉटलैण्ड के वैज्ञानिक डेनियल रदरफोर्ड ने की थी।

नाइट्रोजन आवर्त सारणी के पंचम समूह का प्रथम तत्त्व है। नाइट्रोजन का रसायन अत्यन्त मनोरंजक विषय है, क्योंकि समस्त जैव पदार्थों में इस तत्त्व का महत्त्वपूर्ण स्थान है। इसके दो स्थायी समस्थानिक, द्रव्यमान संख्या 14, 15 ज्ञात हैं तथा तीन अस्थायी समस्थानिक (द्रव्यमान संख्या 13, 16, 17) भी बनाये गये हैं।

निरपेक्ष आर्द्रता (Categorical Moisture)–किसी दिये गये आयतन की वायु में जल-वाष्प की वास्तविक मात्रा को व्यक्त करने की विधि को 'निरपेक्ष नमी' कहते है। आयतन की इकाई घन फुट अथवा घन मीटर में हो सकती है। इस प्रकार निरपेक्ष नमी 'ग्रेन घन फुट' या 'ग्राम घन मीटर' में व्यक्त की जाती है। चूँकि वाष्प की मात्रा आयतन के सन्दर्भ में प्रकट की जाती है, इसीलिए वायु के प्रसार और संकोचन के साथ ही निरपेक्ष नमी में बदलाव हो जाता है। वायुमंडलीय आर्द्रता को व्यक्त करने के लिए मौसम वैज्ञानिकों के द्वारा इस विधि का बहुत कम उपयोग किया जाता है।

निर्वात (Vacuum)–जब अवकाश (space) के किसी आयतन में कोई पदार्थ नहीं होता तो कहा जाता है कि वह आयतन निर्वात है। निर्वात की स्थिति में गैसीय दाब, वायुमण्डलीय दाब की तुलना में बहुत कम होता है। किन्तु स्पेस का कोई भी आयतन पूर्णतः निर्वात हो ही नहीं सकता।

निर्वात आसवन (Vacuum Distillation)– निर्वात आसवन, एक आसवन प्रक्रिया है जिसके अन्तर्गत आसुत होने वाले तरल मिश्रण के ऊपर के दाब को इसके वाष्प दाब से कम कर दिया जाता है (आमतौर पर वायुमंडलीय दाब से कम) जिसके कारण सबसे अधिक वाष्पशील द्रवों (जिनका क्वथनांक सबसे कम होता है) का वाष्पीकरण होता है। यह आसवन विधि इस सिद्धान्त पर कार्य करती है कि क्वथन (उबलना) तब सम्भव होता है जब किसी तरल का वाष्प दाब, परिवेश के दाब से अधिक होता है। निर्वात आसवन विलयन को गर्म करके या बिना गर्म करके किया जा सकता है।

निर्वात नली (Vacuum Tube)–इलेक्ट्रॉनिकी में निर्वात नली एक ऐसी युक्ति है जिसका कार्य निर्वात में विद्युत्धारा के प्रवाह पर आधारित है। इसे इलेक्ट्रॉन नली (उत्तरी अमेरिका), तापायनिक वॉल्व (U.K.) या केवल ट्यूब या वॉल्व भी कहते हैं। इनमें एक तप्त फिलामेण्ट (Cathode) से निकलने वाले इलेक्ट्रॉन निर्वात में गति करके एनोड पर पहुँचते हैं जो कैथोड की अपेक्षा अधिक वोल्टता पर रखा गया होता है। निर्वात नलियों के प्रादुर्भाव ने इलेक्ट्रॉनिकी के जन्म और विकास में महत्त्वपूर्ण भूमिका निभाई।

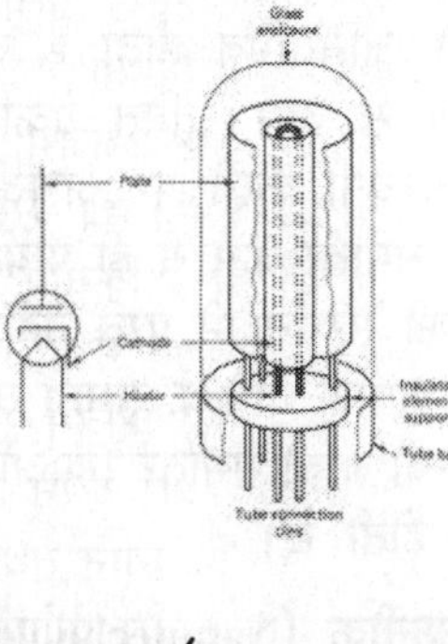

निर्वात बम (Vacuum Bomb)–निर्वात बम रूस द्वारा विकसित एक

नयी संकल्पना पर आधारित एक विस्फोटक हथियार है। यह शक्तिशाली बम परमाणु हथियारों के विपरीत पर्यावरण के लिए कोई खतरा पैदा नहीं करता। यह बम वातावरण में मौजूद वायु को ही विस्फोटक ईंधन के तौर पर इस्तेमाल कर सकता है। इसे विमान से गिराने के साथ जमीन से भी छोड़ा जा सकता है। एक निर्धारित ऊँचाई तक ले जाने के बाद इस बम के ईंधन को बादलों पर ऑक्सीजन के साथ मिश्रित कर फैला दिया जाता है। इसके बाद इन बादलों में विस्फोट कराते ही इसके सम्पर्क में आने वाली चीजें या इमारतें नेस्तनाबूद हो जाती हैं। वायु में विस्फोटित किये जाने वाले इस निर्वात बम की शक्ति परमाणु हथियारों के बराबर बतायी जा रही है।

नेमेटिक द्रव क्रिस्टल (Nematic Liquid Crystals)—ये द्रव क्रिस्टल पूर्ण रूप से विषमदैशिकता के गुण युक्त होते हैं। इस कारण इनमें अणुओं की गति अनियमित होती है जबकि X-किरण से और ध्रुवित प्रकाश से इनकी संरचना करने पर अणुओं की व्यवस्था समांतर क्रम से ही पायी गयी है। इसकी संरचना में परतें नहीं पायी जाती हैं जबकि धागे के समान संरचना युक्त लम्बी-लम्बी समांतर रेखाओं युक्त संरचना होती है।

नैनो तकनीक (Nanotechnology)—नैनो तकनीक या नैनो प्रौद्योगिकी, व्यावहारिक विज्ञान के क्षेत्र में, 1 से 100 नैनो स्केल में प्रयुक्त और अध्ययन की जाने वाली सभी तकनीकों और सम्बन्धित विज्ञान का समूह है। नैनो तकनीक में इस सीमा के अन्दर जालसाजी के लिये विस्तृत रूप में अन्तर-अनुशासनात्मक क्षेत्रों, जैसे व्यावहारिक भौतिकी, पदार्थ विज्ञान, अर्धचालक भौतिकी, विशाल अणुकणिका रसायनशास्त्र (जो रसायनशास्त्र के क्षेत्र में अणुओं के गैर कोवलेन्त प्रभाव पर केन्द्रित है), स्वयमानुलिपिक मशीन और रोबोटिक्स, रासायनिक अभियान्त्रिकी, यान्त्रिक अभियान्त्रिकी और विद्युत अभियान्त्रिकी। अभी यह कहना बहुत जटिल है कि इन रेखाओं में अनुसन्धान के क्या परिणाम होंगे। नैनो प्रौद्योगिकी को विद्यमान विज्ञान का नैनो स्केल में विस्तारीकरण या विद्यमान विज्ञान को एक नये आधुनिक शब्द में पुनराधारित कर रहा है।

बक्मिनिस्तर फुल्लरीन् C_{60}, जिसे बकिबॉल भी कहतें हैं, जो कार्बन के सबसे सरल ढाचें, फुल्लरीन् है। फुल्लरीन् परिवार के सदस्यों पर अनुसन्धान नैनो प्रौद्योगिकी का महत्त्वपूर्ण विषय है। नैनो तकनीक में दो प्रमुख पद्धतियों को अपनाया गया है। पहली पद्धति में पदार्थ और उपकरण आणविक घटकों से बनाये जातें हैं जो अणुओं के आणुविक अभिज्ञान के द्वारा स्व-एकत्रण के रासायनिक सिद्धान्तों

पर आधरित है। दूसरी पद्धति में नैनो-वस्तुओं का निर्माण बिना अणु-सतह पर नियन्त्रण के, बडे तत्त्वों से किया जाता है।

न्यूट्रॉन (**Neutron**)–न्यूट्रॉन एक आवेश रहित मूलभूत कण है, जो परमाणु के नाभिक में प्रोटॉन के साथ पाये जाते हैं। जेम्स चेडविक ने इनकी खोज की थी।

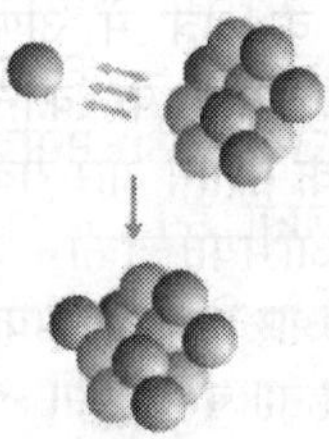

न्यूक्लिक अम्ल (**Nucleic Acid**)–नाभिकीय अम्ल एक मैक्रो अणु होता है, जो एकलकिक न्यूक्लियोटाइड्स की शृंखलाओं से बनता है। जैव-रासायनिकी के परिप्रेक्ष्य में ये अणु आनुवांशिक सूचना पहुँचाने का काम करते हैं, साथ ही ये कोशिकाओं का ढाँचा भी बनाते हैं। सामान्यतया प्रयोग होने वाले नाभिकीय अम्ल हैं डी एन ए या डीऑक्सी राइबो नाभिकीय अम्ल एवं आर एन ए या राइबो नाभिकीय अम्ल। नाभिकीय अम्ल प्राणियों में सदा ही उपस्थित होता है, क्योंकि यह सभी कोशिकाओं और विषाणुओं में विद्यमान होता है। नाभिकीय अम्ल की खोज फ्रेड्रिक मिशर ने की थी।

प

पवन ऊर्जा (Wind Energy)—तेज चलने वाली पवन में गति के कारण गतिज़ ऊर्ज़ा (Kinetic Energy) होती है। पवन को गति प्रदान करने वाला भी सूर्य ही है। इस पवन ऊर्ज़ा को पवन चक्कियों द्वारा प्रयोग में लाया जाता है। पवन के दबाव से पवन चक्की के बड़े-बड़े पंख घूमते हैं। पंखे के इस घुमाव द्वारा कई उपकरण चलते हैं, जैसे—जल पम्प, आटा चक्की और विद्युत उत्पादन यन्त्र। बहुत-सी पवन चक्कियाँ यदि एक स्थान पर लगी हों तो उसे पवन फार्म (Wind Farm) कहा जाता है। इनसे किसी उपयोगी ग्रिड को ऊर्जा प्रदान होती है जिससे अच्छी मात्रा में बिजली पैदा हो सकती है। पवन फार्मों के लिए समुद्री तटीय इलाके खुली चरागाहें अथवा पहाड़ी क्षेत्र खासकर दर्रें और टीले बहुत उपर्युक्त रहते हैं जहाँ पवन की गति तेज और निरन्तर होती है। एक पवन विद्युत यन्त्र को चलाने के लिए पवन की गति कम-से-कम 15 किलोमीटर प्रति घंटा होनी चाहिए।

हमारे देश में पवन ऊर्जा की क्षमता लगभग 20,000 मेगावाट आँकी गयी है, जबकि अब तक हम इस ऊर्जा के केवल 1020 मेगावाट ही पैदा कर रहे हैं। हमारे देश का सबसे बड़ा पवन फार्म तमिलनाडु में कन्याकुमारी के निकट है जिससे 380 मेगाबाट बिजली पैदा की जाती है।

पवन ऊर्जा बहुत लाभदायक है क्योंकि इससे कोई वायु प्रदूषण नहीं होता। शुरुआती व्यय, जो पवन फ़ार्म लगाने में लगता है, के बाद पवन ऊर्जा बहुत ही सस्ती होती है। ऐसा विश्वास है कि इस शताब्दी के मध्य तक 10% से अधिक बिजली का उत्पादन पवन ऊर्जा से ही प्राप्त होगा।

पवन ऊर्जा को यान्त्रिक और विद्युत ऊर्जाओं में परिवर्तित किया जा सकता है। जिसका उपयोग जल पम्पन के लिए किया जा रहा है। भारत में इससे 20,000 मेगावाट विद्युत पैदा की जा सकती है। यह दूर स्थित क्षेत्रों में अत्यन्त उपयोगी है यह फॉसिल ईंधन बचाने में सहायता करती है, निश्चित स्थान पर ऊर्जा की थोड़ी मात्रा, जो प्रदूषण और पर्यावरणीय पतन से मुक्त होती है, प्रदान करती है। DNES (Department of Non-

Conventional Energy Source) ने 924 वायु पम्प लगभग 20 M की पम्पनधारिता के पूरे देश में लगाये हैं।

पाई (π) अम्ल (Pi (π) acid)—कोई असंतृप्त अथवा पेरोमैटिक यौगिक जिसमें -CN या NO_2 जैसे इलेक्ट्रॉनग्राही प्रतिस्थायी समूह होते है।

पाई (π) क्षारक (Pi (π) base)—कोई असंतृप्त अथवा पेरोमैटिक जिसमें $-NH_2$-OCH_3 या -OH जैसे इलेक्ट्रॉन दाता प्रतिस्थायी समूह होते है।

पाई (π) आबंध (Pi (π) bond)—परमाणुओं के मध्य कक्षकों में गति करने वाले इलेक्ट्रॉनों द्वारा बना एक सहसंयोजक आबंध है।

परमाणु कक्षक (Atomic Orbitals)—तरंग यान्त्रिकी सिद्धान्त के अनुसार इलेक्ट्रॉन एक तरंग की तरह व्यवहार प्रदर्शित करता है और उसके व्यवहार को **श्रोडिन्जर तरंग समीकरण** (Schrodinger wave equation) से प्रस्तुत करते हैं। तरंग समीकरण से यह नहीं बता सकते हैं कि इलेक्ट्रॉन किस क्षण कहाँ है तथा कितनी तेजी से भ्रमण कर रहा है। इससे हम नाभिक के पास परिशुद्ध कक्ष नहीं बना सकते हैं, इससे केवल इलेक्ट्रॉन के किसी विशेष स्थान पर पाये जाने की संभावना का पता चलता है। अतः व्योग में वह क्षेत्र, जहाँ इलेक्ट्रॉन के पाये जाने की संभावना अधिक हो, कक्षक कहलाता है।

परमाणु (Atomic)—किसी तत्त्व की विशेषता को प्रदर्शित करने वाले न्यूनतम कण को परमाणु कहते हैं—परमाणु के विभिन्न वैज्ञानिकों द्वारा विभिन्न प्रकार का मॉडल प्रस्तुत किये गये हैं, जिनका संक्षिप्त वर्णन निम्न प्रकार किया गया है–

रदरफोर्ड प्रतिरूप– ई. रदरफोर्ड द्वारा प्रस्तावित परमाणु के मॉडल के मुख्य अभिलक्षण निम्न रूपों में वर्णित हैं।

1. परमाणु का नाभिक धन-आवेशित होता है।
2. परमाणु में परमाणु नाभिक का आकार परमाणु के आकार से 10 गुणा छोटा होता है।
3. इलेक्ट्रॉन, नाभिक के चारों ओर वृत्तीय कक्षों में चक्कर लगाते हैं, जिस प्रकार सौरमण्डल में ग्रह सूर्य के चारों ओर निश्चित कक्षाओं में चक्कर लगाते हैं।
4. परमाणु का सम्पूर्ण, द्रव्यमान उसके नाभिक में स्थित होता है।

जॉन डॉल्टन प्रतिरूप—परमाणु के मॉडल या प्रतिरूप को लेकर जॉन डाल्टन ने अपना विचार निम्न प्रकार व्यक्त किया है–

1. पदार्थ जिन छोटे-छोटे अविभाजित कणों से बना होता है, उन्हें परमाणु कहते हैं।
2. परमाणु परस्पर पूर्ण संख्या में ही संयुक्त होते हैं, जिससे अणु बनते हैं। किसी यौगिक के अणुओं में यौगिक के सभी गुण होते हैं, परन्तु उसके परमाणु यौगिक के गुण से मुक्त होते हैं।

3. प्रत्येक तत्त्व के परमाणु एक समान होते हैं, परन्तु ये अन्य तत्त्वों के परमाणुओं से भिन्न होते हैं।
4. परमाणु उत्पन्न करना या नष्ट करना सम्भव नहीं है।
5. किसी यौगिक के संयुक्त परमाणु (अणु) आपस में समान होते हैं।

जे.जे.थॉमसन प्रतिरूप—थॉमसन ने 1903 में परमाणु का मॉडल प्रस्तुत किया। उसके मॉडल के अनुसार परमाणु एक ठोस गोला है जिसमें धन और ऋण आवेश वाले कण एक समान रूप से बिखरे होते हैं, जिन्हें प्रोटॉन तथा इलेक्ट्रॉन कहा जाता है।

नील बोर प्रतिरूप—नील बोर ने सन् 1912 में परमाणु का एक मॉडल प्रस्तुत किया, जो कि मूल रूप से नई संकल्पना पर आधारित था। ये संकल्पनाएँ निम्न प्रकार हैं—

1. इलेक्ट्रॉन नाभिक के चारों ओर निश्चित कक्षों में चक्कर लगाते हैं तथा प्रत्येक कक्ष का अर्धव्यास अलग होता है।
2. प्रत्येक कक्ष की एक निश्चित ऊर्जा होती है। इसके अनुसार नाभिक के पास वाले कोश में कम से कम तथा सबसे दूर वाले कोष में ज्यादा से ज्यादा ऊर्जा होती है।
3. किसी एक इलेक्ट्रॉन को उच्च ऊर्जा स्तर से एक निम्न ऊर्जा स्तर की कक्षा में आने पर ऊर्जा का अन्तर विद्युत् चुम्बकीय विकिरण अथवा प्रकाश के रूप में विकिरित होता है।
4. नाभिक के चारों ओर विभिन्न कक्षाओं में इलेक्ट्रॉनों की संख्या निश्चित होती है; उदाहरण के तौर पर प्रथम में दो, दूसरे में आठ और तीसरे में अठारह आदि।
5. इलेक्ट्रॉन विद्युत् चुम्बकीय तरंगों के रूप में लगातार ऊर्जा विकिरण किये बिना स्थायी कक्ष में घूम सकता है।
6. एक निश्चित ऊर्जा स्तर वाले इलेक्ट्रॉन को यदि ऊर्जा प्रदान की जाये तो वह उच्च ऊर्जा स्तर वाले कक्ष से कम ऊर्जा वाले कक्ष को जा सकते हैं।

आधुनिक मत—परमाणु के सन्दर्भ में आधुनिक विद्वानों ने भी अपने विचार दिये हैं। इनके मतानुसार परमाणु को अधिक सूक्ष्म कणों इलेक्ट्रॉन, प्रोटॉन और न्यूट्रॉन में विभाजित किया जा सकता है। आजकल परमाणु के नाभिक के विखण्डन से परमाणु बम भी बनाया जाता है जो पदार्थ की अविनाशिता के नियम से भिन्नता को दर्शाता है।

पाला (Frost)—यदा-कदा सतह पर स्थित पदार्थों जैसे— घास, पत्तियों या पौधों का तापमान हिमांक से भी नीचे गिर जाता है। ऐसी स्थिति में उन पर ओस की बूँदों के स्थान पर बर्फ के कण जम जाते हैं जिसे तुषार या पाला कहते हैं। अनेक सम्वेदनशील फसलों

के लिए पाला बहुत ही हानिकारक होता है। यहाँ यह बता देना जरूरी है कि ज़मी हुई ओस़ को पाला नहीं कहते। ओस़ एवं तुषार दोनों ही निर्माणविधि लगभग समान है। अन्तर सिर्फ इतना है कि ओस़ पड़ने के लिए वस्तुओं का तापमान 0° सेन्टीग्रेट से ऊपर नहीं होना चाहिए, जबकि तुषार के लिए उनका तापमान उससे कम होना चाहिए। इतने निम्न तापमान के कारण जल-वाष्प बिना द्रव हुए ठंडे पदार्थों पर सीधे हिम के रूप में संघनित हो जाती है।

पैट्रो फसलें–कुछ पौधों से दूध निकलता है, जैसे–यूफोर्बिया, कैक्टस, जैट्रोफा अथवा खजूर आदि जो हाइड्रोकार्बन से भरपूर होते हैं। इनसे एक तेल जैसा पदार्थ प्राप्त किया जाता है। इस तेल-पदार्थ को डीजल इंजनों में सीधे जलाया जा सकता है अथवा अधिक साफ करके गैसोलिन बनाया जा सकता है। ऐसे सभी पौधों को पैट्रो फसलें कहा जाता है।

पोटैशियम (Potassium)– पोटैशियम एक रासायनिक तत्त्व है। इसका प्रतीक "P" है। यह आर्वत सारणी के प्रथम मुख्य समूह का तत्त्व है। इसके दो स्थिर समस्थानिक (द्रव्यमान संख्या 39 और 41) ज्ञात हैं। एक अस्थिर समस्थानिक (द्रव्यमान संख्या 40) प्रकृति में न्यून मात्रा में पाया जाता है। इनके अतिरिक्त तीन अन्य समस्थानिक (द्रव्यमान संख्या 38, 42 और 43) कृत्रिम रूप से निर्मित हुए हैं।

पदार्थ (Matter)–रसायन विज्ञान और भौतिक विज्ञान में पदार्थ उसे कहते हैं, जो स्थान घेरता है और जिसमें द्रव्यमान (mass) होता है। पदार्थ और ऊर्जा दो अलग-अलग वस्तुएँ हैं। विज्ञान के आरम्भिक विकास के दिनों में ऐसा माना जाता था कि पदार्थ न तो उत्पन्न किया जा सकता है, न नष्ट ही किया जा सकता है अर्थात् पदार्थ अविनाशी है। इसे पदार्थ की अविनाशिता का नियम कहा जाता था। किन्तु अब यह स्थापित हो गया है कि पदार्थ और ऊर्जा का परस्पर परिवर्तन सम्भव है। यह परिवर्तन आइन्स्टीन के प्रसिद्ध समीकरण $E=mc^2$ के अनुसार होता है। पदार्थ की मुख्य तीन अवस्थायें हैं - ठोस, द्रव तथा गैस। इसके अतिरिक्त कुछ विशेष परिस्थितियों में पदार्थ प्लाज्मा, अतितरल (सुपरफ्लुइड), अतिठोस आदि अन्य अवस्थायें भी ग्रहण करता है।

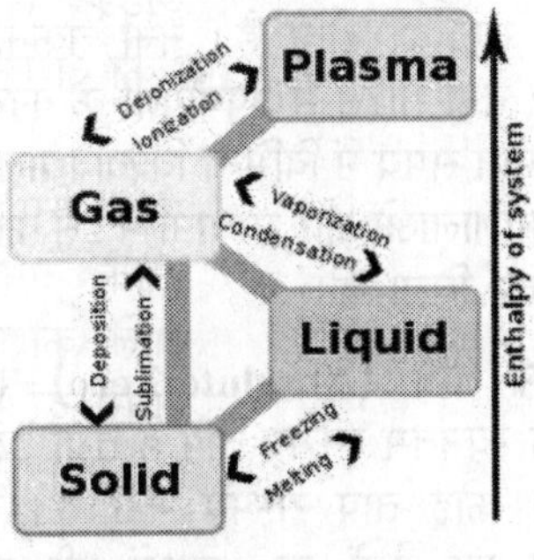

पदार्थ की अवस्थाएँ (States of Matter)–पदार्थ की अवस्थाएँ वह विशिष्ट

रूप हैं, जो कोई पदार्थ धारण या ग्रहण कर सकता है। ऐतिहासिक सन्दर्भ में, इन अवस्थाओं का अन्तर पदार्थ के समग्र गुणों के आधार पर किया जाता था। ठोस वह अवस्था है जिसमें पदार्थ एक निश्चित आकार और आयतन ग्रहण करता है, द्रव अवस्था में पदार्थ का आयतन तो निश्चित होता है पर आकार यह उस पात्र का ग्रहण करता है जिसमें इसे रखा जाता है, गैस के मामले में न तो कोई निश्चित आकार और न ही कोई निश्चित आयतन होता है और पदार्थ फैलकर उपलब्ध आयतन को ग्रहण कर लेता है।

पदार्थ विज्ञान (Material Science)–पदार्थ विज्ञान एक बहुविषयक क्षेत्र है जिसमें पदार्थ के विभिन्न गुणों का अध्ययन, विज्ञान एवं तकनीकी के विभिन्न क्षेत्रों में इसके प्रयोग का अध्ययन किया जाता है। इसमें प्रायोगिक भौतिक विज्ञान और रसायन विज्ञान के साथ-साथ रासायनिक, विद्युत, यान्त्रिक और धातुकर्म अभियान्त्रिकी जैसे विषयों का समावेश होता है। नैनो तकनीकी और नैनो साइस में उपयोगता के कारण, वर्तमान समय में विभिन्न विश्वविद्यालयों, प्रयोगशालाओं और संस्थानों में इसे काफ़ी महत्त्व मिला है।

परम ताप (Absolute Zero)–परम ताप न्यूनतम सम्भव ताप है तथा इससे कम कोई ताप सम्भव नहीं है। इस ताप पर गैसों के अणुओं की गति शून्य हो जाती है। इसका मान –273 डिग्री सेन्टीग्रेड होता हैं। इसे केल्विन में दर्शाते हैं।

परमाणु (Atom)–परमाणु (एटम) किसी तत्त्व का सबसे छोटा भाग है जिसमें उस तत्त्व के रासायनिक गुण निहित होते हैं। परमाणु के केन्द्र में नाभिक (न्यूक्लिअस) होता है जिसका घनत्व बहुत अधिक होता है। नाभिक के चारों ओर ऋणात्मक आवेश वाले इलेक्ट्रॉन चक्कर लगाते रहते हैं जिसको इलेक्ट्रान धन (इलेक्ट्रान क्लाउड) कहते हैं। नाभिक, धनात्मक आवेश वाले प्रोटॉनों एवं अनावेशित (न्यूट्रल) न्यूट्रॉनों से बना होता है। जब किसी परमाणु में इलेक्ट्रानों की संख्या उसके नाभिक में स्थित प्रोटॉनों की संख्या के समान होती है तब परमाणु वैद्युकीय दृष्टि से अनावेशित होता है, अन्यथा परमाणु धनावेशित या ऋणावेशित ऑयन के रूप में होता है। पहले परमाणु को अविभाज्य माना जाता था। यह संकल्पना पहले भारतीय एवं यूनानी दार्शनिकों ने दी थी। लेकिन बाद के प्रयोगों में यह पाया गया कि परमाणु स्वयं कुछ और मौलिक कणों से बना है। परमाणु, पदार्थ का एक अति सूक्ष्म कण है जिसे सामान्य सूक्ष्मदर्शी से भी नहीं देखा जा सकता। परमाणु का आकार एक मीटर के एक अरब भाग से भी छोटा होता है।

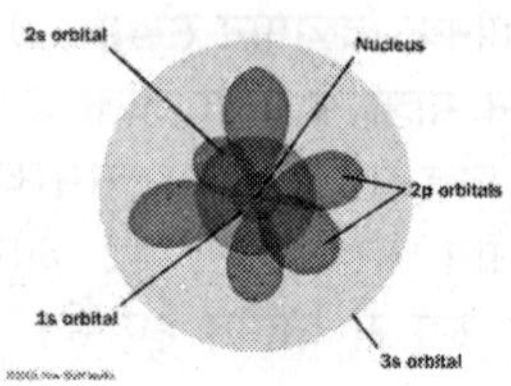

परमाणु क्रमांक (Atomic Number)–रसायन एवं भौतिकी विज्ञान में सभी तत्त्वों का अलग-अलग परमाणु क्रमांक है जो एक तत्त्व को दूसरे तत्त्व से अलग करता है। किसी तत्त्व का परमाणु क्रमांक उसके तत्त्व के नाभिक में स्थित प्रोटॉनों की संख्या के बराबर होता है। किसी आवेशरहित परमाणु पर इलेक्ट्रॉनों की संख्या भी परमाणु क्रमांक के बराबर होती है। रासायनिक तत्त्वों को उनके बढ़ते हुए परमाणु क्रमांक के क्रम में विशेष रीति से सजाने से आवर्त सारणी का निर्माण होता है जिससे अनेक रासायनिक एवं भौतिक गुण स्वयं स्पष्ट हो जाते हैं।

परमाणु ऊष्मा (Atomic Heat)–किसी तत्त्व का ग्राम परमाणु भार और उसकी विशिष्ट ऊष्मा का गुणनफल लगभग 6.3 ग्राम कैलोरी है।

परमाणु त्रिज्या (Atomic Radius)–तत्त्वों के क्रिष्टलों में परमाणुओं की समीपस्थ दूरी का आधा परमाणु त्रिज्या कहलाता है। किसी तत्त्व की परमाणु त्रिज्या नियत नहीं होती।

परमाण्वीय हाइड्रोजन (Atomic Hydrogen)–आंशिक रूप से परमाणु अवस्था में पायी जाने वाली हाइड्रोजन जो विद्युत चाप के अति उच्च ताप पर आण्विक हाइड्रोजन के वियोजन से उत्पन्न होती है।

पाइरिडीन (Pyridine)–पाइरिडीन C_5H_5N तीक्ष्ण गन्ध वाला रंगहीन द्रव्य आर्द्रताग्राही (क्व.115°) से. जल तथा कार्बनिक विलायकों में मिश्रणीय तीव्र क्षारक, लाल लिटमस को नीला करता है। विषैला कोलतार में विषम चक्रीय यौगिक के रूप में उपस्थित विलायक के रूप में, पूतिरोधी के रूप में तथा कार्बनिक यौगिकों को बनाने में प्रयुक्त बेंजीन से अधिक स्थायी इसका नाइट्रीकरण या ब्रोमीनीकरण कठिनाई से रासायनिक क्रिया में नाइट्रोबेंजीन के सदृश पाइरिडीन एक कार्बनिक यौगिक है।

पारे की भाप (Hg_2)–पारे के शोधन सन्यन्त्र से प्रयोगशाला में पारे के उपयोग से तथा पारे युक्त कीटनाशक से यह उत्पन्न होता है। मिनीमाता रोग का यह वाहक है। इसके सूँघने पर बेहोशी भी होती है।

पास्कल (Pascal)–पास्कल दबाव की SI व्युत्पन्न इकाई है। इसके साथ ही स्ट्रेस, यंग्स माड्युल्स और तनाव स्ट्रेस की भी यही इकाई है। यह लम्बवत बल प्रति इकाई क्षेत्र बराबर एक न्यूटन प्रति वर्ग मीटर या जूल प्रति घन मीटर। इसे दैनिक प्रयोग में हवाई दाब हेतु प्रयोग किया जाता है। किलोपास्कल (1 kPa = 1000 Pa). रूप में।

पायी बैकबॉन्डिंग (Pie Backbonding)–पायी बैकबॉन्डिंग एक शक्तिमान स्वभाव का संयोजी पायी रासायनिक बन्ध होता है।

पीएच (pH)–पीएच, किसी विलयन की एसिड अम्ल, अम्लता या क्षारकता का एक माप है। इसे द्रवीभूत हाइड्रोजन

आयनों (H+) की गतिविधि के सह-लघुगणक (Co-logarithm) के रूप में परिभाषित किया जाता है। हाइड्रोजन आयन के गतिविधि गुणांक को प्रयोगात्मक रूप से नहीं मापा जा सकता है, इसलिए वे सैद्धांतिक गणना पर आधारित होते हैं। पीएच स्केल, कोई सुनिश्चित स्केल नहीं है इसका सम्बन्ध मानक विलयन के एक सेट (समुच्चय) के साथ होता है जिसके पीएच का आकलन अन्तर्राष्ट्रीय संविदा के द्वारा किया जाता है।

पॉलिएस्टर (Polyester)–पॉलिएस्टर एक प्रकार का बहुलक (Polymer) है। इससे कपड़े बनाये जाते हैं। तकियों में रूई की जगह इसे भरा जाता है।

पॉलिसल्फाइड (Poly Sulphide)– वह सल्फाइड जिसके एक अणु में दो या दो से अधिक गंधक के परमाणु होते हैं। यह पीले से लेकर हरे रंग का चूर्ण होता है।

पॉलिथायोनिक अम्ल (Polythionic Acid)– H_2SnO_6 वे थायोनिक अम्ल हैं जिनके अणु में दो से अधिक गंधक परमाणु होते हैं। यह लगभग अस्थायी द्विक्षारकीय अम्लों की श्रेणी है जो सोडियम सल्फाट, थायोसल्फेट और उनके मिश्रण पर आयोडीन के साथ हाइड्रोजन सल्फाइड की क्रिया से तथा 0° पर H_2SO_3 पर हाइड्रोजन सल्फाइड की क्रिया से प्राप्त होते है।

पेन्टेन (Pentane)–पेन्टेन एक हाइड्रोकार्बन है। यह एक अल्केन है।

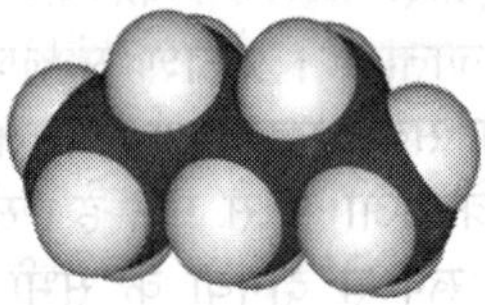

प्रकाश संश्लेषण (Photosynthesis)– सजीव कोशिकाओं के द्वारा प्रकाशीय उर्जा को रासायनिक ऊर्जा में परिवर्तित करने की क्रिया को प्रकाश संश्लेषण (Photosynthesis) कहते है। प्रकाश संश्लेषण वह क्रिया है जिसमें पौधे अपने हरे रंग वाले अंगों जैसे पत्ती, द्वारा सूर्य के प्रकाश की उपस्थिति में वायु से कार्बन डाइऑक्साइड तथा भूमि से जल लेकर जटिल कार्बनिक खाद्य पदार्थों जैसे कार्बोहाइड्रेट्स का निर्माण करते हैं तथा आक्सीजन गैस (O_2) बाहर निकालते हैं। प्रकाश संश्लेषण की प्रक्रिया में सूर्य के प्रकाश की उपस्थिति में पौधों की हरी पत्तियों की कोंशिकाओं के अन्दर कार्बन डाइआक्साइड और पानी के संयोग से पहले साधारण कार्बोहाइड्रेट और बाद में जटिल काबोहाइड्रेट का निर्माण होता है। इस प्रक्रिया में आक्सीजन एवं ऊर्जा से भरपूर कार्बोहाइड्रेट (सूक्रोज, ग्लूकोज, स्टार्च (मंड) आदि) का निर्माण होता है तथा आक्सीजन गैस बाहर निकलती है। जल, कार्बन डाइऑक्साइड, सूर्य का प्रकाश तथा क्लोरोफिल (हरितलवक) को प्रकाश संश्लेषण का अवयव कहते हैं। इसमें से जल तथा कार्बन डाइऑक्साइड

को प्रकाश संश्लेषण का कच्चा माल कहा जाता है। प्रकाश संश्लेषण की प्रक्रिया सबसे महत्त्वपूर्ण जैवरासायनिक अभिक्रियाओं में से एक है। सीधे या परोक्ष रूप से दुनिया के सभी सजीव इस पर आश्रित हैं। प्रकाश संश्लेषण करने वाले सजीवों को स्वपोषी कहते हैं।

$$6CO_2 + 12H_2O + \text{प्रकाश} + \text{क्लोरोफिल} \rightarrow C_6H_{12}O_6 + 6O_2 + 6H_2O + \text{क्लोरोफिल}$$

कार्बन डाईआक्साइड + पानी + प्रकाश + क्लोरोफिल → ग्लूकोज + ऑक्सीजन + पानी + क्लोरोफिल

प्रकाश यहाँ अभिक्रिया में भाग नहीं लेता है बल्कि इस अभिक्रिया के लिये प्रकाश की उपस्थिति आवश्यक है। इस रासायनिक क्रिया में कार्बन डाइऑक्साइड के 6 अणुओं और जल के 12 अणुओं के बीच रासायनिक क्रिया होती है जिसके फलस्वरूप ग्लूकोज के एक अणु, जल के 6 अणु तथा ऑकसीजन के 6 अणु उत्पन्न होते हैं। इस क्रिया में मुख्य उत्पाद ग्लूकोज़ होता है तथा ऑक्सीजन और जल उप पदार्थ के रूप में मुक्त होते हैं। इस प्रतिक्रिया में उत्पन्न जल कोशिका द्वारा अवशोषित हो जाता है और पुनः जैवरासायनिक प्रतिक्रियाओं में लग जाता है। मुक्त ऑक्सीजन वातावरण में चली जाती है। इस मुक्त ऑक्सीजन का स्रोत जल के अणु है कार्बन डाइऑक्साइड के अणु नहीं। अभिक्रिया में सूर्य की विकिरण ऊर्जा का रूपान्तरण रासायनिक ऊर्जा में होता है जो ग्लूकोज के अणुओं में संचित हो जाती है। प्रकाश संश्लेषण में पौधों द्वारा प्रति वर्ष लगभग 100 टेरावाट की सौर्य ऊर्जा को रासायनिक ऊर्जा के रूप में भोज्य पदार्थ के अणुओं में बाँध दिया जाता है। प्रकाश संश्लेषण की क्रिया को ऊर्जा बन्धन की क्रिया भी कहते हैं। इस प्रकार प्रकाश संश्लेषण करने वाले सजीव लगभग 10,00,00,00,000 टन कार्बन को प्रति वर्ष जैव-पदार्थों में बदल देते हैं।

प्रतिस्थापन अभिक्रियाएँ (Substitution Reactions)– इन अभिक्रियाओं में किसी क्रियाकारी के एक परमाणु या समूह के स्थान पर कोई अन्य परमाणु या समूह आ जाता है।

$$A—B + X—Y \longrightarrow A—X + B—Y$$

आक्रमणकारी अभिकर्मक की प्रकृति के आधार पर इन्हें तीन भागों में वर्गीकृत किया जा सकता है–

नाभिकस्नेही प्रतिस्थापन (S*n*)

इलेक्ट्रॉनस्नेही प्रतिस्थापन (S_E)

मुक्त-मूलक प्रतिस्थापन (S)

प्रकाश प्रक्रिया (Light Reaction)– प्रकाश संश्लेषण की क्रिया में जो प्रक्रिया प्रकाश की उपस्थिति में होती है उसे प्रकाश प्रक्रिया के अन्तर्गत अध्ययन किया जाता है। इस क्रिया को हिल आदि अन्य वैज्ञानिकों द्वारा अध्ययन

किया गया। प्रकाश प्रक्रियाओं के समय अन्धेरी प्रक्रियायें सीमाबद्ध कारक का कार्य करती हैं। प्रकाश प्रक्रियायें दो चरणों में होती हैं, फोटोलाइसिस एवं हाइड्रोजन का स्थापन। फोटोलाइसिस की प्रक्रिया में प्रकाश क्लोरोफिल के अणु द्वारा फ़ोटोन के रूप में अवशोषित की जाती है। जब क्लोरोफिल का अणु एक क्वान्टम प्रकाश शोषित कर लेता है तो उसके पश्चात् क्लोरोफिल का दूसरा अणु तब तक प्रकाश शोषित नहीं करता है जब तक कि पहली ऊर्जा प्रकाश संश्लेषण की क्रिया में प्रयोग नहीं हो जाती है। क्लोरोफिल द्वारा इस प्रकार शोषित प्रकाश का फोटोन उच्च ऊर्जा स्तर पर एक इलेक्ट्रान निकालता है तथा यह शक्ति फास्फेट के तीसरे बाँड पर स्थित होकर उच्च ऊर्जा वाले एडिनोसाइन ट्राइफास्फेट के रूप में प्रकट होते हैं। इस प्रकार क्लोरोफिल प्रकाश की उपस्थिति में एटीपी उत्पन्न करते हैं तथा इस प्रक्रिया को फोस्फोराइलेशन कहते हैं। इस प्रकार सूर्य के प्रकाश की ऊर्जा एटीपी अर्थात् रासायनिक ऊर्जा में परिवर्तित हो जाता है। इस प्रकार क्लोरोफिल अणु में निर्मित एटीपी क्लोरोफिल अणु से पृथक् होकर CO_2 को शर्करा में अनाक्सीकृत होने आदि अनेक रासायनिक क्रियाओं में सहायक है। क्लोरोफिल इस एटीपी को स्वतन्त्र करने पर फिर अक्रिय हो जाता है। वान नील फ्रैंक, विशनिक के अनुसार पानी जब इस क्रियाशील क्लोरोफिल के सम्पर्क में आते हैं तब पानी अनाक्सीकृत H तथा तेज आक्सीकारक OH में विच्छेदित हो जाता है।

$$\text{क्लोरोफिल} + \text{प्रकाश} \rightarrow \text{सक्रिय क्लोरोफिल}$$

$$H_2O + \text{सक्रिय क्लोरोफिल} \rightarrow H^+ + OH^-$$

इस फोटोलाइसिस प्रक्रिया में O_2 पानी से स्वतन्त्र हो जाती है तथा हाइड्रोजन भी हाइड्रोजन ग्राहक पर चली जाती है।

$$2H_2O + 2A \rightarrow 2AH_2 + O_2$$

इस प्रकार पौधों की प्रकाश संश्लेषण की क्रियायों से निकली समस्त आक्सीजन जल से प्राप्त होती हैं। पानी से ऑक्सीजन निकलने को क्लोरील्ला नामक शैवाल में CO_2 की अनुपस्थिति में दिखाया गया। इसका अर्थ हुआ कि CO_2 की अनुपस्थिति में ऑक्सीजन का उत्पादन हो सकता है, परन्तु इसमें हाइड्रोजन ग्राहक होना चाहिए। ऐसा देखा गया है कि पौधों में एनएडीपी (NADP) दो $NADPH_2$ बनाता है।

$$2H_2O + 2NADP = 2NADPH_2 + O_2$$

प्रति ऑक्सीकारक (Antioxidants)—कुछ पदार्थ ऐसे होते हैं जो तैलीय तथा वसायुक्त खाद्य सामग्रियों में उपचयन को रोकते हैं, ये ऑक्सीकारक कहे जाते हैं।

प्रकिण्व (Enzyme)—प्रकिण्व रासायनिक क्रियाओं को उत्प्रेरित करने वाले प्रोटीन

को कहते हैं। इनके लिये एन्ज़ाइम शब्द का प्रयोग सन् 1878 में कुह्ने ने पहली बार किया था। प्रकिण्वों के स्रोत मुख्यतः सूक्ष्मजीव और फिर पौधे तथा जन्तु होते हैं। किसी प्रकिण्व के अमीनो अम्ल में परिवर्तन द्वारा उसके गुणधर्म में उपयोगी परिवर्तन लाने हेतु अध्ययन को प्रकिण्व अभियान्त्रिकी या एन्जाइम इंजीनियरिंग कहते हैं।

प्रफुल्लचन्द्र राय (Prafulla Chandra Ray)– प्रफुल्लचन्द्र राय बड़े जमींदार हरिश्चन्द्र राय के पुत्र थे। इनका जन्म 2 अगस्त, 1861 को हुआ था। उनका फ़ारसी और अंग्रेजी दोनों भाषाओं पर अधिकार था। प्रेसीडेन्सी कॉलेज कलकत्ता में उन्होंने भौतिकी और रसायन विषयों के साथ बी० एस-सी० की परीक्षा उत्तीर्ण की। इसके साथ ही उन्होंने भौतिकी गिलक्राइस्ट परीक्षा उत्तीर्ण कर यूरोप में उच्च शिक्षा प्राप्त की।

सन् 1882 में इन्होंने एडिनबरा विश्वविद्यालय में प्रवेश लिया। यहाँ वे रसायन विज्ञान के महान वैज्ञानिक प्रो० क्रम ब्राउन के सम्पर्क में आये। उनसे प्रफुल्लचन्द्र बहुत प्रभावित हुए। अपने अध्ययन के साथ-साथ प्रफुल्लचन्द्र लेखन का कार्य भी करते रहे।

आचार्य प्रफुल्लचन्द्र ने अकार्बनिक रसायन पर शोध-पत्र लिखकर डी. एस-सी. की डिग्री प्राप्त की। इसके लिए गिलक्राइस्ट फाउण्डेशन ने उन्हें छात्रवृत्ति प्रदान की थी। साथ ही 'होप पुरस्कार' छात्रवृत्ति से भी उनके कार्य को सम्मानित किया गया। एडिनबरा विश्वविद्यालय में उन्हें रसायन विज्ञान विभाग में उप-अधीक्षक नियुक्त किया गया।

अन्त में वे कलकत्ता के प्रेसीडेन्सी कॉलेज में रसायन विज्ञान के प्रोफ़ेसर बन गये। यहाँ उन्होंने विद्यार्थियों को अनुसन्धान के लिए अभिप्रेरित किया एवं स्वयं भी रसायनशास्त्र में अनुसन्धान कार्य करते रहे। इनके अनुसन्धान का केन्द्रीय विषय 'नाइट्राइट' था। सर 1896 में उन्होंने मरक्यूरस नाइट्राइटों का पता लगाया। इससे उन्हें व्यापक प्रसिद्धि मिली। उन्होंने नाइट्राइटों का पता लगाकर उनके उपधर्मों का अध्ययन किया। इनके 'इण्डियन स्कूल ऑफ केमिस्ट्री' और 'इण्डिया केमिकल सोसाइटी' की स्थापना के फलस्वरूप भारत में रसायनशास्त्र के विकास को आधारभूत योगदान प्राप्त हुआ।

सन् 1911 में ब्रिटिश सरकार द्वारा इन्हें 'कम्पेनियन ऑफ द ऑर्डर ऑफ इण्डियन एम्पायर' की उपाधि से सम्मानित किया गया। प्रथम विश्व युद्ध के उपरान्त उन्हें 'सर' की उपाधि मिली। प्रेसीडेन्सी कॉलेज से सेवानिवृत्ति के बाद उन्हें कलकत्ता विश्वविद्यालय के विज्ञान कॉलेज में रसायनशाला का निदेशक चुना गया। यहाँ उन्होंने अपना सम्पूर्ण वेतन प्रयोगशाला के विकास और रसायन में शोध-छात्रवृत्तियाँ देने में किया।

आचार्य राय ने कई औद्योगिक संस्थाओं की स्थापना की। इनमें 'बंगाल केमिकल एण्ड फार्मास्युकिल वर्क्स' विश्वविख्यात हैं। इसकी स्थापना में आचार्य जी ने अपनी पूरी पूँजी लगा दी। इनके परिश्रम से कुछ ही समय में यह एशिया की सबसे बड़ी अनुसन्धानशाला के रूप में विख्यात हुई। सन् 1944, 16 जून को उनका देहान्त हो गया।

प्रथनक (Transistor)–प्रथनक (ट्रान्जिस्टर) एक अर्धचालक युक्ति है जिसे मुख्यतः प्रवर्धक के रूप में प्रयोग किया जाता है। कुछ लोग इसे बीसवीं शताब्दी की सबसे महत्त्वपूर्ण खोज मानते हैं। प्रथनक का उपयोग अनेक प्रकार से होता है। इसे प्रवर्धक, स्विच, वोल्टेज नियामक (Regulator) संकेत न्यूनाधिक (सिग्नल माडुलेटर), थरथराने वाला (Oscillator) आदि के रूप में काम में लाया जाता है। पहले जो कार्य ट्रायोड से किये जाते थे वे अधिकांशतः अब प्रथनक के द्वारा ही किये जा रहे हैं।

प्रभाजी आसवन (Fractional Distillation)–प्रभाजी आसवन एक औद्योगिक प्रक्रिया है जिसके द्वारा किसी मिश्रण के अवयवों को अलग किया जाता है। यह आसवन की एक विशिष्ट विधि है। उदाहरण के लिये पेट्रोलियम से पेट्रोल, डीजल, केरोसिन एवं अन्य घटकों को इसी विधि से अलग किया जाता है।

प्रमात्रा उलझाव (Quantum Entanglement)–प्रमात्रा यान्त्रिकी में प्रमात्रा उलझाव उस स्थिति को कहतें हैं जब दो वस्तुओं के एक-दूसरे पर कोई भौतिक प्रभाव पड़ने के बाद उनको अलग करने पर भी उन दोनों की परिस्थिति में एक प्रमात्रा सम्बन्ध रहता है। यदि एक वस्तु के किसी क्वाण्टम गुण को मापा जाये तो दूसरी वस्तु उसी क्षण उससे विपरीत गुण धारण कर लेती है। मसलन अगर दो इलेक्ट्रॉनों में प्रमात्रा उलझाव पैदा करके उन्हें एक-दूसरे से मीलों दूर कर दिया जाये और फिर उनमें से एक का स्पिन (घूर्णन) मापा जाये तो दूसरे का स्पिन उसी क्षण उसका विपरीत हो जायेगा। विज्ञान यह साबित कर चुका है कि किसी इलेक्ट्रॉन में तब तक स्पिन पूरा नहीं होता जब तक ही मापा जाये। इसका अर्थ यह हुआ कि किसी अज्ञात प्रक्रिया के जरिये दूसरे विद्युदणु को ज्ञात हो जाता है कि पहले का स्पिन जाँचा गया है।

प्रमात्रा यान्त्रिकी (Quantum Mechanics)–प्रमात्रा यान्त्रिकी कुछ वैज्ञानिक सिद्धान्तों का एक समुच्चय है जो परमाणवीय पैमाने पर ऊर्जा एवं पदार्थ के ज्ञात गुणधर्मों की व्याख्या करते हैं। इसमें उप-परमाणु पैमाने पर जो प्रकाश और उप-परमाण्वीय कणों में तरंग-कण द्विरूप देखा जाता है, उसका गणित आधार सम्मिलित है। क्वाण्टम यान्त्रिकी में ऊर्जा और पदार्थ के गहरे सम्बन्ध का भी गणित आधार सम्मिलित है।

प्रमात्रा यान्त्रिकीय मापन (Measurement in Quantum Mechanics)—प्रमात्रा यान्त्रिकी के सन्दर्भ में मापन को सावधानी पूर्वक परिभाषित करने की आवश्यकता पड़ती है। प्रमात्रा यान्त्रिकीय मापन पारम्परिक मापन (क्लासिकल मेजरमेण्ट) से इस अर्थ में भिन्न है कि पारम्परिक मापन में वस्तुओं के गुणों का मापन पर प्रभाव नगण्य होता है जबकि प्रमात्रा यान्त्रिकी में सूक्ष्म वस्तुओं के गुणों का भी मापन पर प्रभाव पड़ता है।

प्रयोग (Experiment)—किसी वैज्ञानिक जिज्ञासा के समाधान के लिये उससे सम्बन्धित क्षेत्र में और अधिक आँकड़े एकत्र करने की आवश्यकता होती है। इन आँकड़ों की प्राप्ति के लिये जो कुछ किया जाता है उसे प्रयोग कहते हैं। प्रयोग, वैज्ञानिक विधि का प्रमुख स्तम्भ है। प्रयोग करना एवं आँकड़े प्राप्त करना इसलिए भी जरूरी है ताकि सिद्धान्त के प्रतिपादन में कहीं पूर्वाग्रह या पक्षपात आड़े न आ जाये।

किसी क्षेत्र के गहन अध्ययन एवं ज्ञान के लिये प्रयोग का बहुत महत्त्व है। प्राकृतिक एवं सामाजिक दोनों ही विज्ञानों में प्रयोग की प्रमुख भूमिका है। व्यावहारिक समस्याओं के समाधान में, कम ज्ञात क्षेत्रों के और अधिक जानकारी प्राप्ति के लिये, सैद्धान्तिक मान्यताओं की जाँच के लिये प्रयोग करने की जरूरत पड़ती रहती है। कुछ प्रयोग इसलिए नहीं किये जा सकते कि वे बहुत महँगे हो सकते हैं, बहुत भयंकर हो सकते हैं या उन्हें करना नैतिक दृष्टि से मान्य नहीं है।

प्रयोगाधारित सूत्र (Empirical Formula)—रसायन विज्ञान में किसी यौगिक का प्रयोगाधारित सूत्र वह सूत्र है जो बताता है कि उस यौगिक के अणु में कौन-कौन से परमाणु हैं तथा उन परमाणुओं की संख्या का सरलतम अनुपात क्या है। उदाहरण के लिए हेक्सेन का प्रयोगाधारित सूत्र C_3H_7 है जबकि उसका अणुसूत्र C_6H_{14} है।

प्रयोगाधारित सूत्र या इम्पिरिकल फॉर्मूला नाम इसलिए पड़ा है कि जिस विधि से ये सूत्र ज्ञात किये जाते हैं वह प्रयोग पर आधारित है और इसमें अणु में परमाणुओं का सापेक्षिक अनुपात ही पता चल पाता है, परमाणुओं की वास्तविक संख्या का पता नहीं चलता (जिसे किसी अन्य विधि द्वारा प्राप्त किया जाता है)।

प्रत्यास्थता (Elasticity)—यान्त्रिकी में प्रत्यास्थता पदार्थों के उस गुण को कहते हैं जिसके कारण उस पर वाह्य बल लगाने पर उसमें विकृति आती है परन्तु बल हटाने पर वह अपनी मूल स्थिति में आ जाता है। यदि वाह्यबल के परिमाण को धीरे-धीरे बढ़ाया जाय तो विकृति समान रूप से बढ़ती जाती है, साथ ही साथ आन्तरिक प्रतिरोध भी बढ़ता जाता है। किन्तु किसी पदार्थ पर एक सीमा से अधिक बल लगाया जाय तो उस वाह्य बल को हटा लेने के बाद भी पदार्थ पूर्णतः अपनी मूल अवस्था में

नहीं लौट पाता बल्कि उसमें एक स्थायी विकृति शेष रह जाती है। पदार्थ की इसी सीमा को प्रत्यास्थता सीमा कहते हैं। आंकिक रूप से स्थायी परिवर्तन लाने वाला, इकाई क्षेत्र पर लगने वाला, न्यूनतम बल ही प्रत्यास्थता सीमा कहलाता है। प्रत्यास्थता की सीमा पार कर चुके पदार्थ को सुघट्य कहते हैं। प्रत्यास्थता सीमा के भीतर, विकृति वस्तु में कार्य करने वाले प्रतिबल की समानुपाती होती है। यह एक प्रायोगिक तथ्य है एवं हुक के नियम के नाम से विख्यात है।

प्राकृतिक गैस (Natural Gas)–इस गैस की उत्पत्ति पृथ्वी में दबे हुए मृत जीवों एवं पेड़ पौधों के सड़ने-गलने से होती है। इस गैस के अन्तर्गत प्रोपेन, ईथेन तथा मीथेन आते हैं, यह एक जीवाश्म ईंधन है। प्राकृतिक गैस के भण्डार प्रायः पेट्रोलियम भण्डारों के निकट ही विद्यमान होते हैं। यह गैस भी दबे हुए मृत जीवों एवं पौधों ही के गलने-सड़ने से उत्पन्न होती है। प्राकृतिक गैस सबसे साफ जीवाश्म ईंधन है तथा इसे पाईप द्वारा प्राप्त किया जा सकता है। इसकी कैलोरिक क्षमता ऊँची (50 किलो जूल प्रति कि.ग्राम) होती है तथा यह धुआँ रहित है। इस समय विश्व में लगभग 80,450 ग्राम प्रति घन मीटर प्राकृतिक गैस के भण्डार मौजूद हैं। रूस के पास सर्वाधिक (40%), उसके बाद ईरान (14%) तथा संयुक्त राज्य अमेरिका (7%) के भण्डार हैं। भारत में तेल क्षेत्रों के निकट ही प्राकृतिक गैस भण्डार मिलते हैं। कुछ नए गैस भण्डार त्रिपुरा, जैसलमेर तथा मुम्बई के तटवर्ती क्षेत्रों तथा कृष्णा एवं गोदावरी डेल्टा में खोजे गये हैं।

प्राकृतिक गैस का इस्तेमाल घरों में ईंधन के रूप में होता है। बिजली पैदा करने के लिए इसका उपयोग ऊष्मीय विद्युत कारखानों में किया जाता है। खाद के उद्योग में, हाईड्रोजन को स्रोत के रूप में तथा टायर बनाने वाले उद्योग में, कार्बन के स्रोत के रूप में भी इसका प्रयोग होता है।

प्रांगार एकजारेय (Carbon Monoxide)–प्रांगार एकजारेय प्रांगार के एक परमाणु और जारक के एक परमाणु से मिलकर बना होता है। यह गैसीय अवस्था में पायी जाती है। मेथेन गैस में पानी मिलाने पर भी यह बनती है और हाइड्रोजन मुक्त करती है। यह एक जहरीली गैस है। यह लाल रक्त में हीमोग्लोबिन के साथ प्रारम्भ में क्रिया कर लेता है एवं श्वसन क्रिया को उल्टा कर देता है। यह शरीर के अन्दर जाये तो पहले दम घुटता है बाद में बेहोशी आती है और अन्त में मृत्यु हो जाती है। इसमें प्रांगार और जारक के मध्य तीन बन्ध होते है। इसमें प्रांगार होता है वर्जीलियस के अनुसार जिन यौगिक में प्रांगार होता है वह कार्बनिक यौगिक कहलाते हैं, लेकिन यह कार्बनिक यौगिक नहीं हैं, क्योंकि इसमें जैव बल नहीं होता और

इसके गुण अकार्बनिक यौगिकों से ज्यादा समानता रखते है। प्रांगार एकजारेय एक अकार्बनिक यौगिक है।

पार्थिव विकिरण (Terrestrial Reflection)—पूर्व ज्ञात है कि धरातल सौर विकिरण की विद्युत चुम्बकीय छोटी तंरगों को अवशोषित कर ऊष्मा में बदल देता है फिर धरातल से ऊष्मा का विकिरण दीर्घ तंरगों के रूप में वायुमंडल में हुआ करता है। पार्थिव विकिरण दिन-रात हुआ करता है। दिन में सूर्यातप की प्राप्ति होने से विकिरण के कारण ऊष्मा का कम क्षय होता है, जबकि रात्रि में धरातल से ऊष्मा का ज्यादा नाश होता है। यह ज्ञातव्य है कि पार्थिक विकिरण के लगभग 85% भाग को वायुमंडल अवशोषित कर लेता हैं इस प्रकार वायुमंडल को धरातल से ही अधिकतर ऊष्मा की प्राप्ति होती है। पार्थिव विकिरण के अवशोषण की इस क्रिया में कार्बन डाइऑक्साइड, जल-वाष्प, ओज़ोन आदि गैसें और धूल-कण भाग लेते हैं। इनमें जल-वाष्प का महत्त्व सबसे अधिक है। धरातल से वायु की परतों में ऊष्मा का विकिरण और उन परतों से पुनर्विकिरण ऊपर और नीचे दोनों ही ओर होता है। वायु की सबसे ऊपरी परत से कुछ ऊष्मा अन्तरिक्ष को पुनः लौटा दी जाती है। इस प्रकार पृथ्वी का तल जहाँ एक ओर सूर्यातप से ऊष्मा प्राप्त करता है, वहीं दूसरी ओर वायुमंडल और अन्तरिक्ष में उसका विकिरण भी करता है। आदान-प्रदान की इस प्रक्रिया के कारण ही धरातल द्वारा प्राप्त सौर ऊर्जा और विकिरण ऊर्जा में तालमेल बना रहता है।

प्रावस्था (Phase)—भौतिक विज्ञानों में प्रावस्था से तात्पर्य किसी ऊष्मा-गतिकीय प्रणाली के उस प्रक्षेत्र से है जिसमें पदार्थ के सभी भौतिक गुण अपरिवर्तित रहते हैं। घनत्व, परावर्तन गुणांक, रासायनिक संरचना आदि भौतिक गुणों के अन्तर्गत आते हैं।

प्रावस्था संक्रमण (Phase Transition)—प्रावस्था संक्रमण किसी ऊष्मागति की मंडल में उस प्रक्रिया को कहते हैं जिसमें कोई पदार्थ अपनी प्रकृति बदल लेता है। उदाहरण के लिए बर्फ एक ठोस वस्तु होती है लेकिन गरम करने पर अवस्था परिवर्तन करके पानी (द्रव) बन जाती है। अगर और गरम किया जाये तो यह फिर से परिवर्तित होकर भाप (द्रव) बन जाती है। कई गैसों को और भी उत्तेजित करने से वह प्लाज्मा का रूप धारण कर लेती है।

पेट्रोलियम (Petroleum)—यह विश्व अर्थव्यवस्था का आधार है। विश्व के 13 देश ऐसे हैं जिनके पास पेट्रोलियम भण्डारों का 67% भाग है। ये देश मिलकर OPEC (Organization of Petroleum Exporting Countries) नाम का संघ बनाते हैं। तेल के भण्डार का एक चौथाई भाग सऊदी अरब में स्थित है।

अगर पेट्रोलियम का उपयोग इसी दर से होता रहा तो विश्व के तेल भण्डार केवल 40 वर्षों में समाप्त हो सकते हैं। परन्तु कुछ आशावादी लोगों का विचार है कि विश्व में और भी तेल के भण्डार हैं जो अभी तक खोजे नहीं जा सके हैं। फिर भी यह भण्डार 40 वर्ष तक ही चल सकते हैं। कच्चा पेट्रोलियम ऐल्केन हाइड्रोकार्बनों का एक जटिल मिश्रण होता है। इसलिए इसे प्रभाजी आसवन (fractional distillation) द्वारा शुद्ध किया जाता है। इस विधि से अलग-अलग तापमान पर इसके संघटक अलग हो जाते हैं। इससे हमें बहुत से पदार्थ प्राप्त होते हैं, जैसे पेट्रोलियम गैस, मिट्टी का तेल, पेट्रोल, डीजल, चिकनाई का तेल, पैराफ़िन मोम, ऐस्फाल्ट एवं प्लास्टिक आदि।

कोयले की तुलना में पेट्रोलियम एक साफ ईंधन है। यह पूरी तरह ज्वलनशील है और कोई अवशेष नहीं छोड़ता। इसका परिवहन आसान है तथा इस्तेमाल करना भी। इसीलिए जीवाश्म ईंधनों में पेट्रोलियम को प्राथमिकता दी जाती है।

पेट्रोलियम और पारिस्थितिकीय समस्याएँ–

1. पेट्रोलियम उत्पादन में ओपेक देशों द्वारा कमी और उसका दाम बढ़ाये जाने की घोषणा के कारण विकासशील और अविकासित देशों के अर्थव्यवस्था पर बुरा पड़ रहा है। खनिज तेल आयात देश अपनी आवश्यकताओं की पूर्ति हेतु विदेशी कर्ज़ लेकर महँगे दर पर खनिज तेल खरीद रहे हैं और दूसरी तरफ कर्ज़ की अदायगी हेतु अपने कच्चे मालों को सस्ते दरों पर निर्यात कर रहे हैं, जिससे विकसित और विकासशील देशों के बीच आर्थिक खाई चौड़ी होती जा रही है और विश्व अर्थव्यवस्था में असंतुलन उत्पन्न होता जा रहा है।
2. खनिज तेल और प्राकृतिक गैस कुओं में कभी-कभी आग लगा दी जाती है अथवा अपने आप आग लग जाती है जिससे वायुमंडल प्रदूषित हो जाता है तथा यह प्रदूषण सीमावर्ती अन्य देशों को भी दुष्प्रभावित करता है। खाड़ी युद्ध के अन्तर्गत कुवैत के खनिज तेल कूपों में आग लगा दी गयी जिसका धुआँ वायुमंडल में पहुँच गया और पश्चिमी भारत तक वायु प्रदूषण का खतरा बढ़ गया है।
3. कहीं-कहीं समुद्री तल से खनिज तेल निकाला जाता है। ऐसे स्थानों में विस्फोट होने पर खनिज तेल की परत समुद्री जल पर फैल जाती है तथा अनेकों जीव-जन्तु मर जाते हैं।
4. भूगर्भ से जहाँ खनिज तेल निकाला जाता है वहाँ भूमि के नीचे धसकने की संभावना रहती है। केलीफोर्निया का विलमिंगटन तेल क्षेत्र 8 मीटर

नीचे धस गया है जिससे उस क्षेत्र को समुद्री फैलाव से रक्षा हेतु बाँध बनाया गया है।

उपरोक्त तथ्यों से स्पष्ट है कि खनिज तेल के कारण भी पारिस्थितिकीय समस्याएँ बढ़ती जा रही हैं।

प्रायिकता वेग (α) (Most Probable Velocity)—मैक्सवेल आरेख के उच्चिष्ठ के संगत वेग प्रायिकता वेग होता है अर्थात् गैस के सभी उपलब्ध अणुओं में से सर्वाधिक संख्या में अणु जिस वेग से विचरण करते हैं वह प्रायिकतम वेग कहलाता है।

मैक्सवेल समीकरण–

$$\frac{dn_c}{n.dc} = 4\pi\left(\frac{\mathrm{M}}{2\pi \mathrm{RT}}\right)^{\frac{3}{2}}.c^2 \; e^{\frac{-Mc^2}{2RT}}$$

का c के सन्दर्भ में अवकलन करने पर,

$$\frac{d\left(\frac{1}{n}.\frac{dn_c}{dc}\right)}{dc} = 4\pi\left(\frac{\mathrm{M}}{2\pi \mathrm{RT}}\right)^{\frac{3}{2}}.c^2$$

$$e^{\frac{-Mc^2}{2RT}}\left[2-\frac{\mathrm{M}c^2}{\mathrm{RT}}\right]$$

उच्चिष्ठ पर $c = \alpha$ तथा

$$\frac{d\left(\frac{1}{n}.\frac{dn_c}{dc}\right)}{dc} = 0$$

अतः $$4\pi\left(\frac{\mathrm{M}}{2\pi \mathrm{RT}}\right)^{\frac{3}{2}}.\alpha.e^{\frac{-M\alpha^2}{2RT}}\left[2-\frac{\mathrm{M}\alpha^2}{\mathrm{RT}}\right] = 0$$

अथवा $\left[2-\frac{\mathrm{M}\alpha^2}{\mathrm{RT}}\right] = 0$ क्योंकि

$$4\pi.\left(\frac{\mathrm{M}}{2\pi \mathrm{RT}}\right)^{\frac{3}{2}}\alpha.e^{\frac{-M\alpha^2}{2RT}} \neq 0$$

अथवा $\alpha^2 = \frac{2\mathrm{RT}}{\mathrm{M}}$

अथवा $\alpha = \sqrt{\frac{2\mathrm{RT}}{\mathrm{M}}}$

प्रो. नीलरत्नधर (Prof. Neel Ratnadhar)—प्रो. नीलरत्नधर सन् 1911 में रसायनशास्त्र में विशेष योग्यता के साथ उन्होंने बी० एस-सी० की डिग्री प्राप्त की। एम० एस-सी० में उन्होंने भौतिक रसायन विषय को चुना। इसके उपरान्त अपनी प्रतिभा के बल पर विदेश में उच्चतर अध्ययन के लिए उन्होंने छात्रवृत्ति प्राप्त की। सन् 1915 से 1919 तक वे अध्ययन हेतु ब्रिटेन और फ्रान्स में रहे। सन् 1916 में लन्दन की 'केमिकल सोसाइटी' के फेलोशिप में इनका निर्वाचन हुआ। सन् 1917 में लन्दन विश्वविद्यालय ने उन्हें रसायन में 'डॉक्टरेट ऑफ साइंस' की उपाधि प्रदान की। इसी वर्ष वे लन्दन के रॉयल इन्स्टीट्यूट ऑफ केमिस्ट्री के फेलो बन गये। 1919 में डॉ० धर

भारतीय शिक्षा सेवा में शामिल हो गये। इस प्रकार वे इलाहाबाद विश्वविद्यालय की रसायनशास्त्र की प्रयोगशाला के प्रोफेसर संचालक बन गये। उनके अनुसन्धानों में प्रमुख इस प्रकार हैं–

1. कृषि उत्पादन के लिए भूमि और मिट्टी की उर्वरकता।
2. मिट्टी में नाइट्रोजन के स्थिरीकरण पर प्रकाश का प्रभाव।
3. मिट्टी में नाइट्रोजन और फॉस्फोरस की मात्राओं का अध्ययन और उनके प्रभाव।
4. कृत्रिम खाद की अपेक्षा प्राकृतिक खाद का अधिक उपजाऊपन।
5. वायु में नाइट्रोजन की स्थिरीकरण के लिए कृषि विज्ञान में तकनीकी का विकास।
6. जलकुम्भी और लौह स्लेग से पौधों के लिए नाइट्रोजन की उपलब्धि।
7. गोबर का पोषक तत्त्व उपलब्ध करने में महत्त्व के साथ-साथ वायुमण्डल में नाइट्रोजन के स्थिरीकरण में सहायक होना तथा खेत की उर्वरक-शक्ति में वृद्धि करने में योगदान।

प्रेरित द्विध्रुव अन्तराणुविक आकर्षण बल (Induced Dipole Intermolecular Forces of Attraction)–इन बलों की उपस्थित पूर्णतया सहसंयोजक प्रकृति के द्रव अणुओं के मध्य सर्वप्रथम 1930 में फ्रिज्म लंदन द्वारा की गयी है। इसके अनुसार इन द्रव अणुओं में परमाणुओं के कम्पनों के कारण उनमें निश्चित मात्रा का दुर्बल अघूर्ण पाया जाता है जिसे प्रेरित द्विध्रुव आघूर्ण भी कहते हैं। इसके कारण द्रव अणुओं के मध्य लगने वाली आकर्षण ऊर्जा की मात्रा $E_D = \frac{3I\alpha^2}{4r^6}$ होती है जहाँ –ve चिह्न प्राप्त ऊर्जा अथवा आकर्षण ऊर्जा कहलाती है। I = सहसंयोजक अणु की आयनन ऊर्जा है। α = सहसंयोजक अणु में ध्रवणता की मात्रा है तथा r = अन्तराणुक दूरी है।

ये अन्तराणुक आकर्षण बल दुर्बलतम होते हैं। इन बलों का कारण सहसंयोजक अणुओं में परमाणुओं का निश्चित आवृत्ति के कम्पन करना भी होता है। इस कारण इन बलों की सामर्थ्य $E = \frac{-3h\,vh^2}{4r^6}$ से भी गणना कर सकते हैं।

जहाँ v कम्पनों की आवृत्ति है तथा h प्लांक स्थिरांक है।

प्रोटीन का चयापचय (Metabolism of Protein)–आहार लेते दौरान ली गयी प्रोटीन में करीब-करीब एक प्रकार की अमीनो एसिड विद्यमान होती है जिसकी हमें आवश्यकता होती है। शेष अमीनो एसिड को अनावश्यक अमीनो एसिड कहा जाता है। शरीर में बहुत से ऊतकों द्वारा इनका निर्माण होता है। पाचन के परिणामस्वरूप भोजन में प्रोटीन अपने घटकों, अमीनो एसिडों में बदल जाता है। जो छोटी

आँत की भित्तियों में विद्यमान अंकुरों से अवशोषित होकर उन्हें भीतर विद्यमान रक्त कोशिकाओं के रक्त में मिल जाते हैं और रक्त के साथ पहले पोर्टल शिरा द्वारा यकृत में पहुँचते हैं और फिर यकृत से सामान्य रक्त परिसंचरण के अन्तर्गत प्रवेश कर जाते हैं। जिसके कारण ये शरीर की सभी कोशिकाओं एवं ऊतकों के उपयोग के लिए उन्हें उपलब्ध हो जाते हैं। इन उपलब्ध अमीनो एसिडों में से शरीर की विभिन्न प्रकार की कोशिकाएँ अपने विशिष्ट प्रकार के ऊतक की वृद्धि और उसकी मरम्मत के लिए तथा अपने स्रावों जैसे एन्टीबॉडियों, एन्जाइमों तथा हार्मोन के निर्माण के लिए विशेष अमीनो एसिडों का चयन कर लेती है जिनका उपयोग हो जाता है। इसी समय शरीर के ऊतकों में होने वाली क्षति की वजह से उनकी प्रोटीन अमीनो एसिड में परिवर्तित हो जाती है। शरीर में ऊतक कोशिकाओं की प्रोटीन के परिवर्तित अमीनो एसिड को अन्तर्जात अमीनो एसिड कहा जाता है। इसके विपरीत भोजन के साथ ग्रहण की गयी प्रोटीन के पाचन के परिणामस्वरूप उत्पन्न अमीनो एसिड को बहिर्जात अमीनो एसिड के नाम से सम्बोधन करते हैं। एक सामान्य वयस्क को प्रतिदिन लगभग 100 ग्राम प्रोटीन की आवश्यकता होती है। प्रोटीन शरीर में संचित नहीं होती। अन्तर्जात एवं बहिर्जात दोनों प्रकार के अमीनो एसिडों से शरीर में एक अमीनो एसिड कुण्ड बन जाता है। जिनसे शरीर की कोशिकाएँ अपनी आवश्यकतानुसार अमीनो एसिड ग्रहण कर लेती हैं, जब कोशिकाओं को ऊतकों की वृद्धि या उनकी मरम्मत के लिए अमीनो एसिडों की जरूरत नहीं पड़ती तो शेष अमीनो एसिड यकृत में विएमिनीकरण द्वारा नाइट्रोजनी तथा अनाइट्रोजनी तत्त्वों में परिवर्तित हो जाते हैं। इन तत्त्वों के अन्तर्गत प्रमुख तौर पर अमोनिया पायी जाती है। जो यूरिया में परिवर्तित हो जाती है। यूरिया मूत्र में उत्सर्जित हो जाता है। अनाइट्रोजनी भाग में कार्बन, हाइड्रोजन एवं आक्सीजन का समावेश होता है जो शरीर के लिए ऊर्जा एवं ऊष्मा के उत्पादन में प्रयुक्त हो जाते हैं। कुछ प्रोटीन मल के साथ विसर्जित हो जाते हैं। जिसमें पाचक नली के अस्तर की झड़ी हुई कोशिकायें पायी जाती हैं।

जब आहार या भोजन में प्रोटीन की मात्रा कम होती है तब न केवल कार्बोहाइड्रेट एवं वसा के भण्डार ही खाली होते हैं बल्कि शरीर में प्रोटीन का अभाव पाया जाता है जिनके कारण शरीर की पेशियां समाप्त या शून्य हो जाती हैं तथा शरीर कमजोर हो जाता है।

अमीनो एसिड कुण्ड में अन्तर्जात एवं बहिर्जात अमीनो एसिड मिश्रित हो जाते हैं और शरीर उस समय नाइट्रोजन सन्तुलन में होना माना जाता है जब कुण्ड से नाइट्रोजन के निकलने की

गति उसमें नाइट्रोजन के मिलने की गति के बराबर होती है। एक स्वस्थ वयस्क में उत्सर्जित नाइट्रोजन की मात्रा ग्रहण की गयी नाइट्रोजन की मात्रा के बराबर होती है क्योंकि नाइट्रोजन (प्रोटीन) कार्बोहाइड्रेट एवं वसा की तरह शरीर में एकत्रित नहीं होती है। गम्भीर रोगों में तथा उपवास की अवस्था में शरीर में नाइट्रोजन शेष नहीं रहती अर्थात् ग्रहण की गयी नाइट्रोजन से अधिक नाइट्रोजन विसर्जित हो जाती है। बच्चों में ग्रहण की गयी नाइट्रोजन विसर्जित नाइट्रोजन से अधिक होती है। ऐसा बच्चों में विभिन्न ऊतकों की वृद्धि होने के कारण होता है।

प्रोटॉन (Proton)–प्रोटॉन एक धनात्मक विद्युत आवेशयुक्त मूलभूत कण है, जो परमाणु के नाभिक मेन्यूट्रॉन के साथ पाया जाता है। इसे P प्रतीक या चिह्न द्वारा दर्शाया जाता है। इस पर 1-602E-19 कूलाम्ब का धनावेश होता है। इसका द्रव्यमान 1-6726E-27 किग्रा होता है जो इलेक्ट्रॉन के द्रव्यमान के लगभग 1837 गुना है। प्रोटॉन तीन प्राथमिक कणों दो अप-क्वार्क और एक डाउन-क्वार्क से मिलकर बना होता है। स्वतन्त्र रुप से यह हाइड्रोजन आयन H^+ के रुप में पाया जाता है।

प्रोपेन (Propane)–प्रोपेन एक हाइड्रोकार्बन है। यह एक अल्केन है।

प्रोपीन (Propene))–यह ज्वलनशील, रंगहीन हाइड्रोकार्बन है। यह पेट्रोलियल के भंजन से प्राप्त होने वाली गैसों में से एक गैस है।

प्रोपाइन (Propine)– ($CH_2C{=}Ch$) यह रंगहीन गैस, क्वथनांक -24°, ऐल्कोहॉल और ईथर में विलेय तथा पानी में अविलेय।

प्रेक्षण (Observation)–किसी सजीव प्राणी (जैसे मानव) द्वारा अपने ज्ञानेन्द्रियों के द्वारा अथवा किसी अन्य कृत्रिम उपकरण (जैसे बहुमापी) द्वारा वाह्य जगत् का ज्ञान प्राप्त करना प्रेक्षण कहलाता है। प्रेक्षण की क्रिया में संकलित आंकड़ों को भी प्रेक्षण कहते हैं। प्रेक्षण वैज्ञानिक विधि का प्रमुख अंग है।

पुनर्वसु आत्रेय–पुनर्वसु आत्रेय अत्रि ऋषि की सन्तान और भारद्वाज के शिष्य थे। यह आयुर्वेद चिकित्सा विज्ञान के महान विद्वान और योग्य अध्यापक थे। उनका 465001 श्लोकों का ग्रन्थ 'आत्रेय संहिता' चिकित्सा विज्ञान के वृहद् ज्ञान-कोश के रूप में सबसे प्रसिद्ध ग्रन्थ है। उन्होंने हवा, मिट्टी और ऋतु का विभित्र परिस्थितियों में होने वाले पारस्परिक प्रभावों का भी पता लगाया। इन्होंने खट्टे, मीठे और कसैले स्वाद के शरीर पर पड़ने वाले रासायनिक प्रभावों का अध्ययन किया। सर्वप्रथम आत्रेय ने पानी में अनेक औषधीय तत्त्वों के विद्यमान होने का ज्ञान संसार को कराया तथा गर्म और ठण्डे पानी के प्रभावी का भेद स्पष्ट किया। इसी प्रकार उन्होंने

विभिन्न पदार्थों, जैसे–दूध, गन्ना, चावल आदि से निर्मित मदिराओं के स्वास्थ्य एवं चिकित्सा सम्बन्धी प्रयुक्तियों का अध्ययन किया।

प्लूटोनियम (Plutonium)–प्लूटोनियम एक दुर्लभ ट्रांसयूरेनिक रेडियोधर्मी तत्त्व है। इसका रासायनिक चिह्न च और परमाणु भार 94 होता है। प्लूटोनियम के छः रूप होते हैं। यह एक ऐक्टिनाइड तत्त्व होता है जो कि दिखने में रुपहले श्वेत (सिल्वर व्हाइट) रंग का होता है।

प्लूटोनियम-238 (Plutonium - 238)–प्लूटोनियम-238, प्लूटोनियम का एक रेडियोधर्मी समस्थानिक होता है इसकी अर्धायु 87.7 वर्ष होती है।

प्लूटोनियम-239 (Plutonium - 239)–प्लूटोनियम-239 प्लूटोनियम का एक समस्थानिक होता है इसकी अर्धायु काल 24,110 वर्ष होती है।

प्लूटोनियम-240 (Plutonium-240)–प्लूटोनियम-240 प्लूटोनियम का एक समस्थानिक होता है इसकी अर्धायु 6563 वर्ष होती है।

प्लूटोनियम-241 (Plutonium - 241)–प्लूटोनियम-241 प्लूटोनियम का एक समस्थानिक होता है इसकी अर्धायु काल 14 वर्ष होती है।

प्लूटोनियम-242 (Plutonium - 242)–प्लूटोनियम-242 प्लूटोनियम का एक समस्थानिक होता है इसका अर्धायु काल 24,110 वर्ष होती है।

प्लूटोनियम-244 (Plutonium - 244)–प्लूटोनियम-244 प्लूटोनियम का एक समस्थानिक होता है इसका अर्धायु काल 8 करोड़ वर्ष होती है।

फ

फर्मियोनिक कंडन्सेट (Fermionic Condensate)—फर्मियान कणों को अति निम्न तापमान पर रखने से फर्मियोनिक कंडन्सेट बनता है। यह एक अतिद्रव प्रावस्था है।

फ़ास्फ़ोरस (Phosphorus)—फ़ॉस्फ़ोरस एक रासायनिक तत्त्व है। यह शब्द ग्रीक (यूनानी) भाषा के फ़ॉस (प्रकाश) तथा फ़ोरस (धारक) से मिलकर बना है जिसका शाब्दिक अर्थ है प्रकाश का धारक। ये फ़ॉस्फेट चट्टानों में पाया जाता है। इसकी संयोजकता 1, 3 और 5 होती है। तत्त्वों की आवर्त सारणी में ये भूयाति के समूह में आता है। फ़ॉस्फ़ोरस एक अभिक्रियाशील तत्त्व है। इस कारण ये मुक्त अवस्था में नहीं पाया जाता है। कुछ खनिजों में धातुओं के फ़ॉस्फेट मिलते हैं। पशुओं की हड्डियों में 56% कैल्शियम फ़ॉस्फेट पाया जाता है। जन्तुओं तथा पौधों के लिए यह एक अनिवार्य तत्त्व है। इसका अस्तित्त्व कई जैव अवयवों में मिलता है।

खाद, मोटर वाहन, जहाज क्षय रोकने वाले रसायन आदि इसके स्रोत हैं। त्वचा में जलन, विषैला असर, नाड़ी संस्थान को हानि आदि इसके दुष्प्रभाव हैं।

फॉस्फोरस चक्र (Phosphorus Cycle)—फ़ॉस्फ़ोरस का स्रोत चट्टान, जीवाश्म आदि हैं जिनका दोहन उर्वरक के लिए हो रहा है। किसान फ़ॉस्फ़ोरस का अधिकतम उपयोग करते हैं। अधिकतर फ़ॉस्फ़ोरस जलवाह के साथ घुलकर नदियों और झीलों में जा मिलता है जिसके कारण 'यूट्रोफिकेशन' की समस्या सामने आती है। जलवाह के साथ एक महत्त्वपूर्ण भाग महासागरों की गहराई में पहुँचकर अवसाद के रूप में जमा हो जाता है तथा पुनः चक्रण के लिए उपलब्ध नहीं होता है। फ़ॉस्फेट चट्टानों के सीमित भण्डारों का दोहन इस दशा में और भी बढ़ा है। इस प्रकार जहाँ मनुष्य फ़ॉस्फ़ोरस चक्र को अचक्रिय बनाकर प्रभावित कर रहा है वहीं दूसरी ओर समुद्री पक्षी फ़ॉस्फ़ोरस चक्रण को चक्रिय बनाये रखने में महत्त्वपूर्ण भूमिका अदा करते हैं। ये पक्षी समुद्री मछलियों को खाते हैं जो फ़ॉस्फ़ोरस से समृद्ध हैं। इन पक्षियों का मल फ़ॉस्फ़ोरस को, महासागरों की गहराई से जमीन तक पहुँचाने में सहायक सिद्ध हो रहा है। पेरू के समुद्र तट पर बने 'गुआनो' अवसाद इसका उदाहरण है और फ़ॉस्फ़ोरस का समृद्ध स्रोत भी।

फोस्फोरीलेशन (Phosphorelation)– आरनन के मतानुसार प्रकाश क्रिया मुख्य रूप से (एडिनोसाइन ट्राई फोस्फेट) निर्माण से सम्बन्धित है। $NADPH_2$è NADP के अवकरण से बनता है। NADP को TPN भी कहते हैं। एटीपी एक प्रकाश ऊर्जा अणु है जो एडीपी में एक फ़ास्फ़ेट ग्रुप के जुड़नें से बनता है तथा इस क्रिया को फ़ोस्फ़ोरीलेशन कहते हैं। एडीपी के फ़ोस्फ़ोरीलेशन में प्रकाश ऊर्जा की आवश्यकता होती है अतः इसे फोटो-फ़ोस्फ़ोरीलेशन भी कहते हैं। यह भी एक जटिल क्रिया है तथा आरनन के अनुसार प्रकाश प्रक्रिया दो प्रक्रमों में होती है।

अयुग्म फोटो-फोस्फोरीलेशन तथा युग्म फोटो-फोस्फोरीलेशन अयुग्म फोटो-फोस्फोरीलेशन में पानी के अपघटन के कारण इलेक्ट्रोन निरन्तर प्राप्त होते है तथा फोटो-फोस्फोरीलेशन की क्रिया पर क्लोरोफिल में प्रकाश ऊर्जा से एटीपी का निर्माण होता रहता है। इस प्रकार क्लोरोफिल 'a' के सक्रिय होने पर फेरेडोक्सिन इलेक्ट्रान ग्राही का कार्य करती है जिसे एनएडीपी नामक co-enzyme को देता है जिसमें एनएडी पानी द्वारा मुक्त की गयी हाइड्रोजन को पकड़ कर $NADPH_2$ में परिवर्तित हो जाता है।

$$24H_2O \rightarrow 24OH + 24H$$

$$12NADP + 24H \rightarrow 12NADPH_2$$

$$24OH \rightarrow 12H_2O + 6O_2$$

इस प्रकार पानी में विघटन में हुए मुक्त इलेक्ट्रॉन क्लोरोफिल 'इ' को उत्तेजित कर उच्च ऊर्जा स्तर पर पहुँच जाते हैं तथा ये इलेक्ट्रॉन फिर किस प्रकार क्लोरोफिल 'a' को प्राप्त होते हैं, पूर्ण रूप से ज्ञात नहीं है लेकिन ऐसा विश्वास किया जाता है कि प्लास्टोकविनोन नामक इलेक्ट्रोन ग्राही इन इलेक्ट्रोनों को पकड़ लेता है जो साइटोक्रोम द्वारा पुनः क्लोरोफिल 'a' में पहुँच जाते हैं। इसमें साथ-साथ एटीपी का भी निर्माण होता है। `

युग्म फोटो-फ़ोस्फ़ोरीलेशन की क्रिया में सूर्य के प्रकाश से क्लोरोफिल 'a' सक्रिय होकर इलेक्ट्रॉन को बाहर की ओर फैंकता है जो क्लोरोफिल में उपस्थित फैरीडाक्सीन द्वारा पकड़ लिये जाते हैं। यही इलेक्ट्रोन मुक्त होकर प्लास्टोक्वीनोन नामक इलेक्ट्रोन ग्राही द्वारा पकड़ लिया जाता है। इस क्रिया के मध्य में एडीपी, एटीपी में परिवर्तित हो जाता है तथा इलेक्ट्रोन पुनः मुक्त होकर साइटोक्रोम विकर से होकर क्लोरोफिल 'a' में वापिस पहुँच जाता है। इस क्रिया में भी एडीपी, एटीपी में परिवर्तित हो जाता है। इस क्रिया में बाहरी इलेक्ट्रोन प्रयोग नहीं होता तथा क्लोरोफिल से इलेक्ट्रोन निकलकर पुनः वहीं वापिस आ जाता है। इस प्रकार अयुग्म और युग्म प्रक्रियाओं द्वारा पानी विघटित हो जाता है जिससे ऑक्सीजन गैस स्वतन्त्र हो जाती है तथा हाइड्रोजन, हाइड्रोजन ग्राही एनएडीपी द्वारा पकड़ ली जाती है तथा साथ ही साथ ऊर्जा भी वर्गीत हो जाती है जिसका प्रयोग रासायनिक प्रक्रिया या अप्रकाशीय प्रतिक्रिया में होता है।

फॉरेन्हाइट (Fahrenheit)–फॉरेन्हाइट तापमान मापने का एक पैमाना है। इस पैमाने के अनुसार पानी, सामान्य दबाव पर 32 डिग्री फॉरेन्हाइट पर जमता है और 212 डिग्री फॉरेन्हाइट पर उबलता है। परम्परागत बुखार मापने के लिये प्रयुक्त थर्मामीटर में इसी पैमाने का प्रयोग होता है। यदि किसी व्यक्ति के शरीर का तापमान 98 डिग्री से ज्यादा हो जाता है तो वह ज्वर पीड़ित होता है। यह पैमाना दैनिक वातावरणीय तथा अन्य कामों में भी प्रयुक्त होता है।

फ़ॉर्मिक अम्ल एक कार्बनिक यौगिक है। यह लाल चींटियों, शहद की मक्खियों, बिच्छू तथा बर्रों के डंकों में पाया जाता है। इन कीड़ों के काटने या डंक मारने पर थोड़ा अम्ल शरीर में प्रविष्ट हो जाता है, जिससे वह स्थान फूल जाता है और दर्द करने लगता है। पहले पहल लाल चींटियों (लैटिन नाम फ़ॉर्मिका) को पानी के साथ गरम करके, उनका सत खींचने पर उसमें फ़ार्मिक अम्ल मिला पाया गया इसीलिए अम्ल का नाम फ़ॉर्मिक पड़ा। इसका उपयोग रबड़ जमाने, रँगाई, चमड़ा तथा कार्बनिक संश्लेषण में होता है।

फिल्टरन (छानना) (Filter)–यह वह क्रिया है जिसमें जल तथा निलम्बित पदार्थ को एक-दूसरे से अलग करने के लिए जल को सरंध्र पदार्थ से गुजारा जाता है। प्रायः मझोले आकार की बालू, एंथ्रासाइअ कोयला, डायटमी मृदा या ऐसे ही अन्य पदार्थ प्रयुक्त होते हैं। बालू के छन्ने दो प्रकार के होते हैं–त्वरित छन्ने और मन्द छन्ने के ऊपर जम जाने वाले ठोस पदार्थों को निकालते रहने की आवश्यकता होती है (प्रतिमास) जिससे छन्ने के छेद बन्द न हो जायें। ऐसे छन्नों के लिए काफ़ी स्थान की आवश्यकता होती है।

जल में से सूक्ष्मजीवों को हटाने के लिए इस्पात के फैबिक वाले छन्ने काम में लाये जाते हैं। इन्हें सूक्ष्म छन्ने कहते हैं। छन्ने के ऊपर ऊर्णन-क्रिया को प्रोत्साहन मिलता है। छन्ने में यह गुण होना चाहिए कि वह ऊर्णों को गुजरने न दे, उसे सरलता से साफ किया जा सके और उसमें बाह्य गंदगी न हो।

स्वच्छ जल प्राप्त करने तथा जल में से जीवाणुओं को हटाने के लिए फ़िल्टन एक आवश्यक क्रिया है। प्राकृतिक फिल्टरन भी महत्त्वपूर्ण है और भौम जल इसी विधि से प्राप्त होता है।

फिटकरी (Alum)–फिटकरी, एक रंगहीन, क्रिस्टलीय पदार्थ है। साधारण फिटकरी का रासायनिक नाम पोटेशियम एल्युमिनियम सल्फेट होता है। इम्पीरिकल सूत्र वाले सामान्य यौगिकों को एलम नाम से जाना जाता है।

ब

बॉयल का नियम (Boyle's Law)– किसी निश्चित ताप पर गैस की दी हुई मात्रा का आयतन उसके दाब के व्युत्क्रमानुपाती होता है।

अर्थात् $V \alpha \frac{1}{P}$

अथवा $V = \frac{K}{P}$

अथवा PV = नियत

बन्ध ऊर्जा (Bond Energy)–एक बन्ध निर्माण में जितनी ऊर्जा मुक्त होती है या इस बन्ध को तोड़ने में जितनी ऊर्जा प्रयुक्त होती है, उसे बन्ध ऊर्जा कहते हैं। इसकी इकाई कि. कै./मोल है। बन्ध निर्माण में ऊर्जा का निकास होता है क्योंकि परमाणु एक स्थायी विन्यास में आकार अणु बनाते हैं तथा बन्ध विघटन में सदैव ऊर्जा की आवश्यकता होती है क्योंकि स्थायी बन्ध टूटकर दो उदासीन मूलक बनाते हैं। बन्ध ऊर्जा दो प्रकार की होती है–

(a) बन्ध वियोजन ऊर्जा (Bond Dissociation Energy) (D)–किसी यौगिक के एक बन्ध को तोड़ने में जितनी ऊर्जा प्रयुक्त होती है, बन्ध वियोजन ऊर्जा (D) कहलाती है। उदाहरण के लिए हाइड्रोजन अणु को परमाणुओं में तोड़ने के लिए 104 कि.कै./मोल ऊर्जा की आवश्यकता होती है।

$$H\text{-}H \rightarrow 2H\bullet$$

D = 104 कि.कै./मोल

अतः H_2 अण के लिए बन्ध वियोजन ऊर्जा का मान 104 किलोकैलोरी/मोल है। इसी प्रकार गैसीय अवस्था में जल के अणु के प्रथम H-O बन्ध की वियोजन ऊर्जा 118 कि.कै./मोल तथा द्वितीय H–O बन्ध की वियोजन ऊर्जा 100 कि.कै./मोल है।

$H—\ddot{\underset{\cdot\cdot}{O}}—H \rightarrow H—\cdot\ddot{\underset{\cdot\cdot}{O}}\cdot + \bullet H$ D = 118 कि.कै./मोल

$H—\cdot\ddot{\underset{\cdot\cdot}{O}}\cdot \rightarrow \cdot\ddot{\underset{\cdot\cdot}{O}}\cdot + H\bullet$ D = 100 कि.कै./मोल

(b) बन्ध ऊर्जा (Bond Energy) (E)– बहुपरमाण्वीय अणु के विभिन्न बन्धों की वियोजन ऊर्जाओं का औसत उसकी बन्ध ऊर्जा कहलाती है। इसे E से व्यक्त किया जाता है उदाहरणार्थ, मेथेन में विभिन्न बन्धों की बन्ध वियोजन ऊर्जा नीचे दी गयी है–

$CH_4 \rightarrow CH_3 + H \quad D_1 = 102$ कि.कै./मोल

$CH_3 \rightarrow CH_2 + H \quad D_2 = 105$ कि.कै./मोल

$CH_2 \rightarrow CH + H \quad D_3 = 108$ कि.कै./मोल

$CH \rightarrow C + H \quad D_4 = 83$ कि.कै./मोल

अतः C–H बन्ध के लिए बन्ध ऊर्जा का मान होगा–

$$E_{C\text{-}H} = \frac{D_1 + D_2 + D_3 + D_4}{4}$$

$$= \frac{398}{4} = 99.5 \text{ कि.कै./म}$$

$$= \frac{398}{4} = 99.5 \text{ कि.कै./मोल}$$

बन्ध कोण (Bond Angle)–किसी अणु में दो सन्निकट या संलग्न बन्धों के मध्य का कोण बन्ध कोण कहलाता है और इसे एक्स-रे विवर्तन तथा सपेक्ट्रामिती विधि द्वारा ज्ञात किया जाता है। अणुओं की आकृति ज्यादातर बन्ध कोण पर निर्भर करती है। बन्ध कोणों का मान बन्ध में भाग लेने वाले परमाणुओं की प्रकृति तथा कक्षकों के संकरण पर निर्भर करता है। उदाहरणतः मेथेन अणु में sp^3 संकरण होता है तथा प्रत्येक बन्ध कोण का मान 109°28' होता है। एथिलीन और बेंजीन में sp^2 संकरण होता है और बन्ध कोण 120° का होता हैं इसी प्रकार CS_2, CO_2, H–C≡C—H रेखीय अणु हैं और बन्ध कोण 180° होता है। H_2O तथा NH_3 अणुओं में भी sp^3 संकरण होता है लेकिन एकाकी इलेक्ट्रॉन युग्म की उपस्थिति के कारण बन्ध कोण का मान 109°28' से घटकर क्रमश 104.5° तथा 107° हो जाता है।

बन्ध लम्बाई (Bond Length)–दो बन्धित परमाणुओं के नाभिकों के बीच की दूरी बन्ध लम्बाई कहलाती है। इसे ऐंग्स्ट्रम (Å) इकाई में प्रदर्शित करते हैं। पॉलिंग के अनुसार सहसंयोजक बन्ध की लम्बाई दो बन्धित परमाणुओं की सहसंयोजक त्रिज्या *(r)* के बराबर होती है।

$$\text{बन्ध लम्बाई}_{(A-B)} = r_A + r_B$$

उदाहरणार्थ, कार्बन और क्लोरीन की सहसंयोजक त्रिज्या *(r)* क्रमशः 0.77Å और 0.99Å हैं, अतः C—C बन्ध लम्बाई 0.77 + 0.77 = 1.54 Å और C—Cl बन्ध लम्बाई 0.77 + 0.99 = 1.76Å है। कुछ परमाणुओं की सहसंयोजक त्रिज्याएँ नीचे दर्शायी गयी हैं–

r_H = 0.37Å
r_{Br} = 1.14Å
r_C (एकल बन्ध) = 0.77Å
r_1 = 1.33Å
r_C (द्विबन्ध बन्ध) = 0.67Å
r_S = 1.04Å
r_C (त्रिबन्ध बन्ध) = 0.60Å
r_N = 0.74Å

बन्ध सामर्थ्य (Bond Strength) – बन्ध, कक्षकों के अतिव्यापन से बनते हैं अतः बन्ध सामर्थ्य, अतिव्यापन पर निर्भर करता है। σ- बन्ध में

अतिव्यापन एक स्थान पर केन्द्रित होता है एवं प्रभावी होता है फलस्वरूप σ- बन्ध एक मजबूत या प्रबल बन्ध होता है। π- बन्ध एक कमजोर या दुर्बल बन्ध होता है। यह बन्ध आसानी से टूट सकता है तथा युग्मित इलेक्ट्रॉन किसी भी परमाणु के पास जा सकते हैं: π- इलेक्ट्रॉन गतिशील होते हैं।

बॉक्साइट (Bauxite)—एल्युमीनियम एक हल्के भार वाली धातु है, जिसका अधिकतर उपयोग हवाई जहाज बनाने में किया जाता है। रेलगाड़ियों, मोटरों, बसों, कारों और बिजली के तारों के निर्माण में भी इसका उपयोग किया जाता है। इससे बनी वस्तुओं को जंग नहीं लगता। इसलिए ये वस्तुएँ बहुत समय तक प्रयोग में लायी जा सकती हैं। एल्युमीनियम का सर्वाधिक प्रयोग बर्तन तथा तार बनाने में किया जाता है। संसार में सबसे अधिक बॉक्साइड आस्ट्रेलिया में निकाला जाता है। भारत में बाक्साइट महाराष्ट्र, मध्य प्रदेश, छत्तीसगढ़ और झारखण्ड में पाया जाता है।

बादल या मेघ (Clouds)—पृथ्वी की सतह से विभिन्न ऊँचाईयों पर वायुमंडल में जल-वाष्प के संघनन से बने हिम कणों या जल सीकरों की राशि को मेघ (cloud) कहते हैं। धरातल से पानी का लगातार वाष्पीकरण होता रहता है। जल-वाष्प, जो पूर्णतया पारदर्शक और अदृश्य होती है, वायु में विलीन हो जाती है। आर्द्रतायुक्त वायु आरोहण एवं प्रसरण की प्रक्रियाओं द्वारा ठंडा होकर पूर्णतया संतृप्त हो जाती है। ओसांक के नीचे पहुँचने पर वायु में संघनन होने लगता है जिससे वायु में विद्यमान जलवाष्प पानी की अत्यन्त सूक्ष्म बिन्दुकाओं में परिणत हो जाती है। वायुमंडल की ऊपरी परतों में संघनित जलवाष्प को ही हम भू-पृष्ठ से बादल के रूप में देखते हैं।

शुरू में पानी की बिन्दुकाओं का आकार इतना लघु है कि वे हवा में तैरती रहती हैं। परन्तु विभिन्न प्रक्रियाओं के कारण जब उन बूँदों का आकार बड़ा हो जाता है, तब वायु की तरंगें उन्हें रोक नहीं सकती और वे धरातल पर गिर पड़ती है; इसी को हम वर्षा कहते हैं बूँदों के आकार और वायुमंडल की जिन परतों में से होकर ये बूँदें गिरती हैं उनके तापमान के आधार पर वर्षा के अनेक प्रकार होते हैं जैसे—फुहार, जल-वृष्टि, हिम-वृष्टि या उपल-वृष्टि आदि। वाष्पीकरण की प्रक्रिया से प्रारम्भ होकर वृष्टि की प्रक्रिया तक जलीय-चक्र पूरा हो जाता है, और बादल इस चक्र की एक महत्त्वपूर्ण कड़ी है। वायुमंडल में बनने वाले मेघ केवल वृष्टि से ही नहीं, बल्कि जलवायु के एक महत्त्वपूर्ण घटक के रूप में भी उल्लेखनीय हैं। इनके कई प्रमुख पक्ष होते हैं जैसे—इनकी आकार, ऊँचाई, संघटन, रंग, निर्माण-विधि या विघटन आदि। उपर्युक्त विशेषताओं का विवरण इतना

कठिन है कि उन्हें यहाँ प्रस्तुत करना अपेक्षित नहीं समझा गया। जलवायु की दृष्टि से मेघों का काफ़ी ज्यादा महत्त्व है।

बलुआ पत्थर (Sandstone)– कीमती पत्थरों में बलुआ पत्थर सर्वप्रमुख है। यह पत्थर न बहुत अधिक कड़ा और न ही अधिक नरम होता है जिससे यह शीघ्र क्षय होने वाला भी नहीं होता है। इसके अतिरिक्त बलुआ पत्थर परतदार भी होता है। अतः इसकी पतली-पतली पट्टियाँ आसानी से बनायी जा सकती हैं। सबसे उत्तम बलुआ पत्थर वह गिना जाता है, जिसमें अवसादी जमावों के अतिरिक्त अन्य पदार्थ बहुत कम हों। इनके अतिरिक्त इमारतों की छतों के पाटने में खपरैल की जगह स्लेट भी काम आती है। चिकनी या केओलीन मिट्टी से भी भूगर्भ में कायान्तरण द्वारा स्लेट भी काम आती है। चिकनी या केओलीन मिट्टी से ही भूगर्भ में कायान्तरण द्वारा स्लेट बनती है।

प्रथम कल्प के आरम्भ में बने हुए विन्ध्याचल पर्वत के बालू और चूने के पत्थरों का मध्य प्रदेश एवं उत्तर प्रदेश की इमारतों में बहुत उपयोग हुआ है। इस पर्वत में बालू के लाल पत्थर का बड़ा भारी जमाव है, जो इमारतों के लिए अति उत्तम प्रमाणित हुआ है। मिर्जापुर, चुनार, कटनी, इन्दौर, ग्वालियर, बूँदी, बाँधवगढ़ तथा भीलवाड़ा इत्यादि अनेक स्थानों पर इस पत्थर की खानें हैं। पश्चिम बंगाल और उसके पास के कोयले के क्षेत्रों में गोंडवाना काल के बालू के पत्थरों की ही इमारतें बनायी जाती हैं। गुजरात में जूनागढ़ और पोरबन्दर का चूने के पत्थर तथा धारंगध्रा का बालू के पत्थर ही अधिक प्रचलित हैं। राजस्थान के पश्चिमी भागों में लाल इमारती पत्थर तथा दक्षिणी-पूर्वी भागों में अरावली से प्राप्त बलुआ एवं चूने के पत्थर ही इमारतें बनाने में उपयुक्त होते हैं। विभिन्न राज्य में अलग-अलग किस्म के कीमती पत्थर पाये जाते हैं, जिससे बहुमंजली इमारतों का निर्माण होता है।

बेंजीन (Benzene)–धूपेन्य (बेंजीन) हाइड्रोकार्बन है। कोयले के शुष्क आसवन से अलकतरा तथा अलकतरे के प्रभाजी आसवन से धूपेन्य बड़ी मात्रा में तैयार होता है। प्रदीपन गैस से प्राप्त तेल से फैराडे ने 1825 ई. में सर्वप्रथम इसे प्राप्त किया था। मिटशरले ने 1834 ई. में बेंजोइक अम्ल से इसे प्राप्त किया और इसका नाम धूपेन्य रखा। अलकतरे में इसकी उपस्थिति का पता पहले पहल 1845 ई. में हॉफमैन ने लगाया था। जर्मनी में धूपेन्य को बेंजोल कहते हैं।

बेन्जपायरीन (Benzapyrene)– यह तम्बाकू, धूम्रपान, धुएँ और गैसोलीन निसारण से निकलती है। यह अत्यन्त विषैली है। यह कैंसर का भी कारण है।

बहुलकीकरण **(Polymerisation)**–कार्बनिक रसायन में प्रारम्भ से ही उस विधि को जिसमें यौगिक पदार्थ के दो या अधिक अणु मिलकर एक दूसरा ऐसा अणु या बहुलक बनाये जिसका प्रतिशत संगठन वही हो जो मूल पदार्थ एकलक का था तथा उसका अणुभार एकलक के अणुभार का बहुगुण हो, बहुलकीकरण कहते हैं।

ब्यूटेन **(Butane)**–ब्यूटेन एक हाइड्रोकार्बन है। यह एक अल्केन है।

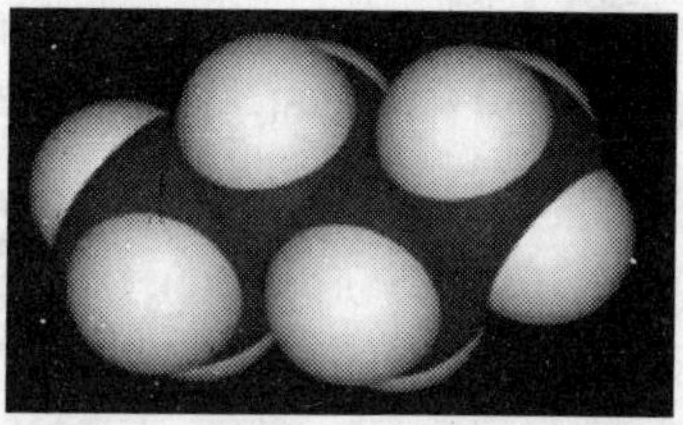

बोरोन **(B)**–बोरोन शोधक सन्यन्त्र, कोयले का दहन आदि इसके प्राप्ति स्रोत हैं। यह नाड़ी संस्थान को प्रभावित करता है। चिड़चिड़ापन तथा सूजन आ जाती है।

भ

भंजक आसवन (Destructive Distillation)–भंजक आसवन वह रासायनिक प्रक्रम है जिसमें उच्च ताप पर गरम करने के कारण काष्ठ आदि पदार्थ अपघतित हो जाते हैं। प्रायः यह शब्द कार्बनिक पदार्थों को हवा की अनुपस्थिति या बहुत कम ऑक्सीजन की उपस्थिति में सम्साधित करने को कहते हैं। इस प्रक्रिया द्वारा बड़े अणु टूट जाते हैं । कोक, कोयला गैस, गैस कार्बन, कोलतार तथा अमोनिया लिकर आदि कोयले के भंजक आसवन के बाद प्राप्त किये जाते हैं।

भार (Weight)– वस्तु में विद्यमान पदार्थ की मात्रा संहति कहलाती है, जबकि भार वह बल है, जिससे पृथ्वी किसी वस्तु को अपने केन्द्र की ओर आकर्षित करती है। भिन्न-भिन्न स्थानों पर पृथ्वी का आकर्षण बल बदल जाता है, जिसके कारण वस्तुओं का भार बदल जाता है, परन्तु उसकी संहति बनी ही रहती है। चन्द्रमा पर गुरुत्त्वाकर्षण पृथ्वी के गुरुत्त्वाकर्षण का लगभग छठा भाग है।

भूतापीय ऊर्जा (Geothermal Energy)–पृथ्वी के अन्दर की जिस ऊष्मा का उपयोग शक्ति उत्पादन के लिए किया जाता है भूतापीय ऊर्जा कहलाती है। ज्वालामुखी क्षेत्रों में जहाँ उष्णोत्स होते हैं वहाँ इसकी सम्भावना ज्यादा होती है।

इस ऊष्मा का प्रयोग विद्युत उत्पादन में किया जा सकता है। भूवैज्ञानिकों के अनुसार पृथ्वी के केन्द्र में पदार्थ पिघली अवस्था में होते हैं जिसमें बहुत मात्रा में ऊर्जा होती है जिसका तापमान 4400°C होता है। यद्यपि पृथ्वी के अन्दर अत्यधिक मात्रा में ऊर्जा है, परन्तु कुछ ही स्थानों पर इसे काम में लिया जाता है। ये स्थान गर्म क्षेत्र (Hot Spot) कहलाते हैं। भारत में शीत संग्रहण इकाई (Cold Storage Units) और 5 मेगावाट शक्ति सन्यन्त्र हिमाचल प्रदेश में स्थापित किया गया है। पुगा (लद्दाख) भूतापीय क्षेत्र शक्ति उत्पादन के लिए उपयुक्त है।

भौतिक परिवर्तन (Physical Change)–इस रूप में होने वाला परिवर्तन अस्थायी होते हैं। इनमें परिवर्तन केवल भौतिक अवस्था में होता है। इन परिवर्तनों में रासायनिक परिवर्तन नहीं होते और इन्हें मूल अवस्था में बदला भी जा सकता है। उदाहरण–पानी को भाप

या बर्फ में बदलना, चीनी को पानी में घोलना, नमक को पानी में घोलना इत्यादि।

भौतिक गुण (Physical Properties)–किसी भौतिक प्रणाली के मापने योग्य गुण को भौतिक गुण कहते हैं जो उस प्रणाली की बहुतिक अवस्था का सूचक है। इसके विपरीत वे गुण जो यह बताते हैं कि कोई वस्तु किसी रासायनिक अभिक्रिया में कैसा व्यवहार करती है, उसका रासायनिक गुण कहलाती है।

भौतिक परिवर्तन (Physical Change)–भौतिक परिवर्तन की संकल्पना रासायनिक परिवर्तन की संकल्पना से भेद स्पष्ट करने के लिये की गयी है। भौतिक परिवर्तन के अन्तर्गत वे सभी परिवर्तन आते हैं जिनमें पदार्थ की रासायनिक प्रकृति या रासायनिक पहचान में कोई परिवर्तन नहीं होता है। इसके विपरीत रासायनिक परिवर्तन होने की दशा में पदार्थों की संरचना बदल जाती है – एक या अधिक पदार्थ मिलकर या टूटकर नये पदार्थ बनाते हैं।

भौतिक रसायन (Physical Chemistry)–भौतिक रसायन रसायन विज्ञान की वह शाखा है जो भौतिक अवधारणाओं के आधार पर रासायनिक प्रणालियों में घटित होने वाली परिघटनाओं की व्याख्या करती है। द्रव्य की अविनाशिता के नियम के साथ ही साथ भौतिक रसायन की नींव पड़ी, यद्यपि 19वीं शती के अन्त तक भौतिक रसायन को रसायन का पृथक अंग नहीं माना गया। वांट हाफ, विल्हेल्म ऑस्टवाल्ड और आरिनियस के कार्यों ने भौतिक रसायन की रूपरेखा निर्धारित की। स्थिर और गुणित एवं परस्पर अनुपात के नियमों ने और बाद के आवोगाड्रो नियम, गेलुसैक नियम आदि ने परमाणु और अणु की कल्पना को प्रश्रय दिया। परमाणुभार और अणुभार निकालने की विविध पद्धतियों का विकास किया गया। गैस सम्बन्धी बॉयल और चार्ल्स के नियमों ने और ग्राहम के विसरण नियमों ने इसमें सहायता दी। विलयनों की प्रकृति समझने में परासरण दाब सम्बन्धी विचारों ने एक नवीन युग को जन्म दिया। पानी में घुलकर शक्कर के अणु उसी प्रकार अलग-अलग हो जाते हैं जैसे शून्य स्थान में गैस के अणु। राउल्ट का वाष्पदाब सम्बन्धी समीकरण विलयनों के सम्बन्ध में बड़े काम का सिद्ध हुआ।

म

महासागरीय ताप ऊर्जा (Ocean Thermal Energy)—समुद्र की ऊपरी सतह तथा गहराई में जो ताप का अन्तर होता है उसी से ताप ऊर्जा पैदा होती है। इस ऊर्जा के उत्पादन के लिए समुद्रीय सतह एवं गहराई में ताप का अन्तर 20ºC के करीब होना चाहिए। समुद्र की ऊपरी सतह के ताप से अमोनिया जैसे द्रव्य को उबाला जाता है तथा इसके वाष्प ही से बिजली पैदा करने वाले टर्बाइन चलाये जाते हैं फिर धरातल के ठंडे पानी से इन वाष्पों को पुनः द्रव्य में परिवर्तित कर दिया जाता हैं। इस प्रकार यह क्रिया 24 घंटे चलती रहती है।

मानक एलेक्ट्रोड विभव (Standard Electrode Potential)—साम्यावस्था में अर्ध सेलों (हाफ सेल) के इलेक्ट्रोड विभव को मानक इलेक्ट्रोड विभव कहते हैं। जब तत्त्वों को उनके मानक अपचयन विभव के आरोही क्रम में व्यवस्थित करते हैं तो इस प्रकार प्राप्त हुई श्रेणी विद्युत रासायनिक श्रेणी कहलाती है।

इनका उपयोग विद्युतरासायनिक सेल का विभव ज्ञात करने के लिए किया जा सकता है। इसके अलावा इनका उपयोग किसी विद्युत रासायनिक रिडॉक्स अभिक्रिया के साम्य की स्थिति का पता करने के लिये भी किया जा सकता है अर्थात् इसकी सहायता से यह पता कर सकते हैं कि ऊष्मागतिकी की दृष्टि से किसी विद्युतरासायनिक अभिक्रिया की गति की दिशा क्या होगी।

मिश्रण (Mixture)—कई पदार्थों के मिश्रित रूप को मिश्रण पदार्थ कहा जाता है। मिश्रण को भौतिक प्रक्रम द्वारा दो या दो से अधिक पदार्थों में पृथक् किया जा सकता है। मिश्रण समजातीय और विजातीय दो प्रकार के होते हैं। समजातीय मिश्रण को विलयन भी कहते हैं क्योंकि इसमें सभी जगह एक समान संघनन होता है। जैसे—नमक और जल का विलयन, चीनी और जल का विलयन आदि।

विजातीय मिश्रण के तहत भौतिक रूप से अलग-अलग भाग होते हैं तथा प्रत्येक भाग भिन्न गुण धर्मों का होता है। इसके तरह सोडियम क्लोराइड और लोहे की छीलन का मिश्रण तथा तेल और जल का मिश्रण आते हैं।

मिश्रधातु (Alloy)–दो या अधिक धात्विक तत्त्वों के आंशिक या पूर्ण ठोस-विलयन को मिश्रधातु कहते हैं। इस्पात एक मिश्रधातु है। प्रायः मिश्रधातुओं के गुण उस मिश्रधातु को बनाने वाले संघटकों के गुणों से भिन्न होते हैं। इस्पात, लोहे की अपेक्षा अधिक मजबूत होता है। मिश्रधातु व्यापक रूप में एक ऐसा शब्द है जिसका प्रयोग किसी भी धात्विक वस्तु के लिये होता है, बशर्ते वह रासायनिक तत्त्व न हो। मिश्रधातु बनाने की कला अति प्राचीन है। सत्य तो यह है कि काँसे का महत्त्व एक युग में इतना अधिक था कि मानव सभ्यता के विकास के उस युग का नाम ही काँसा युग पड़ गया है। यद्यपि शुद्ध धातुओं के कई उपयोगी गुण हैं, जैसे ऊष्मा और विद्युत की सुचालकता, तथापि यान्त्रिक और निर्माण सम्बन्धी कार्यों में साधारणतया शुद्ध धातुएँ उपयोग में नहीं लायी जातीं, क्योंकि इनमें आवश्यक मजबूती नहीं होती। धातु को अधिक मजबूत बनाने की सबसे महत्त्वपूर्ण विधि धातुमिश्रण है। इस दिशा में 19 वीं शताब्दी में बहुत अधिक प्रयास हुआ, उसी का फल है कि अनेक उपयोगी कार्यों के लिये आज पाँच हजार से भी अधिक मिश्रधातुएँ उपलब्ध हैं और नई मिश्रधातुएँ तैयार करने के लिये नित्य नये-नये प्रयोग किये जा रहे हैं। आज किसी विशेष उपयोग के लिये इच्छित गुणों वाली मिश्रधातुएँ बनायी जा रही है।

मिश्रण/मिलाना (Solution)–अधिकांश जल उपचारों में मिलाना और आलोड़न करना मुख्य विधि हैं। मिलाने का अभिप्राय है अवयवों को इच्छित एकरूपता में लाना। आलोड़न करना मुख्य विधि हैं। आलोड़न में द्रव में वेग लाया जाता है। द्रवों में अनेक रसायनों तथा गैसों को व्यासरित करने के लिए मिश्रण विधियाँ अपनाई जाती हैं। इसके लिए पपों, वायु जेटों तथा पैडलों का प्रयोग किया जाता है। आलोडन प्रायः फ्लाक (ऊर्ण या थक्के) उत्पन्न करने के लिए किया जाता है।

मिश्रण अनुपात नमी (Solution Ratio Moisture)–शुष्क वायु के प्रति इकाई भार में विद्यमान वाष्प भार के अनुपात को मिश्रण अनुपात नमी कहते हैं। साधारणता विशिष्ट नमी एवं मिश्रण अनुपात में बहुत ही थोड़ा अन्तर पाया जाता है। अतः कभी-कभी विशिष्ट नमी और मिश्रण अनुपात का समान अर्थों में उपयोग किया जाता है। विशिष्ट नमी की भाँति इसे भी प्रति किलोग्राम शुष्क वायु में विद्यमान जल-वाष्प को ग्राम में व्यक्त किया जाता है। यदि एक किलोग्राम शुष्क पवन में 15 ग्राम जल-वाष्प पायी जाती है, तो इस प्रकार आर्द्र वायु का कुल भार 1015 ग्राम हुआ।

मिश्रयता (Solubility)–रसायन शास्त्र में मिश्रयता का अर्थ आमतौर पर एक द्रव का गुण है जिसमें उसे

जल में किसी भी अनुपात में मिलाया जाये वह एक समरूप विलयन बनाता है। सिद्धान्त रूप में, यह शब्द भी अन्य अवस्थाओं (ठोस और गैसों) पर भी लागू होता है, लेकिन मुख्यतः यह एक द्रव की दूसरे द्रव में विलयता से सम्बन्धित है। उदाहरण के लिए, पानी और इथेनॉल को चाहें किसी भी अनुपात में मिश्रित किया जाये वे एक समरूप विलयन बनाते हैं।

मिथेन (Methane)–मिथेन अल्केन श्रेणी का प्रथम सदस्य है। यह सबसे साधारण हाइड्रोकार्बन है।

मुक्त-मूलक (Free-radicals)–वह अभिकर्मक जो सहसंयोजक बन्ध बनाने हेतु अपने मुक्त इलेक्ट्रॉन का त्याग करता है, मुक्त-मूलक कहलाता है। मुक्त-मूलक उदासीन स्पीशीज होती हैं। उदाहरणार्थ–

$$H^{\bullet}, Cl^{\bullet}, Br^{\bullet}, I^{\bullet}, R^{\bullet}(CH_3^{\bullet}, C_2H_5^{\bullet}, \text{etc.}$$

नोटः निम्न धनावेशित स्पीशीज का वर्गीकरण केवल एक धनायन के रूप में किया जाता है। इन्हें न्यूक्लियोफाइल या इलेक्ट्रोफाइल नहीं मानते हैं क्योंकि इनके अष्टक पूर्ण होते हैं, अतः ये सहसंयोजक बन्ध नहीं बना पाते हैं।

$$H_3O^+, R\overset{+}{O}H_2, \overset{+}{N}H_4, R\overset{+}{N}H_3, \text{etc.}$$

मुक्त-मूलक प्रतिस्थापन अभिक्रियाएँ (Free-radical Substitution Reactions)–इनमें आक्रमणकारी अभिकर्मक एक मुक्त-मूलक होता है। इनका प्रमुख उदाहरण है प्रकाश की उपस्थिति में इल्केनों का हैलोजनीकरण।

$$R—H + Cl_2 \xrightarrow[HCl]{h\upsilon} R—Cl +$$

मुक्त-मूलक अभिक्रियाएँ तीन पदों में होती हैं–

(i) *क्रिया प्रारम्भक* पद– मुक्त-मूलक का बनना।

$$Cl — Cl \xrightarrow{h\upsilon} Cl^{\bullet} + Cl^{\bullet}$$

(ii) क्रिया संचलन पद– इस पद में उत्पाद प्राप्त होती है।

$$R—C + Cl^{\bullet} \longrightarrow R^{\bullet} + HCl$$

$$R^{\bullet} + Cl_2 \longrightarrow R—Cl + Cl^{\bullet}$$

(iii) क्रिया समापन पद– शेष बचे हुए मुक्त-मूलक आपस में क्रिया कर अभिक्रिया का समापन करते हैं।

$$Cl^{\bullet} + Cl^{\bullet} \longrightarrow Cl_2$$

$$R^{\bullet} + R^{\bullet} \longrightarrow R—R$$

$$R^{\bullet} + Cl^{\bullet} \longrightarrow R—Cl$$

मुक्त-मूलक संयोग (Free-radical Addition Reactions)–परऑक्साइड प्रभाव (ऐन्टि-मार्कोनीकॉफ संयोग) इसका प्रमुख उदाहरण है–

$$CH_3—CH= CH_2 + H—Br \xrightarrow[R—O—O—R]{\text{परऑक्साइड}} CH_3—CH_2—CH_2—Br$$

प्रोपीन

1-ब्रोमीप्रोपेन

क्रियाविधि

$$A — B — O — R \xrightarrow{\Delta} 2RO^{\bullet}$$

$$RO^{\bullet} + H — Br \longrightarrow ROH + Br^{\bullet}$$

$$CH_3 — \dot{C}H — CH_2 — Br$$

$$CH_3 — CH = CH_2 + Br$$

एक द्वितीयक मुक्त-मूलक

$$CH_3—\dot{C}H—CH_2—Br + H—Br \longrightarrow CH_3—CH_2—CH_2—Br + Br^{\cdot}$$

मुक्त-मूलक (Free-radicals)– परमाणु या परमाणुओं का समूह जिसमें एक विषम (odd) या अयुग्मित इलेक्ट्रॉन उपस्थित हो, मुक्त-मूलक कहलाता है। मुक्त-मूलक अनुचुम्बकीय होते हैं। ये विद्युत उदासीन तथा इलेक्ट्रोफ़ाइल होते हैं। कार्बेनायन की भाँति सामान्य परिस्थिति में इनमें भी sp^3 संकरण होता है तथा **पिरैमिडी** या **चतुष्फलकीय** संरचना होती हैं परन्तु संक्रमण अवस्था में इनमें sp^2 संकरण होता है तथा समतलीय त्रिकोणी संरचना पायी जाती है।

मूल इकाइयाँ (SI Base Unit)– अन्तर्राष्ट्रीय इकाई प्रणाली ने 7.7 मूल इकाइयाँ बतायी हैं। ये भौतिक इकाइयाँ हैं, जिनको प्रचलित परिभाषाओं द्वारा परिभाषित किया गया है। अन्य सभी भौतिक इकाइयाँ इन मूल इकाइयों द्वारा व्युत्पन्न की जा सकती हैं। इनको व्युत्पन्न इकाइयाँ कहा जायेगा। उनका व्युत्पन्नन आयामी विश्लेषण द्वारा होता है। बड़ी संख्याओं के लिये 100 उपसर्गों का प्रयोग होता है।

मैलोनिक अम्ल (Malonic Acid)– यह रंगहीन निम्नताक्ष क्रिस्टल वाला द्विकार्बोक्सिलिक अम्ल जो 94° से अधिक ताप पर एकनताक्ष क्रिस्टलों में बदल जाता है। पानी, ऐल्कोहल और ईथर में विलेय।

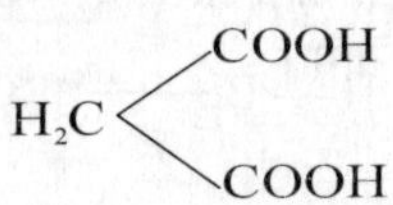

मैलिक अम्ल (Malic Acid)– डाइड्रॉक्सी सक्सीनिक अम्ल, जिसके रंगहीन क्रिस्टल होते हैं और स्वाद खट्टा होता है। यह कच्चे सेवों और अन्य फलों में पाया जाता है। इसका संश्लेषण करने के लिए बेन्ज़ीन का उत्प्रेरकी-उपचयन किया जाता है।

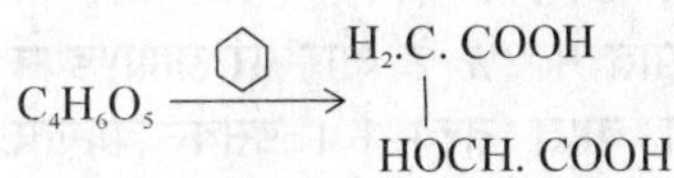

मैथेनोल (Methanol)–यह पेट्रोल, डीजल से कम ताप पर ज्वलनशील है। इसके उपयोग से भारी-भरकम रेडियेटर के स्थान पर कारों में हल्के रेडियेटर काम कर सकते हैं। मैथेनोल भी एक साफ तथा प्रदूषण रहित ईंधन है। मैथेनोल पेड़ों की लकड़ी से तथा ऐथेनोल अनाज वाले अथवा शक्कर वाले पौधों से प्राप्त की जा सकती है।

मैंगनीज (Manganese)–मैंगनीज एक प्रमुख खनिज है। इस धातु का रंग काले रंग का होता है। प्राकृतिक भस्मों के रूप में धारवाड़ युग की अवसादी चट्टानों में पायी जाती है। इस धातु का उपयोग इस्पात बनाने के लिए मुख्य रूप से किया जाता है। इसके लिए लोहा और मैंगनीज के मिश्रण को मिलाया जाता है। रसायन उद्योगों,

शीशे तथा मिट्टी के बरतनों पर रंग चढ़ाने में भी इसका उपयोग होता है। जिस लौह प्रस्तर में 5% से कम मैंगनीज मिलता है वह लोहा कहलाता है तथा जिसमें 40% से अधिक मैंगनीज पाया जाता है वह मैंगनीज कहलाता है।

मैग्नीशियम (Magnesium)–मैग्नीशियम एक रासायनिक तत्त्व है, जिसका परमाणु संख्या 12 एवं सामान्य ऑक्सीडेशन संख्या 2 है। यह कैल्शियम और बेरियम की तरह एक एल्केलाइन अर्थ धातु है एवं पृथ्वी पर आठवाँ बहुल उपलब्ध तत्त्व है तथा भार के अनुपात में 2% है और पूरे ब्रह्माण्ड में नौंवा बहुल तत्त्व है। इसके बाहुल्य का सम्बन्ध ये तथ्य है कि ये सुपरनोवा तारों में तीन हीलियम नाभिकों के कार्बन में शृंखलागत तरीके से जुड़ने पर मैग्नीशियम का निर्माण होता है। मैग्नीशियम आयन की जल में उच्च घुलनशीलता इसे सागर के जल में तीसरा बहुल घुला तत्त्व बनाती है। मैग्नीशियम सभी जीव जन्तुओं के साथ मनुष्य के लिए भी उपयोगी तत्त्व है। यह प्रकाश का स्रोत है और जलने पर श्वेत प्रकाश उत्सर्जित करता है। यह मानव शरीर में पाये जाने वाले पाँच प्रमुख रासायनिक तत्त्वों में से एक है।

मैग्नीशिया (Magnesia) MgO–मैग्नीशियम ऑक्साइड जो मैग्नीशिया धातु के ऑक्सीजन में दहन से अथवा उसके हाड्रॉक्साइट, कार्बोनेट या नाइट्रेट के ज्वलन से प्राप्त होता है।

मोनोमर (Monomer)–मोनोमर वह कार्बनिक यौगिक होता है जिसके पॉलीमेराइजेसन के फलस्वरूप पॉलीमर बनता है। पालीइथिलीन, टेफ्लान, पाली विनाइल क्लोराइड प्रमुख पॉलीमर हैं।

मोल (Mole)–मोल एक SI मूल इकाई है, जो पदार्थ की मात्रा मापन करता है। यह एक गण्य इकाई है। एक मोल में एवोगाद्रो संख्या (लगभग 6.02214×10^{23}) नग (यानी परमाणु, अणु, अन्य आरम्भिक कण) होते हैं। एक मोल पदार्थ का ग्राम में भार, उस पदार्थ के एक परमाणु-अणु के भार की संख्या के बराबर होता है। जैसे 1 उवस ऑक्सीजन (O_2) अणु का भार लगभग 32 ग्राम होता है, जबकि 1 अणु ऑक्सीजन बराबर होती है 32 AMU के। मोल का प्रयोग केवल आण्विक, परमाण्विक और अन्तर-आण्विक कणों के मापन तक ही सीमित है। इसका परिमाण और अन्य पारम्परिक प्रयोग इसे अन्य प्रयोगों हेतु अव्यावहारिक बना देते हैं। व्यवहार में हम पदार्थ की मात्रा को प्रायः ग्राम-मोल में मापते हैं, जो कि उस पदार्थ की उस मात्रा के बराबर है, जिसका भार ग्राम में उसके सूत्र भार के बराबर है। अतः एक ग्राम-मोल कार्बन का भार है 12 ग्राम, जबकि एक ग्राम-मोल जल का भार है 18.016 ग्राम।

य

यंग मापांक (Young's Modulus)–यान्त्रिकी के सन्दर्भ में यंग गुणांक या यंग मापांक, किसी समाँग प्रत्यास्थ पदार्थ की प्रत्यास्थता का मापक है। यह एकअक्षीय प्रतिबल एवं विकृति के अनुपात के रूप में परिभाषित है। कभी-कभी गलती से इसे प्रत्यास्थता गुणांक भी कह दिया जाता है क्योंकि सभी प्रत्यास्थता गुणांकों में यंग गुणांक ही सबसे प्रचलित और अधिक प्रयुक्त मापांक है। इसके अतिरिक्त दो और प्रत्यास्थता गुणांक हैं – आयतन प्रत्यास्थता गुणांक एवं अपरूपता प्रत्यास्थता गुणांक।

यशदीकरण (Galvanization)–यशदीकरण या गैल्वानीकरण या यशदलेपन एक धातुकार्मिक प्रक्रम है जिसमें इस्पात या लोहे के उपर जस्ते की परत चढ़ा दी जाती है। इससे इन धातुओं का क्षरण (विशेषतः जंग लगना) रूक जाता है। यद्यपि यशदीकरण की प्रक्रिया स्वयं एक गैर-विद्युत रासायनिक प्रक्रिया है किन्तु फिर भी यह प्रक्रिया एक विद्युत रासायनिक उद्देश्य की पूर्ति करती है। यह प्रकिया अधिकांश यूरोपीय भाषाओं में गैल्वेनाइजेशन कहलाती है और इसका यह नाम इतालवी वैज्ञानिक लुईगी गैल्वानी के नाम पर पड़ा है।

यान्त्रिकी (Mechanics)–यान्त्रिकी भौतिकी की वह शाखा है जिसमें पिण्डों पर बल लगाने या विस्थापित करने पर उनके व्यवहार का अध्ययन करती है। यान्त्रिकी की जड़ें कई प्राचीन सभ्यताओं से निकली हैं।

यूरिया (Urea)–यूरिया एक कार्बनिक यौगिक है। कार्बनिक रसायन के क्षेत्र में इसे कार्बामाइड भी कहा जाता है। यह एक रंगहीन, गन्धहीन, सफेद, रवेदार जहरीला ठोस पदार्थ है। यह जल में अति विलेय है। यह स्तनपायी और सरीसृप प्राणियों के मूत्र में पाया जाता है। कृषि में नाइट्रोजनयुक्त रासायनिक खाद के रूप में इसका उपयोग होता है। यूरिया को सर्वप्रथम 1773 में मूत्र में फ्रेंच वैज्ञानिक हिलेरी राउले ने खोजा था परन्तु कृत्रिम विधि से सबसे पहले यूरिया बनाने का श्रेय जर्मन वैज्ञानिक वोहलर को जाता है। इन्होंने सिल्वर आइसोसाइनेट से यूरिया का निर्माण किया तथा स्वीडेन के वैज्ञानिक बर्जेलियस को एक पत्र लिखा कि मैंने बिना वृक्क (किडनी) की सहायता लिए कृत्रिम विधि से यूरिया बना लिया

है। उस समय पूरी दुनिया में बर्जेलियस का सिद्धान्त माना जाता था कि यूरिया जैसे कार्बनिक यौगिक सजीवों के शरीर के बाहर बन ही नहीं सकते तथा इनको बनाने के लिए प्राण शक्ति की आवश्यकता होती है।

योगात्मक अभिक्रियाएँ (Addition Reactions)—इन अभिक्रियाओं में एक π-बन्ध टूटता हे तथा दो नये σ-बन्धों का निर्माण होता है। आक्रमणकारी अभिकर्मक का एक भाग एक परमाणु/समूह से तथा शेष भाग दूसरे परमाणु/समूह से जुड़कर योगोत्पाद बनाते हैं।

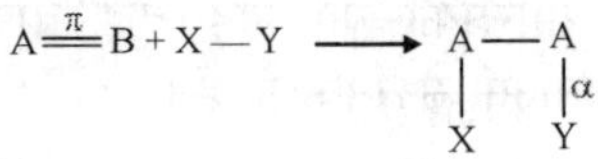

इन्हें भी तीन भागों में बाँटा जा सकता है–

1. नाभिकस्नेही संयोग
2. इलेक्ट्रॉनस्नेही
3. मुक्त-मूलक संयोग

यौगिक (Compound)—यह एक ऐसा पदार्थ है जो रासायनिक रूप से दो या दो से अधिक तत्त्वों के स्थिर अनुपात से बना होता है। नमक, चीनी और पानी दैनिक जीवन में प्रयुक्त होने वाले मुख्य यौगिक हैं–मानव जीवन में इनका महत्त्व भी अधिक है।

र

रसायनशास्त्र (Chemistry)–रसायनशास्त्र विज्ञान की वह शाखा है जिसमें पदार्थों के संघटन, संरचना, गुणों और रासायनिक प्रतिक्रिया के दौरान हुए परिवर्तनों का अध्ययन किया जाता है। इसका शाब्दिक विन्यास रस़अयन है जिसका शाब्दिक अर्थ रसों (द्रवों) का अध्ययन है। यह एक भौतिक विज्ञान है जिसमें पदार्थों के परमाणुओं, अणुओं, क्रिस्टलों (रवों) और रासायनिक प्रक्रिया के दौरान मुक्त हुए या प्रयुक्त हुए ऊर्जा का अध्ययन किया जाता है। रसायन विज्ञान की भी कई शाखाएँ हैं जिन्हें पदार्थों के अध्ययन के दौरान बाँटा गया है। रसायन विज्ञान की शाखाओं में कार्बनिक रसायन, अकार्बनिक रसायन, जैव रसायन, भौतिक रसायन, विश्लेषणात्मक रसायन आदि प्रमुख हैं। कार्बनिक रसायन में कार्बनिक पदार्थों, अकार्बनिक रसायन में अकार्बनिक पदार्थों, जैव रसायन में सुक्ष्म जीवों में उपस्थित पदार्थों, भौतिक रसायन में पदार्थ की बनावट, संघटन और उसमें सन्निहित ऊर्जा, विश्लेषणात्मक रसायन में नमूने के विश्लेषण का अध्ययन किया जाता है ताकि उसकी बनावट और संचरना का पता चले। हाल के दिनों में न्यूरो-रसायन नाम की शाखा को वैज्ञानिकों ने अलग से नाम दिया है। संक्षेप में रसायन विज्ञान रासायनिक पदार्थों का वैज्ञानिक अध्ययन है। पदार्थों का संघटन परमाणु या उप-परमाणविक कणों जैसे इलेक्ट्रॉन, प्रोटॉन और न्यूट्रॉन से हुआ है। रसायन विज्ञान को केन्द्रीय विज्ञान या आधारभूत विज्ञान भी कहा जाता है क्योंकि यह दूसरे विज्ञानों जैसे, खगोलविज्ञान, भौतिकी, पदार्थ विज्ञान, जीवविज्ञान और भूविज्ञान को जोड़ता है।

रासायनिक अभिक्रिया (Chemical Reactions)–रासायनिक अभिक्रिया में एक या अधिक पदार्थ आपस में अन्तर्क्रिया (इन्टरैक्शन) करके परिवर्तित होते हैं और एक या अधिक भिन्न रासायनिक गुण वाले पदार्थ बनते हैं। किसी रासायनिक अभिक्रिया में भाग लेने वाले पदार्थों को अभिकारक (रिएक्टैन्ट्स) कहते हैं। अभिक्रिया के फलस्वरूप उत्पन्न पदार्थों को उत्पाद (प्रोडक्ट्स) कहते हैं। लैवासिये के समय से ही ज्ञात है कि रासायनिक अभिक्रिया बिना किसी मापने योग्य द्रव्यमान परिवर्तन के होती है। (द्रव्यमान परिवर्तन अत्यन्त कम होता है जिसे मापना कठिन है) । इसी को द्रव्यमान संरक्षण

का नियम भी कहते हैं अर्थात् किसी रासायनिक अभिक्रिया में न तो द्रव्यमान नष्ट होता है न ही बनता है, केवल पदार्थों का परिवर्तन होता है। परम्परागत रूप से उन अभिक्रियाओं को ही रासायनिक अभिक्रिया कहते हैं जिनमें रासायनिक बन्धों को तोड़ने या बनाने में इलेक्ट्रॉनों की गति जिम्मेदार होती है।

रासायनिक नमीमापी (Chemical Wetmeter)–आपेक्षिक नमी ज्ञात करने के लिए यह एक प्रकार का यन्त्र होता है जिसमें रासायनिक द्रव्यों का उपयोग किया जाता है। यू. एस. बेदर ब्यरो ने नमी मापन के लिए एक बहुत कठिन यन्त्र का निर्माण किया है जिसे इन्फ्रारेड एबजार्पशन हाइग्रोमीटर कहा जाता है। यह यन्त्र इस सिद्धान्त पर आधारित है कि 1.4 माइक्रान तरंग दैर्घ्य पर होने वाले अवरक्त विकिरण को जल-वाष्प तीव्रता से सोख लेता है। यह एक विद्युत चालित यन्त्र है। इस यन्त्र की सर्वप्रमुख विशेषता है कि यह बहुत ही न्यून तापमान में भी शुद्धता के साथ नमी का मापन करता है।

रासायनिक अभियान्त्रिकी (Chemical Engineering)–रासायनिक अभियान्त्रिकी रसायनशास्त्र, भौतिकी, अर्थशास्त्र वगैरह और उनके सिद्धान्तों को औद्योगिक उपयोगों में प्रयुक्त कराने वाला विज्ञान या व्यवसाय है। इसका मुख्य हिस्सा प्रक्रम अभियान्त्रिकी कहलाता है, जिसमें भारी मात्रा में निर्मित रसायनों को औद्योगिक स्तर पर सहज तरीके से बनाने का अध्ययन किया जाता है। लेकिन आज रासायनिक अभियान्त्रिकी सिर्फ इसी तक सीमित नहीं है।

रासायनिक परिवर्तन (Chemical Change)–इस रूप में होने वाले परिवर्तन स्थायी होते हैं। इन्हें मूल अवस्था में नहीं लाया जा सकता। उदाहरण–लोहे को जंग लगना, मैग्नीशियम तार को ऑक्सीजन की सहायता से जलाना।

रासायनिक गतिकी (Chemical Kinetics)–आधुनिक रासायनिक एवं औद्योगिक ज्ञान के विकास के साथ ही साथ रासायनिक गतिकी (केमिकल काइनेटिक्स) या अभिक्रिया गतिविज्ञान का शीघ्रता से विकास हुआ है। इसके फलस्वरूप रासायनिक प्रतिक्रिया गतिविज्ञान केवल प्रयोगशालाओं में सीमित न रहकर अब औद्योगिक सन्यन्त्र का एक अंग बन गया है। अनेक रासायनिक क्रियाओं के द्वारा ओद्यौगिक उत्पादन किया जाता है। अतः रासायनिक उद्योग में इन क्रियाओं का अत्यन्त महत्त्व होता है। आधुनिक युग में रासायनिक क्रियाओं के केवल प्रारम्भिक ज्ञान से रासायनिक उद्योगों की स्थापना एवं विकास सम्भव नहीं है, विशेषतः जब कम लागत के उत्पादन पर अत्यधिक बल दिया जाता है। अतः आधुनिक काल में प्रतिक्रिया गतिविज्ञान का गहन अध्ययन केवल प्रयोगशाला का विषय न होकर

औद्योगिक क्षेत्र का प्रमुख विषय बन गया है। प्रतिक्रिया गतिविज्ञान के विषयक्षेत्र में वृद्धि एवं विकास का प्रमुख कारण ऊष्मा-गति-विज्ञान का विकास है।

रासायनिक तत्त्व (Chemical Element)—रासायनिक तत्त्व (या केवल तत्त्व) ऐसे उन शुद्ध पदार्थों को कहते हैं जो केवल एक ही तरह के परमाणुओं से बने होते हैं या जो ऐसे परमाणुओं से बने होते हैं जिनके नाभिक में समान संख्या में प्रोटॉन होते हैं। उदजन, प्रांगार, भूयाति, जारक तथा सैकता आदि कुछ तत्त्व हैं। सन् 2007 तक कुल 117 तत्त्व खोजे जा चुके हैं जिसमें से 94 तत्त्व धरती पर प्राकृतिक रूप से विद्यमान हैं।

रासायनिक बन्धन (Chemical Bond)—किसी अणु में दो या दो से अधिक परमाणु जिस बल के द्वारा एक दूसरे से बन्धे होते हैं उसे रासायनिक बन्ध कहते हैं। ये बन्धन रासायनिक संयोग के बाद बनते हैं तथा परमाणु अपने से सबसे पास वाली निष्क्रिय गैस का इलेक्ट्रॉन विन्यास प्राप्त कर लेते हैं। दूसरे शब्दों में, रासायनिक बन्धन वह परिघटना है जिसमें दो या दो से अधिक अणु या परमाणु एक दूसरे से आकर्षित होकर और जुड़कर एक नया अणु या आयन बनाते हैं (एक विशेष प्रकार के बन्धन धात्विक बन्धन में यह प्रक्रिया भिन्न होती है)। यह प्रक्रिया सूक्ष्मदर्शी स्तर पर होती है, लेकिन इसके परिणाम का स्थूल रूप में अवलोकन किया जा सकता है, क्योंकि यही प्रक्रिया अनेकानेक अणुओं और परमाणुओं के साथ होती है। गैस में ये नये अणु स्वतन्त्र रूप से मौजूद रहते हैं, द्रव में अणु या आयन ढीले तौर पर जुड़े रहते हैं और ठोस में ये एक आवर्ती (दुहराव वाले) ढाँचे में एक दूसरे से स्थिरता से जुड़े रहते हैं।

रासायनिक यौगिक (Chemical Compound)—दो या अधिक तत्त्व जब भार के अनुसार एक निश्चित अनुपात में रासायनिक बन्ध द्वारा जुड़कर जो पदार्थ बनाते हैं उसे रासायनिक यौगिक कहते हैं। उदाहरण के लिये जल, साधारण नमक, गंधक का अम्ल आदि रासायनिक यौगिक हैं।

रासायनिक समीकरण (Chemical Equation)—किसी रासायनिक अभिक्रिया के प्रतीकात्मक निरूपण को रासायनिक समीकरण कहते हैं। इसे समीकरण इसलिए कहा जाता है कि इसमें समता चिह्न (=) का प्रयोग किया जाता है (= के स्थान पर - का भी प्रयोग किया जाता है)। समता चिह्न के बायीं ओर क्रिया करने वाले अभिकारक लिखे जाते हैं तथा इसके दायीं ओर उत्पाद लिखे जाते हैं। समीकरण का आधार यह है कि किसी रासायनिक अभिक्रिया में भाग लेने वाले विभिन्न तत्त्वों के परमाणुओं की संख्या अभिक्रिया के उपरान्त भी अपरिवर्तित रहती है।

रासायनिक साम्य (Chemical Equilibrium)–किसी रासायनिक अभिक्रिया के सन्दर्भ में रासायनिक साम्य उस अवस्था को कहते हैं जिसमें अभिकारकों एवं उत्पादों के सांद्रण में समय के साथ कोई परिवर्तन नहीं होता। प्रायः यह अवस्था तब आती है जब अग्र क्रिया की गति पश्चक्रिया की गति के समान हो जाती है। ध्यान देने योग्य बात यह है कि अग्र क्रिया एवं पश्च क्रिया के वेग इस अवस्था में शून्य नहीं होते बल्कि समान होते हैं।

रेडियोधर्मी (Radioactive)–ऐसे पदार्थ जिनकी परमाणविक नाभी स्थिर नहीं होती और थोड़ी पर निश्चित मात्रा में आवेशित कणों का छोड़ते हैं।

रेडियोधर्मी कचरा (Radioactive Waste)–रेडियोधर्मी रेडियोऐक्टिव कचरा वह कचरा है जिसमें रेडियोधर्मी पदार्थ उपस्थित हों। यह प्रायः किसी नाभिकीय अभिक्रिया के परिणामस्वरूप उत्पन्न होते हैं उदाहरण के लिए नाभिकीय भट्ठी में नाभिकीय संलयन के पश्चात् बचा हुआ ईंधन आदि। रेडियोधर्मी अपशिष्ट में ऐसे पदार्थ होते हैं जो जीवन के लिए हानिकारक होते हैं। यह धीरे-धीरे सामान्य (अहानिकारक) बनता है जिसकी अवधि सैकड़ों वर्ष भी हो सकती है। नाभिकीय अपशिष्ट को बड़ी सावधानी से ऐसी जगह पर और इस प्रकार से गाड़ा जाता है कि उससे निकलने वाली हानिकारक विकिरण एवं अन्य कण कम से कम हानि पहुँचा सकें और सैकड़ों वर्षों तक उसमें कोई रिसाव आदि न हो।

रुपहला (Silver)–रुपहला एक धात्विक छाया रंग है, जो कि सलेटी रंग के निकटतम है। दृश्य अनुभूति प्रायः धातु रज़त जैसी होती है। यह सरल ठोस रंग द्वारा प्रदर्शित नहीं किया जा सकता है क्योंकि इसकी चमक धातु की उज्ज्वल चमक से होती है, जो कि भिन्न कोणों पर भिन्नता से बदलती है। इसी प्रकार ऐसा कोई तरीका अभी तक नहीं है, जिससे कि धात्विक या प्रतिदीप्त रंगों को कम्प्यूटर पर प्रदर्शित किया जा सके। फलतः कलात्मकता हेतु कागज़ इत्यादि पर चमकता झिलमिलाता रंग प्रयुक्त होता है। मैट्ट सलेटी जो रुपहला तो नहीं कहा जा सकता, परन्तु इससे बेहतर कोई विकल्प अभी तक नहीं है।

रेडियोऐक्टिव विघटन (Radioactive disintegration)–रेडियोऐक्टिव विघटन किसी रेडियोऐक्टिव पदार्थ के परमाणु का खंडन।

रेडियोआइसोटोप (Radioisotope)–कोई रेडियोऐक्टिव समस्थानिक अर्थात् किसी तत्त्व का वह समस्थानिक रूप जो रेडियोऐक्टिवता प्रदर्शित करता है। इनका उपयोग औषधि में उपचारक के रूप में होता है।

रुद्धोष्म विचुम्बकन द्वारा शीतलन–इस तकनीक द्वारा शीतलन किया जाता है न कि द्रवीकरण। इस तकनीक में अनुचुम्बकीय लवणों जैसे–सीजियम

फ्लोराइड, गैडोलिनियम सल्फेट तथा अन्य दुर्लभ मृदा धातु लवणों को पहले द्रव हीलियम द्वारा प्रबल चुम्बकीय क्षेत्र में ठंडा किया जाता है। इस प्रकार ठंडे किये गये लवण को रुद्धोष्म परिस्थिति में रखते हैं और चुम्बकीय क्षेत्र हटा लेते हैं। अब इस लवण का विचुम्बकन होने लगता है तथा लवण की एन्ट्रोपी बढ़ने लगती है। इस अव्यवस्था में वृद्धि के लिए आवश्यक ऊर्जा लवण की जालक से प्राप्त होती है। अतः शीतलन होता है। **लेरडेन** (Lerden) ने इस तकनीक द्वारा 0.001 K ताप, **हैस** (Hess) ने 0.27 K ताप प्राप्त कर लिया था। यदि नाभिकीय चक्रण का विचुम्बकन किया जाये तो 10^{-6} K की कोटि का ताप भी प्राप्त किया जा सकता है।

ल

लवण **(Salt)**–लवण वह यौगिक है जो किसी अम्ल के एक या अधिक हाइड्रोजन परमाणु को किसी क्षारक के एक या अधिक धनायन से प्रतिस्थापित करने पर बनता है। खाने वाला नमक एक प्रमुख लवण है। रसायनतः यह नमक सोडियम और क्लोरीन का सोडियम क्लोराइड नामक यौगिक है। पोटैशियम नाइट्रेट एक दूसरा लवण है, जो नाइट्रिक अम्ल के हाइड्रोजन आयन को पोटैशियम हाइड्रॉक्साइड के पोटैशियम आयन (धनायन) द्वारा प्रतिस्थापित करने से बनता है। नाइट्रिक अम्ल के अणु में केवल एक हाइड्रोजन होता है, जो पोटैशियम से प्रतिस्थापित होता है। सल्फ़्यूरिक अम्ल में प्रतिस्थापनीय हाइड्रोजन की संख्या दो है। अतः सोडियम द्वारा सल्फ़्यूरिक अम्ल के दोनों हाइड्रोजन के प्रतिस्थापित होने पर सोडियम सल्फेट नामक लवण प्राप्त होता है। दोनों ही यौगिक लवण कहलाते हैं। पहला नॉर्मल लवण और दूसरा अम्लीय लवण कहलाता है। विविध अम्लों विविध क्षारों के सहयोग से अनेक लवण बनाते हैं।

लोहा **(Iron)**–लोहा या लौह आवर्त सारणी के आठवें समूह का पहला तत्त्व है। धरती के गर्भ में और बाहर मिलाकर यह सर्वाधिक प्राप्य तत्त्व है। धरती के गर्भ में यह चौथा सबसे अधिक पाया जाने वाला तत्त्व है। इसके चार स्थायी समस्थानिक मिलते हैं, जिनकी द्रव्यमान संख्या 54, 56, 57 और 58 है। लौह के चार रेडियोऐक्टिव समस्थानिक (द्रव्यमान संख्या 52, 53, 55 और 59) भी ज्ञात हैं, जो कृत्रिम रीति से बनाये गये हैं।

लौहयुक्त धातुकर्म **(Ferrous Metallurgy)**–लौहयुक्त धातुकर्म में प्रथम स्थान लौह उत्पादन का आता है। भारत प्राचीन काल से ही लौह उत्पादन में अग्रणी रहा है। भारत की लौह अयस्क की खदानें विश्व की श्रेष्ठतम एवं विशालतम खदानों में से हैं। अनुमान लगाया गया है कि भारत के भूगर्भ में लगभग 10 अरब टन लौह अयस्क विद्यमान है।

लिटमस **(Litmus)**–लिटमस जल में घुलनशील विभिन्न रंजकों का एक मिश्रण होता है जो थैलोफाइटा समूह के लिचेन नामक पौधे से निकाला जाता है। प्रायः इसे सूचक की तरह उपयोग किया जाता है। लिटमस

विलयन जब न तो अम्लीय होता है न ही क्षारकीय, तब यह बैंगनी रंग का होता है। बहुत सारे प्राकृतिक पदार्थ जैसे लाल पत्ता गोभी, हल्दी, हायड्रेंजिया, पेटूनिया एवं जेरानियम जैसे कई फफूदों की रंगीन पंखुड़ियाँ किसी विलयन में अम्ल एवं क्षारक की उपस्थिति को सूचित करते हैं। इन्हें अम्ल-क्षारक सूचक या कभी-कभी वेफवल सूचक कहते हैं।

लवण बनाने की विधि–लवण अम्ल और क्षारक के मेल से बनते हैं। **उदाहरण**–

$$NaOH + HCl \rightarrow NaCl + H_2O.$$

सोडियम हाइड्रॉक्साइड (क्षारक)	हाइड्रोक्लोरिक अम्ल (अम्ल)	सोडियम क्लोराइड	+ जल (लवण)

लवणीय तथा क्षारीय मृदाओं का निर्माण–ऊसर भूमियों के अन्तर्गत देश में लगभग 71 लाख हेक्टेयर क्षेत्रफल है जिसमें सर्वाधिक उत्तर प्रदेश में 12-13 लाख हेक्टेयर है। उसके बाद गुजरात, प. बंगाल, राजस्थान, महाराष्ट्र, हरियाणा, कर्नाटक, उड़ीसा है। ऐसी भूमि में दोनों ही वर्ग (लवणीय एवं क्षारीय) आते हैं।

(i) लवणीकरण (Salinization)– आग्नेय चट्टानों के अपक्षय से मुक्त हुए लवण मिट्टी में पाये जाते हैं। शुष्क क्षेत्रों की मिट्टी में शैलें (Shales), बालू पत्थर, ग्लेशियर तथा हवा द्वारा लाए गये पदार्थों के द्वितीय निक्षेपों (Secondary deposits) के कारण भी लवण पाये जाते हैं। इन शैलों में काफ़ी मात्रा में विलेय लवण पाये जाते हैं। ज्वालामुखी के गैसीय उद्गारों के कारण भी मृदा में क्लोराइड तथा सल्फेट आ जाते हैं। इस प्रकार जब ये लवण मृदा में एकत्रित होने लगते हैं, तो यह क्रिया लवणीकरण कहलाती है।

(ii) क्षारीयकरण (Alkalinization)–भस्म विनिमय की क्रिया में कैल्सियम, मैग्नीशियम तथा पोटैशियम आदि विनिमेय धनायनों के साथ सोडियम भी मृदा में कोलोइडी कणों पर अधिशोषित हो जाता है, जैसे-जैसे विलयन में सान्द्रण (Concentration) बढ़ता जाता है, यह कोलाइडी कणों पर अधिशोषित दूसरे आयनों को वहाँ से विस्थापित करता रहता है। इस प्रकार मृदा अधिकाधिक क्षारीय होती चली जाती है।

$$Ca^{+-}\boxed{\text{क्ले}} + 2Na^{+} \rightleftharpoons Na_2\boxed{\text{क्ले}} + Ca^{+-}$$

$$Mg^{++}\boxed{\text{क्ले}} + 2Na^{+} \rightleftharpoons Na_2\boxed{\text{क्ले}} + Mg^{+-}$$

(iii) आधिक्य लवणों का न्यूनीकरण (Desalinization)–इस क्रिया में पूर्व एकत्रित लवणों का आधिक्य निक्षालन (leaching) द्वारा नीचे की सतहों में चला जाता है, परन्तु क्ले कणों पर अधिशोषित सोडियम ज्यों का त्यों वहीं बना रहता है और मृदा पूर्व की भाँति क्षारीय बनी रहती है।

(iv) **निम्नीकरण** (Degradation or solodization)– यदि मृदा में आधिक्य लवणों के न्यूनीकरण की क्रिया हो तो उसके अन्दर $CaCO_3$ या $CaSO_4$ नहीं रह जाता है। विलेय लवणों के पूर्णरूपेण लीचिंग द्वारा अलग हो जाने से एक

ऐसी अवस्था आ जाती है, जबकि मृदा कोलॉइड से विनिमेय सोडियम को विस्थापित करने के लिए भस्म नहीं बच पाती। इस परिस्थिति में विनिमेय सोडियम जल विश्लेषित (Hydrolysed) होकर सोडियम हाइड्रॉक्साइड देता है। इस प्रकार उत्पन्न हुई हाइड्रॉक्साइड वायुमण्डलीय कार्बन डाइऑक्साइड से अभिक्रिया करके सोडियम कार्बोनेट में बदल जाता है, जो निक्षालन द्वारा भूमि की निचली सतहों में चला जाता है। मृदा कोलॉइड पर सोडियम के स्थान पर हाइड्रोजन लग जाता है और मृदा की पी-एच. कम (6 से भी कम) होने लगती है।

$$Na-\underset{\underset{Na}{|}}{\overset{\overset{Na}{|}}{\boxed{\text{क्ले}}}}=Ca + H_2O \rightleftharpoons H-\underset{\underset{Na}{|}}{\overset{\overset{Na}{|}}{\boxed{\text{क्ले}}}}=Ca + NaOH$$

$$2NaOH + CO_2 \rightarrow Na_2CO_3\downarrow + H_2O$$

रिग्रेडेशन (Regradation)—ऐसी मृदा जिसमें एक बार न्यूनीकरण (Solodization) हो चुका है, पुनः क्षार एकत्रित होने लगते हैं और सोडियम लवणों की मात्रा बढ़ने लगती है। इस क्रिया को रिग्रेडेशन की क्रिया कहते हैं।

लवणीय और क्षारीय मृदाओं का सुधार भौतिक एवं जल तकनीक द्वारा

- मृदा की सतह को खुरचकर (Scrapping)
- निच्छालन (Leaching)
- खाई खोदकर (Trenching)
- विलेय लवणों का पूरी सतह से बहाना (Flushing)
- उचित जल निकास (Drainage) से

रासायनिक तकनीक द्वारा

- विलेय कैल्सियम लवणों का प्रयोग-जैसे कैल्शिसयम क्लोराइड, जिप्सम, फॉस्फोजिप्सम आदि।
- कम विलेय कैल्सियम लवणों का प्रयोग–जैसे चूना पत्थर, गन्ना मिलों से प्राप्त उपजात (By-products), चूना पदार्थ आदि
- अम्ल तथा अम्ल उत्पादक पदार्थों का प्रयोग–जैसे सल्फर, गंधक का अम्ल, द्रव सल्फर डाइऑक्साइड एल्युमिनियम सल्फेट, फेरस सल्फेट, लाइम सल्फर, शीरा और पायराइट्स आदि।

जैविक तकनीक द्वारा

- शीरा (Molasses) एवं लदोई (प्रैसमड) का प्रयोग
- हरी खादों और फसल अवशेषों का प्रयोग
- सत्यानीश (*Argemone mexicana*) – इसे मैक्सीकन पौपी भी कहते हैं, जिसकी मिलावट सरसों के तेल में भी होती है।
- वनस्पतियों द्वारा

लवणीय मृदा में अपनाये जाने वाले फसल चक्र (Crop)

- धान-जौ-ग्वार
- ढैंचा (हरी खाद)-चुकन्दर-मक्का-जौ
- ढैंचा-धान-बरसीम
- धान-सरसों
- कपास-रिज़का-मक्का-आलू
- धान-पालक

व

वहुलक (Polymer)—वहुलक या पॉलीमर बहुत अधिक अणु मात्रा वाला कार्बनिक यौगिक होता है। यह सरल अणुओं जैसे मोनोमर की बहुत अधिक इकाइयों तथा पॉलीमेराइजेशन के फलस्वरूप बनता है। पॉलीमर में बहुत सारी एक ही तरह की आवर्ती संरचनात्मक इकाइयाँ यानी मोनोमर संयोजी बन्ध (कोवैलेन्ट बॉण्ड) से जुड़ी होती हैं। सेल्यूलोज, लकड़ी, रेशम, त्वचा, रबर आदि प्राकृतिक पॉलीमर हैं, ये खुली अवस्था में प्रकृति में पाये जाते हैं तथा इन्हें पौधों और जीवधारियों से प्राप्त किया जाता है। इसके रासायनिक नामों वाले अन्य उदाहरणों में पालीइथिलीन, टेफ्लान, पाली विनाइल क्लोराइड प्रमुख पॉलीमर हैं। कृत्रिम या सिंथेटिक पॉलीमर मानव निर्मित होते हैं। इन्हें कारखानों में उत्पादित किया जा सकता है। प्लास्टिक, पाइपों, बोतलों, बाल्टियों आदि के निर्माण में प्रयुक्त होने वाली पोलीथिन सिंथेटिक पॉलीमर है। बिजली के तारों, केबिलों के ऊपर चढ़ाई जाने वाली प्लास्टिक कवर भी सिंथेटिक पॉलीमर है। फाइबर, सीटकवर, मजबूत पाइप एवं बोतलों के निर्माण में प्रयुक्त होने वाली प्रोपाइलीन भी सिंथेटिक पॉलीमर है। वाल्व सील, फिल्टर क्लॉथ, गैस किट आदि टेफलॉन से बनाये जाते हैं। सिंथेटिक रबर भी पॉलीमर है जिससे मोटरगाड़ियों के टायर बनाये जाते हैं। हॉलैंड के वैज्ञानिकों के अनुसार मकड़ी में उपस्थित एक डोप नामक तरल पदार्थ उसके शरीर से बाहर निकलते ही एकप प्रोटीनयुक्त पॉलीमर के रूप में जाला बनाता है।

वर्ग-माध्य मूल वेग (Root Mean Square Velocity)—अणुओं के वेगों के वर्गों का योग एवं अणुओं की संख्या का अनुपात का वर्गमूल वर्ग माध्यम-मूल वेग कहलाता है।

अर्थात् $c = \sqrt{\dfrac{c_1^2 + c_2^2 + c_3^3 + c_n^2}{n}}$

अणुगति समीकरण के अनुसार,

$$c^2 = \frac{3RT}{M}$$

अतः $c = \sqrt{\dfrac{3RT}{M}}$

वसा का चयापचय—वसाओं के पचने के पश्चात् निर्मित होने वाले वसीय अम्ल एवं ग्लिसरॉल छोटी आँत की

भित्तियों में विद्यमान अंकुरों में अवशोषित होकर उनके भीतर विद्यमान लसीका वाहिनियों में प्रवेश करके उनके लसीका के अन्तर्गत मिश्रित हो जाते हैं। लसीका में मिश्रित वसीय अम्ल और ग्लिसरॉल फिर बहुत सी लसीका वाहिनियों द्वारा सिस्टर्ना काइलाई के अन्तर्गत प्रवेश कर जाते हैं जहाँ से वे वक्षीय नली द्वारा अन्त में रक्त धारा में पहुँच जाते हैं और पोर्टल शिरा द्वारा यकृत में पहुँच जाते हैं जहाँ पर इनमें थोड़ा बहुत बदलाव आ जाता है। रक्त में परिसंचरित वसीय अम्ल एवं ग्लिसरॉल शरीर की प्रत्येक कोशिका में पहुँच जाते हैं और अंगों एवं ग्रंथियों द्वारा शक्ति प्रदान करने में एवं उनके कुछ स्रावों के निर्माण में प्रयुक्त हो जाते हैं। पोर्टल शिरा द्वारा यकृत में पहुंचे कुछ वसीय अम्ल एवं ग्लिसराल ऊर्जा तथा ऊष्मा देने में सहयोग देते हैं और शेष का यकृत में ऑक्सीकरण होकर विसंतृप्तीकरण हो जाता है।

विसंतृप्तिकृत वसा ऊतकों में संचित होने योग्य होता है और यह ऊतकों में, जमा हो जाती है ऊतकों में जमा अथवा एकत्रित वसा का कुछ अंश कार्बोहाइड्रेटों की विद्यमानता में ऑक्सीकृत हो जाता है जिसके परिणामस्वरूप ऊर्जा पैदा होती है तथा कार्बन डाइऑक्साइड एवं जल का सृजन होता है। ऊर्जा शारीरिक कार्यों के सम्पन्न होने में प्रयुक्त होती है। ऊष्मा शरीर के तापमान को सामान्य बनाये रखती है, कार्बन डाइआक्साइड श्वास क्रिया में फेफड़ों से होकर शरीर से बाहर निकल जाती है तथा जल मूत्र के रूप में वृक्कों द्वारा तथा पसीने के रूप में त्वचा द्वारा शरीर से बाहर निकल जाता है। वसा का शेष भाग जिसके उपभोग की तुरन्त आवश्यकता नहीं पड़ती, अदत्वचीत परत वृहत् वसा तथा आन्त्रयोजनी आदि में वसीय ऊतकों में वसा भण्डारों के रूप में संचित हो जाता है। वसा प्रोटीन और विशेष रूप से कार्बोहाइड्रेट से भी बनती है यदि इन्हें शरीर की आवश्यकता से अधिक मात्रा में ग्रहण किया जाता है तो यह वसा भण्डारों में संचित हो जाती है। एक सामान्य वयस्क को रोजाना करीब-करीब 40 से 60 ग्राम वसा की ही जरूरत पड़ती है।

सामान्यवस्था वसा का ऑक्सीकरण होने से किटोनकार्य का निर्माण होता है जो रक्त में अत्यधिक मात्रा में हमेशा पाये जाते हैं। एसीटोएसीटिक एसिड बीटा हाइड्रोऑक्सीब्यूटीरिक एसिड तथा ऐसीटोन इन तीन तत्त्वों को मिश्रित तौर पर किटोनकाय कहा जाता है। एसिटोन सारा के साथ बाहर निकल जाता है तथा अन्य दोनों किटोनकाय मूत्र में उत्सर्जित हो जाते हैं जब मेटाबोलिज्म के लिए पर्याप्त कार्बोहाइड्रेट उपलब्ध नहीं होता है जैसा कि उपवास की अवस्था में होता है जब शरीर में वसीय ऊतकों में विद्यमान वसा के अतिरिक्त अन्य किसी पदार्थ का उपभोग नहीं होता अथवा मधुमेह में या ऐसा भोजन ग्रहण करने पर जिसमें वसा अधिक

होती है तथा कार्बोहाइड्रेट कम होता है, वसा का अधिक मात्रा में उपभोग होता है। अतः वसा का चयापचय बढ़ जाता है। इस प्रकार के वातावरण में यकृत द्वारा किटोनकार्य उत्पन्न होते हैं जिनका उसी गति से जिस गति से वे उत्पन्न होते हैं, उपभोग नहीं होता अतः वे रक्त में संचित ही जाते हैं। ऐसी अवस्था को किटोनमयता के नाम से पुकारा जाता है।

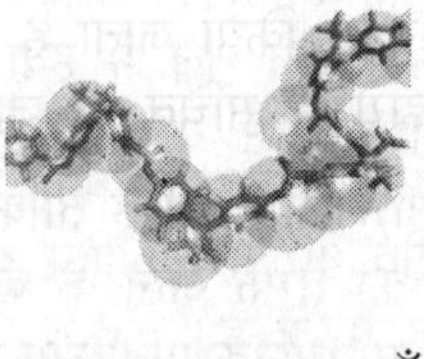

वैनेडियम (Vanadium)– पाँचवें वर्ग की कठोर संक्रमण धातु है। इसका परमाणु-क्रमांक 23, परमाणु भार 50.942, प्रतीक V है। यह केन्द्रित धन संरचना वाले क्रिस्टल बनाती है। यह पानी में अविलेय है किन्तु नाइट्रिक अम्ल, सान्द्र सल्फ्यूरिक अम्ल में घुलनशील है।

वान-डर वाल्स अन्तर्क्रियाएँ (van-der Walls's Interactions)–अध्रुवी उदासीन अणुओं में धनावेश तथा ऋणावेश के केन्द्र एक-दूसरे पर **संपाती** (coincide) होते हैं। अतः इनमें द्विध्रुव आघूर्ण का मान शून्य होता है। लेकिन परमाण्विक नाभिक के आसपास के इलेक्ट्रॉनों के तीव्र दोलन (oscillations) के कारण एकान्तर द्विध्रुव उत्पन्न होते हैं, फलस्वरूप एक-दूसरे के पास आने पर अनाबन्धी परमाणुओं में दुर्बल आकर्षण उत्पन्न हो जाता है। डच रासायनज्ञ **वान-डर वाल्स** ने अध्रुवी यौगिकों के अणुओं के बीच इस तरह के आकर्षण को अवशिष्ट बल या वान-डर वाल्स बल कहा है। इन बलों का स्थिर वैद्युत स्वभाव होता है। बन्ध बलों की तुलना में ये बल काफ़ी कमजोर होते हैं जितना अधिक असममित अणु होता है उनका उतना ही प्रबल वान-डर वाल्स बल होता है। यह बल अणुओं के बीच की दूरी की सातवीं घातकों (seventh power) के व्युत्क्रमानुपाती होता है,

$$F \alpha \frac{1}{d^7}$$

फलस्वरूप अणुओं के बीच की दूरी कम होने पर **वान-डर वाल्स** बल का मान काफ़ी अधिक हो जाता है। ये बहुत कम परिसर वाले बल होते हैं अर्थात् यह बल कम अन्तर्आण्विक दूरी पर ही अधिक प्रभावी होते हैं।

वायु का सम्पीडन–वायुमंडल की ऊपरी परतों में वायुदाब के कारण अकसर तापमान में बदलाव आता रहता है। वायुमंडल का गर्म और ठण्डा होना वायुदाब के कारण ही होता है। अन्य गैसों की भाँति वायु भी अपने ऊपर पड़ने वाले दबाव में कमी होने पर फैलती है और उसके आयतन में उन्नति हो जाती है। प्रसरण की क्रिया में ऊर्जा का खर्च होने से हवा का तापमान कम हो जाता है। इसके विपरीत, ऊपर से नीचे उतरने वाली वायु पर ज्यादा

दबाव पड़ने के कारण उसका आयतन कम हो जाता है और उसका तापमान बढ़ जाता है। इस प्रकार आरोहण या अवरोहण के कारण वायुदाब में होने वाले बदलाव के फलतः वायु के तापमान में जो बदलाव उत्पन्न होता है उसे रूद्धोष्म ताप बदलाव या एडियाबेटिक ताप बदलाव कहते हैं। ज्ञातव्य है कि इस प्रकार के ताप बदलाव का धरातलीय ऊष्मा से कोई सम्बन्ध नहीं होता।

वायुमंडलीय दबाव (Atmospheric Pressure)–वायुमंडलीय दबाव पृथ्वी के वायुमंडल में किसी सतह की एक इकाई पर उससे ऊपर की हवा के वजन द्वारा लगाया गया बल है। अधिकांश परिस्थितियों में वायुमंडलीय दबाव का लगभग सही अनुमान मापन बिन्दु पर उसके ऊपर वाली हवा के वजन द्वारा लगाये गये द्रवस्थैतिक दबाव द्वारा लगाया जाता है। कम दबाव वाले क्षेत्रों में उन स्थानों के ऊपर वायुमंडलीय द्रव्यमान कम होता है, जबकि अधिक दबाव वाले क्षेत्रों में उन स्थानों के ऊपर अधिक वायुमंडलीय द्रव्यमान होता है। इसी प्रकार, जैसे-जैसे ऊँचाई बढ़ती जाती है उस स्तर के ऊपर वायुमंडलीय द्रव्यमान कम होता जाता है, इसलिए बढ़ती ऊँचाई के साथ दबाव घट जाता है। समुद्र तल से वायुमंडल के शीर्ष तक एक वर्ग इंच अनुप्रस्थ काट वाले हवा के स्तंभ का वजन 6.3 किलोग्राम होता है (और एक वर्ग सेंटीमीटर अनुप्रस्थ काट वाले वायु स्तंभ का वज़न एक किलोग्राम से कुछ अधिक होता है)।

वात्या भट्ठी (Blast Furnace)–वात्या भट्ठी या ब्लास्ट फर्नेस एक प्रकार की धातु-वैज्ञानिक भट्ठी (मेटलर्जिकल फर्नेस) है जिसका इस्तेमाल आम तौर पर लोहे जैसी औद्योगिक धातुओं का निर्माण करने हेतु तथा धातुओं को पिघलाने के लिए किया जाता है। वात्या भट्ठी में लगातार ईंधन और अयस्क की आपूर्ति की जाती है जबकि चौंबर के निचले तल में हवा (कभी-कभी ऑक्सीजन की पर्याप्त मात्रा वाली हवा) भरी जाती है ताकि पदार्थों के नीचे की तरफ आने के दौरान पूरे फर्नेस में रासायनिक प्रतिक्रिया हो सके। अन्तिम उत्पाद के रूप में आम तौर पर नीचे की तरफ से पिघली हुई धातु और धातुमल तथा फर्नेस के ऊपर से धुआँ युक्त गैसें निकलती हैं।

वर्षा स्तरी मेघ–यह एक तरह का निम्न स्तरीय मेघ होता है, जिसका रंग गहरा भूरा और आधार अविच्छिन्न होता है। इससे निरन्तर जल वृष्टि या हिम वृष्टि होती है। कभी-कभी इससे होने वाली वर्षा धरातल तक पहुँचने के पहले वाष्प बनकर वायुमंडल में विलीन हो जाती है। शीतोष्ण कटिबन्धीय चक्रवात के उष्ण वाताग्र पर मोटी परत वाले वर्षा स्तरी बादल निर्मित होते हैं।

वाष्पन का गुप्त ताप–वाष्पीकरण की क्रिया द्वारा जो ताप वायुमंडल की

विभिन्न परतों में पहुँचता है उसे वाष्पन का गुप्त ताप कहते हैं। इस क्रिया को वाष्पन की गुप्त विधि कहते हैं। एक अनुमान के अनुसार महासागरों को प्राप्त होने वाले सूर्याताप का लगभग 50% भाग वाष्पन क्रिया में खर्च हो जाता है क्योंकि वाष्पन के लिए ऊर्जा की जरूरत होती है। वाष्पन में व्यय की गयी ऊर्जा जल-वाष्प के अणुओं में गुप्त ताप के रूप में उपस्थित रहती है। जल-वाष्प का संघनन या ऊर्ध्वपातन होने पर वाष्पन का गुप्त ताप स्वतन्त्र होकर वायु को ऊष्मा प्रदान करता है। पृथ्वी के सतह का लगभग दो तिहाई भाग पानी से ढँका हुआ है। जल मण्डल की व्यापकता को देखते हुए महासागरों से होने वाली वाष्पीकरण और उसके गुप्त ताप को वायुमंडलीय ऊष्मा को प्रमुख साधन माना जाता है।

वाष्पीकरण—जब कोई द्रव हर ताप पर धीरे-धीरे गैस में परिवर्तित होता है, तो इस परिवर्तन की प्रक्रिया को वाष्पीकरण कहते हैं। संक्षेप में, किसी द्रव का वाष्प या गैस की अवस्था में बदलना ही वाष्पन कहलाता है। पानी से जो गैस बनती है, उसे जल-वाष्प कहते हैं। गत्यात्मक सिद्धान्त (Kinetic Theory) से वाष्पन को समझने में सुगमता होती है। इस सिद्धान्त के अनुसार हर पदार्थ गतिशील अणुओं से बना होता है।

विषमांश या हेट्रोलिटिक विखण्डन (Heterolytic Cleavage)—यदि सहसंयोजक बन्ध इस प्रकार टूटे कि दोनों इलेक्ट्रॉन एक ही परमाणु के पास रह जाये तब इस प्रक्रम को ***हेट्रोलिटिक विखण्डन*** *(heterolysis)* या असममित विखण्डन *(unsymmetrical fission)* कहते हैं। वह परमाणु जो इलेक्ट्रॉन त्यागता है अर्थात् जिसके पास इलेक्ट्रॉनों की कमी हो, धनावेशित हो जाता है तथा दूसरा परमाणु जिसके पास दोनों इलेक्ट्रॉन हों, ऋणावेशित हो जाता है। इनको आयन (ions) कहते हैं

$$A:B \longrightarrow \overset{+}{A} + :\overset{-}{B} \text{ or}$$

$$A:B \longrightarrow \overset{-}{A}: + \overset{+}{B}$$

$$(CH_3)_3C - OH \longrightarrow (CH^3)_3\overset{+}{C} + \overset{-}{OH}$$

t-ब्यूटिल ऐल्कोहॉल

नोटः π- बन्ध के विषमांश विखण्डन पर **द्विध्रुवीय स्पीशीज** (bipolar species) बनती है।

$$A=B \longrightarrow \overset{+}{A}-\overset{-}{B}:$$

विलोपन अभिक्रियाएँ (Elimination Reactions)—ये योगात्मक अभिक्रियाओं के विपरीत होती हैं। इनमें किसी अणु में दो पास-पास वाले परमाणुओं से एक-एक σ-बन्ध टूटकर उनके मध्य एक नया π-बन्ध बनता है।

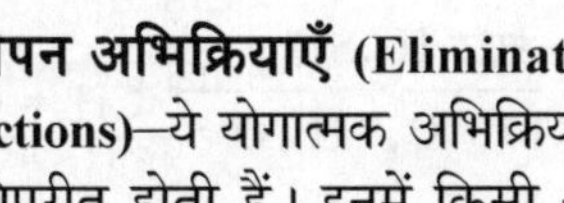

उदाहरणार्थ–

(i) विहाइड्रोजनीकरण (Dehydrogenation)

$$CH_3—CH_2—OH \xrightarrow[300°C]{Cu} CH_3—CHO + H_2$$

(ii) विहैलोजनीकरण *(Dehalogenation)*

$$\underset{Br}{\underset{|}{CH_2}}—\underset{Br}{\underset{|}{CH_2}} \xrightarrow[\Delta]{Zn} CH_2{=}CH_2 + ZnBr_2$$

(iii) विहाइड्रोहैलोजनीकरण *(Dehydrohalogenation)*

$$\underset{Br}{\underset{|}{CH_2}}—\underset{Br}{\underset{|}{CH_2}} \xrightarrow{\text{ऐल्कोहॉलिक KOH}} CH_2 = CH_2 + HBr$$

(iv) निर्जलीकरण *(Dehydration)*

$$CH_3—CH_2—OH \xrightarrow[170°C,\ -H_2O]{\text{सांद्र } H_2SO_4} CH_2 = CH_2$$

विलोपन अभिक्रिया दो क्रियाविधियों द्वारा हो सकती है–E_1 व E_2।

वियोजन अभिक्रिया–वह अभिक्रिया जिसमें दो या दो से अधिक पदार्थ मिलकर एक नया पदार्थ प्रदान करता है।

वियोजन अभिक्रिया के उदाहरण–

$$\underset{\text{(कैल्सियम कार्बोनेट)}}{CaCO_2(s)} \rightarrow \underset{\text{(कैल्सियम ऑक्साइड)}}{CaO\ (s)} + CO_2$$

$$\underset{\text{(लैड नाइट्रेट)}}{2Pb(NO_3)_2} \rightarrow \underset{\text{(लैड ऑक्साइड)}}{3PbO\ (s)} + 4NO_2(g) + O_2(g)$$

विस्थापन अभिक्रिया–जब कोई तत्त्व दूसरे तत्त्व को उसके यौगिक से विस्थापित कर देता है तो वह विस्थापन अभिक्रिया होती है।

विस्थापन अभिक्रिया के उदाहरण–

$$\underset{\text{(जिंक)}}{Zn(s)} + \underset{\text{(कॉपर सल्फेट)}}{CuSO_4\ (aq)} \rightarrow \underset{\text{(जिंक सल्फेट)}}{ZnSO4\ (aq)} + \underset{\text{(कॉपर)}}{Cu\ (s)}$$

$$\underset{\text{(क्लोरीन) गैस}}{Cl_2(q)} + \underset{\text{(पोटैशियम आयोडाइड)}}{2KI(aq)} \rightarrow \underset{\text{(पोटैशियम क्लोराइड)}}{2KCl(aq)} + \underset{\text{(आयोडीन)}}{I_2(aq)}$$

विशिष्ट नमी (Specific Humidity)–वायु की प्रति इकाई संहति और उसमें विद्यमान जल-वाष्प की संहति के अनुपात को विशिष्ट आर्द्रता (specific humidity) कहते हैं। इस विधि के द्वारा प्रति किलोग्राम वायु (आर्द्र वायु) में जल-वाष्प की वास्तविक मात्रा को ग्राम में प्रकट किया जाता है; जैसे, वायु में जल-वाष्प की मात्रा 10 ग्राम प्रति किलोग्राम होगी। वायु की विशिष्ट नमी उसके वाष्पदाब का समानुपाती और वायुदाब का विलोमानुपाती होती है

इसीलिए वायु के आयतन में प्रसारण या संकोचन के बावजूद, अगर जल-वाष्प की मात्रा स्थिर हो, तो विशिष्ट नमी में कोई बदलाव नहीं होता।

वायुमंडल की विशिष्ट आर्द्रता भूमध्य रेखा के आस-पास अधिकतम और ध्रुवों पर अल्पतम होती है। विषुवत् रेखा के पास तापमान ज्यादा होने से वायु की वाष्प ग्रहण करने की क्षमता अधिक और ध्रुवों पर तापमान की न्यूनता के कारण कम होती है। इसीलिए विषुवत् रेखीय प्रदेशों में वायु में जल-वाष्प की मात्रा अधिक और ध्रुवीय प्रदेशों में कम होती है। इसी प्रकार तापमान के प्रभाव के कारण ही किसी प्रदेश में गर्मी के मौसम में सर्दी की ऋतु की तुलना में वायुमंडल की विशिष्ट नमी अधिक होती है।

विशिष्ट नमी के प्रादेशिक वितरण की एक विशेषता यह है कि महाद्वीपों के ऊपर महासागरों की तुलना में यह कम होती है। परन्तु इस सम्बन्ध में इस बात का ध्यान रखना होगा कि मरुप्रदेशों की वायु में निरपेक्ष अर्थों में वाष्प हमेशा कम नहीं रहती। ग्रीष्म काल में सहारा मरुप्रदेश की बहुत अधिक तप्त वायु में उच्च अक्षांशीय शीतल सागरीय पवनों की तुलना में अधिक वाष्प उपस्थित रहती है। दुनिया के ज्यादातर हिस्सों में विशिष्ट आर्द्रता ग्रीष्म में अधिकतम और सर्दी में न्यूनतम अंकित की जाती है। ट्रेवार्था के अनुसार विशिष्ट नमी का दैनिक चक्र अधिक कठिन है, क्योंकि जहाँ एक तरफ तो सागर के ऊपर यह तापमान परिवर्तन का अनुसरण करती है, वहीं दूसरी ओर स्थल खण्डों पर चौबीस घंटे में विशिष्ट नमी के दो अधिकतम और दो न्यूनतम मान अंकित किये जाते है।

विखण्डन (Fission)—वह प्रक्रिया जिसमें एक भारी नाभिक दो लगभग बराबर नाभिकों में टूट जाता है विखण्डन कहलाती है। इसी अभिक्रिया के आधार पर बहुत से परमाणु रिएक्टर या परमाणु भट्ठियाँ बनायी गयीं हैं जो विद्युत ऊर्जा का उत्पादन करतीं हैं।

विद्यृत अपघटन—विलयन का अपने अवयवों में विद्युतधारा प्रवाहित कर विघटित करना विद्युत अपघटन कहलाता हे। पानी के बिजलीय अपघटन के लिए हॉफमैन उपकरण नामक यन्त्र का उपयोग किया जाता है जिसे लगाने के लिये काफ़ी सावधानी की आवश्यकता होती है। दोनों पार्श्वों में लगी ट्यूबों में प्लेटेनम की पत्ती लगी होती है। इस पत्ती को इलेक्ट्रोड कहते हैं। ये बिजलीय धारा को पानी के अन्दर ले जाते हैं और फिर बाहर ले आते हैं।

उपकरण के मध्य में लगी ट्यूब में से उपकरण को पानी से भरो। पानी को बिजली का सुचालक बनाने के लिए इसमें सल्फ्यूरिक अम्ल की कुछ बूंदें डाल दो। इस प्रयोग में पानी में से बिजली गुजारकर उसे अपघटित किया जा रहा है। अतः यहाँ पानी एक बिजलीय अपघटय है। अब इलेक्ट्रोडों को बैटरी के साथ जोड़ दो। बैटरी के

धन सिरे से जुड़े इलेक्ट्रोड को कैथोड तथा ऋण सिरे से जुड़े इलेक्ट्रोड को ऐनोड कहते हैं। जब इलेक्ट्रोडों को बैटरी से जोड़ा जाता है, तब बिजलीय धारा प्रवाहित होनी शुरू हो जाती है। यह धन सिरे अर्थात् ऐनोड में से बिजलीय अपघट्य (पानी) में प्रवेश करती है तथा ऋण सिरे कैथोड में से बाहर आ जाती है। बिजली गुजरने के बाद पानी हाइड्रोजन और ऑक्सीजन में अपघटित हो जाता है। हाइड्रोजन कैथोड ट्यूब के ऊपरी भाग में एकत्रित होने लगती है। यह भी पता चलता है कि एकत्रित हाइड्रोजन का आयतन एकत्रित ऑक्सीजन के आयतन से दोगुना है।

$$\underset{\text{पानी}}{\text{H O}} \xrightarrow{\text{बिजलीय धारा}} \underset{\text{हाइड्रोजन}}{\text{H O}} + \underset{\text{ऑक्सीजन}}{\text{O}}$$

विकृत गंधिता—उपचयित होने पर तेल एवं वसा विकृत हो जाते हैं तथा उनके स्वाद तथा गन्ध बदल जाते हैं। प्रायः तैलीय तथा वसायुक्त खाद्य सामग्रियों में उपचयन रोकने वाले पदार्थ (प्रति ऑक्सीकारक) मिलाए जाते हैं।

विरंजनचूर्ण (Bleaching Powder)—कैल्शियम हाइपोक्लोराइट एक अकार्बनिक यौगिक है। इसका रासायनिक सूत्र Ca(OCl)Cl है। यह सफेद बेरवेदार तथा ठोस होता है। इससे क्लोरीन की तीव्र गन्ध निकलती रहती है। पीने के जल के शुद्धीकरण में इसका उपयोग किया जाता है। क्लोरोफार्म तथा क्लोरीन गैस बनाने में भी इसका उपयोग किया जाता है। इसे विरंजनचूर्ण (ब्लीचिंग पाउडर) भी कहते हैं। यह चूने का क्लोराइड होता है और देखने में चूने की तरह सफेद होता है पर इसमें क्लोरीन की गन्ध होती है। इसका निर्माण सर्वप्रथम ग्लैसगो के चार्ल्स टेनैंट ने सन् 1799 में किया था।

विद्युत अपघटन (Electrolysis)—रसायन विज्ञान एवं निर्माण में विद्युत अपघटन उस प्रक्रिया को कहते हैं जिसके द्वारा किसी रासायनिक यौगिक में विद्युतधारा प्रवाहित करके उसके रासायनिक बन्धों को तोड़ा जाता है। उदाहरण के लिये जल में विद्युतधारा प्रवाहित करने पर जल, हाइड्रोजन एवं ऑक्सीजन में विघटित हो जाता है, जिसे जल का विद्युत अपघटन कहते हैं। विद्युत अपघटन के बहुत से उपयोग हैं। अयस्कों को प्रसंस्कारित करके उनमें निहित रासायनिक तत्त्व को शुद्ध करना एवं उसे अलग करना इसका सबसे महत्त्वपूर्ण औद्योगिक एवं व्यावसायिक उपयोग है।

विद्युत अपघट्य (Electrolyte)—रसायन विज्ञान में उन पदार्थों को विद्युत अपघट्य कहते हैं जिनमें मुक्त इलेक्ट्रॉन होते हैं जो उस पदार्थ को विद्युत चालक बनाते हैं। किसी आयनिक यौगिक का जल में विलयन सबसे साधारण (आम) विद्युत अपघट्य है। इसके अलावा पिघले हुए आयनिक यौगिक तथा ठोस विद्युत अपघट्य भी होते हैं। सामान्यतः विद्युत अपघट्य अम्लों, क्षारों एवं लवणों के विलयन के रूप में पाये जाते हैं। इसके अतिरिक्त उच्च ताप एवं कम दाब पर कुछ गैसें भी विद्युत अपघट्य जैसा गुण

प्रदर्शित करतीं हैं। कुछ जैविक (जैसे डीएनए, पॉलीपेप्टाइड्स आदि) एवं संश्लेषित बहुलकों (जैसे पॉलीस्टरीन सल्फोनेट) के विलयन भी विद्युत अपघटनीय होते हैं।

विद्युत आवेश (Electric Charge)–विद्युत आवेश कुछ उप-परमाणवीय कणों में एक मूल गुण है जिसका विद्युतचुम्बकत्व में अत्यधिक महत्त्व है। आवेशित पदार्थ को विद्युत क्षेत्र का असर पड़ता है और वह स्वयं एक विद्युत क्षेत्र का स्रोत हो सकता है।

विद्युत-ऋणात्मकता (Electronegativity)–विद्युत-ऋणात्मकता किसी परमाणु का एक रासायनिक गुण है जो दर्शाता है कि वह परणाणु किसी सहसंयोजी आबन्ध में इलेक्ट्रॉनों को आकर्षित करने में कितना सक्षम है। कभी-कभी प्रकार्यात्मक समूह (फंशनल ग्रुप) के विद्युत-ऋणात्मकता की भी बात की जाती है। इसे प्रतीक – द्वारा प्रदर्शित करते हैं। इसे लाइनस पाउलिंग ने सन् 1932 में सहसंयोजी आबन्ध सिद्धान्त के विकास में प्रयुक्त किया था। यह प्रदर्शित हो चुका है कि विद्युत-ऋणात्मकता अनेकों अन्य रासायनिक गुणों के साथ सहसम्बन्धित है। विद्युत-ऋणात्मकता का सीधे मापन सम्भव नहीं है। यह अन्य परमाणविक या आणविक गुणों से गणना करके निकाली जाती है।

विद्युत चालकता (Electrical Conductivity)–पदार्थों द्वारा विद्युत्धारा संचालित करने की क्षमता के माप को विद्युत चालकता या विशिष्ट चालकता कहते हैं। जब किसी पदार्थ से बने किसी चालक के दो सिरों के बीच विभवान्तर आरोपित किया जाता है तो इसमें विद्यमान घूम सकने योग्य आवेश प्रवाहित होने लगते हैं जिसे विद्युतधारा कहते हैं।

विस्थापन अभिक्रियाएँ (Displacemennt Reactions)–वे अभिक्रियाएँ जिनमें यौगिक में एक तत्त्व दूसरे तत्त्व का स्थान ले लेता हैं, विस्थापन अभिक्रियाएँ कहलाती हैं।

विद्युत चालन (Electrical Conduction)–किसी संचरण माध्यम से होकर आवेशित कणों के प्रवाह को विद्युत चालन कहते हैं। आवेशों के प्रवाह से विद्युतधारा बनती है। आवेशों का प्रवाह दो कारणों से सम्भव है–

विद्युत क्षेत्र के कारण जब किसी चालक (जैसे धातु का तार) के दोनों सिरों के बीच में विभवान्तर स्थापित किया जाता है, तो चालक के भीतर उपस्थित इलेक्ट्रॉन निम्न विभव से उच्च विभव की ओर गति करना आरम्भ कर देते हैं। इस प्रक्रिया को विद्युत चालन कहते हैं। विसरण के द्वारा आवेश के धारकों का घनत्व अलग-अलग स्थान पर समान न हो बल्कि अलग-अलग हो।

विद्युत्धारा (Electric Current)–विद्युत आवेश के गति या प्रवाह को विद्युत्धारा कहते हैं। इसकी SI इकाई एम्पीयर है। एक कूलम्ब प्रति सेकंड

की दर से प्रवाहित विद्युत आवेश को एक एम्पीयर धारा कहेंगे।

विद्युत प्रतिरोध (Electrical Resistance)– विद्युत प्रतिरोध वह अनुपात है, जिस कोटि तक स्वयं से जाने वाले विद्युत्धारा का विरोध करता है। इसे ओह्म में मापा जाता है। इसकी प्रतिलोमीय मात्रा है विद्युत चालकता, जिसकी इकाई है साइमन्स। समान धारा घनत्व मानते हुए, किसी वस्तु का विद्युत प्रतिरोध, उसकी भौतिक ज्यामिती और वस्तु की प्रतिरोधकता का प्रकार्य है

विद्युत-रसायन (Eletro-Chemistry)– विद्युत-रसायन, भौतिक रसायन की वह शाखा है जिसमें उन रासायनिक अभिक्रियाओं का अध्ययन किया जाता है जो किसी विलयन (सलूशन) के अन्दर एक एलेक्ट्रॉन चालक और एक ऑयनिक चालक (विद्युत अपघट्य) के मिलन-तल पर होती है। इसमें इलेक्ट्रॉन चालक कोई धातु या अर्धचालक हो सकता है। यदि रासायनिक अभिक्रिया किसी बाहर से आरोपित विभवान्तर (वोल्टेज) के कारण घटित होती है (जैसे विद्युत अपघटन में) या रासायनिक अभिक्रियों के परिणामस्वरूप विभवान्तर पैदा होता है (जैसे बैटरी में) तो ऐसी रासायनिक अभिक्रियों को विद्युत्त-रासायनिक अभिक्रिया कहते हैं। सामान्य रूप से देखें तो पाते हैं कि विद्युत रासायनिक अभिक्रियाओं में ऑक्सीकरण एवं अपचयन क्रियाएँ निहित होती हैं जो समय या स्थान (स्पेस और टाइम) में अलग होती हैं और किसी बाहरी परिपथ से जुड़ी होती हैं।

विद्युतअणु (Electron)–विद्युतअणु (इलेक्ट्रॉन) ऋणात्मक विद्युत आवेश युक्त मौलिक उप-परमाणविक कण है। यह परमाणु में नाभिक के चारों ओर चक्कर लगाता हैं। इसका द्रव्यमान सबसे छोटे परमाणु से भी हजारगुना कम होता है। परम्परागत रूप से इसके आवेश को ऋणात्मक माना जाता है और इसका मान -1 निर्धारित किया गया है। दूसरे परमाणुओं के विद्युतअणुओं से इनकी अन्तःक्रिया रासायनिक बन्धन का मुख्य कारण है। इस पर $1.6x10^{-19}$ कूलाम्ब परिमाण का ऋण आवेश होता है। इसका द्रव्यमान $9.11x10^{-31}$ किग्रा होता है जो प्रोटॉन के द्रव्यमान का लगभग 1837वाँ भाग है। किसी उदासीन परमाणु में विद्युतअणुओं की संख्या और प्रोटॉनों की संख्या समान होती है। इनकी आन्तरिक संरचना ज्ञात नहीं है इसलिए इसे प्रायः मूलभूत कण माना जाता है। इनकी आन्तरिक कोणीय संवेग अर्थात् स्पिन होती है, अतः यह फर्मीऑन होते है। विद्युदणु का प्रतिकण पोजीट्रॉन कहलाता है। द्रव्यमान के अलावा पोजीट्रॉन के सारे गुण जैसे आवेश, स्पिन इत्यादि विद्युदणु के बिलकुल विपरीत होते है। जब विद्युतअणु और पोजीट्रॉन की टक्कर होती है तो दोनों पूर्णतः नष्ट हो जाते हैं। विद्युतअणु कण एवं तरंग दोनों तरह के व्यवहार प्रदर्शित करता है।

बिटा-क्षय के रुप मे यह तरंग जैसा व्यवहार करता है, जबकि इसका संवेग जैसा गुण इसकी कण की प्रकृति दर्शाता है। चूँकि इसका सांख्यिकीय व्यवहार फर्मिऑन होता है और यह पॉली एक्सक्ल्युसन सिद्धान्त का पालन करता है अतः सभी विद्युतअणुओं की क्वांटम अवस्था भिन्न होती है।

विलयन **(Solution)**–दो या दो से अधिक पदार्थों के समांगी मिश्रण को विलयन कहते हैं। किसी निश्चित तापमान पर विलयन के उपादानों का आपेक्षिक अनुपात एक सीमा तक परिवर्तित किया जा सकता है। जब चीनी को पानी में घोला जाता है तो एक समांगी मिश्रण बनता है। यह समांगी मिश्रण चीनी का पानी में विलयन कहलाता है।

विलगित तन्त्र **(Isolated System)**–प्राकृतिक विज्ञानों के अन्तर्गत विलगित तन्त्र वह तन्त्र है जो अपने आसपास के पर्यावरण से कोई संक्रिया नहीं करता है। यह खुले हुए तन्त्र के उल्टा है। इस प्रकार का तन्त्र कई संरक्षण नियमों का पालन करता है। इसकी कुल ऊर्जा एवं द्रव्यमान अपरिवर्तित रहती है।

विशाल-अणुकणिका रसायनशास्त्र **(Supermolecular Chemistry)**–विशाल-अणुकणिका रसायनशास्त्र के अणुकणिकाओं के बीच गैर सह-संयुज बोन्डिंग का अध्ययन किया जाता है। सामान्य तौर पर रसायनशास्त्र में ध्यान सह-संयुज बोन्डिंग पर रहा है, किन्तु विशाल-अणुकणिका रसायनशास्त्र में ध्यान अणुकणिकाओं के बीच शक्तिहीन और उत्त्क्रमात्मक अन्तःक्रियाओं पर होता है। ये शक्तियाँ हैं हाइड्रोजन बॉड, धातु तालमेल, जल विरोधी बल, वॉन डर वॉल बल, चप-चप अन्तःक्रिया और स्थिरविद्युत प्रभावें। यह शास्त्र महत्त्वपूर्ण सिद्धान्तों का स्पष्टीकरण करता है, जैसे कि आणुविक स्व-संयोजन, रासायनिक बलन, आणुविक अभिज्ञान, परिचारक-अतिथि रसायन, यन्त्र-आलिंगित आणुविक ढाँचे और गतिक संयुज रसायन। गैर सह-संयुज का अध्ययन आवश्यक है जैविक प्रक्रियाओं को समझने के लिये। इन प्रक्रियाओं से नये तकनीकों के आविष्कार के लिये, जिनका प्रयोग नैनो तकनीकी में किया जा सकता है।

विशिष्ट ऊष्मा धारिता **(Specific Heat Capacity)**–यह एक सामान्य अनुभव है कि किसी वस्तु का ताप बढ़ाने के लिये उसे ऊष्मा देनी पड़ती है। किन्तु अलग-अलग पदार्थों की समान मात्रा का ताप समान मात्रा से बढ़ाने के लिये अलग-अलग मात्रा में ऊष्मा की जरूरत होती है। किसी पदार्थ की इकाई मात्रा का ताप एक डिग्री सेल्सियस बढ़ाने के लिये आवश्यक ऊष्मा की मात्रा को उस पदार्थ का विशिष्ट ऊष्माधारिता कहा जाता है। इससे स्पष्ट है कि जिस पदार्थ की विशिष्ट ऊष्मा अधिक होगी उसे गर्म करने के लिये अधिक

ऊष्मा की आवश्यकता होगी। उदाहरण के लिये, शीशा का ताप 1 डिग्री सेल्सियस बढ़ाने के लिये जितनी ऊष्मा लगती है उससे आठ गुना ऊष्मा एक किलोग्राम मैग्नीशियम का ताप 1 डिग्री सेल्सियस बढ़ाने के लिये आवश्यक होती है।

विस्फोटक (Explosives)–कुछ यौगिक या मिश्रण ऐसे होते हैं जिनमें आग लगाने पर या अघात करने पर बड़े धमाके के साथ वे विस्फुटित होते हैं। धमाके का कारण बड़े अल्प काल में बहुत बड़ी मात्रा में गैसों का बनना होता है। ऐसे पदार्थों को विस्फोटक कहते हैं। आज बहुत बड़ी मात्रा में विस्फोटकों का निर्माण होता है।

विन्यास-रसायन (Stereo-Chemistry)–विन्यास-रसायन, या त्रिविम रसायन, रसायन की वह शाखा है जो अणुओं के अन्दर परमाणुओं के सापेक्षिक स्थिति एवं उनके प्रभावों का अध्ययन करती है।

विश्लेषी रसायन (Analytical Chemistry)–विश्लेषी रसायन के अन्तर्गत प्राकृतिक एवं कृत्रिम पदार्थों में विद्यमान रासायनिक घटकों का परिष्करण, पहचान तथा प्रमाणीकरण किया जाता है। यह दो तरह का होता है गुणात्मक विश्लेषण तथा मात्रात्मक विश्लेषण। गुणात्मक विश्लेषण से किसी नमूने में विद्यमान घटकों की पहचान होती है तथा मात्रात्मक विश्लेषण के द्वारा इन घटकों की मात्रा निर्धारित की जाती है। रसायन विज्ञान में विश्लेषण शब्द का प्रयोग सबसे पहले रॉबर्ट बॉयल ने पदार्थों का संघटन ज्ञात करने की विधि के लिए किया था।

श

शुक्ताम्ल (Acetic Acid)–शुक्ताम्ल (एसिटिक अम्ल) CH_3COOH जिसे एथेनोइक अम्ल के नाम से भी जाना जाता है, एक कार्बनिक अम्ल है जिसकी वजह से सिरका में खट्टा स्वाद और तीखी खुशबू आती है। यह इस मामले में एक कमजोर अम्ल है कि इसके जलीय विलयन में यह अम्ल केवल आंशिक रूप से विभाजित होता है। शुद्ध, जल रहित एसिटिक अम्ल (ठंडा एसिटिक अम्ल) एक रंगहीन तरल होता है, जो नये वातावरण (हाइग्रोस्कोपी) से जल सोख लेता है और 16-5 °C (62 °F) पर जमकर एक रंगहीन क्रिस्टलीय ठोस में बदल जाता है। शुद्ध अम्ल और उसका सघन विलयन खतरनाक संक्षारक होते हैं। एसिटिक अम्ल एक सरलतम कार्बोक्जिलिक अम्ल है। ये एक महत्त्वपूर्ण रासायनिक अभिकर्मक और औद्योगिक रसायन है, जिसे मुख्य रूप से शीतल पेय की बोतलों के लिए पोलिईथाइलीन टेरिफ्थेलेटय फोटोग्राफिक फिल्म के लिए सेलूलोज एसिटेट, लकड़ी के गोंद के लिए पोलिविनाइल एसिटेट और सिन्थेटिक फाइबर और कपड़े बनाने के काम में लिया जाता है। घरों में इसके तरल विलयन का उपयोग अकसर एक डिस्केलिंग एजेंट के तौर पर किया जाता है। खाद्य उद्योग में एसिटिक अम्ल का उपयोग खाद्य संकलनी कोड E260 के तहत एक एसिडिटी नियामक और एक मसाले के तौर पर किया जाता है।

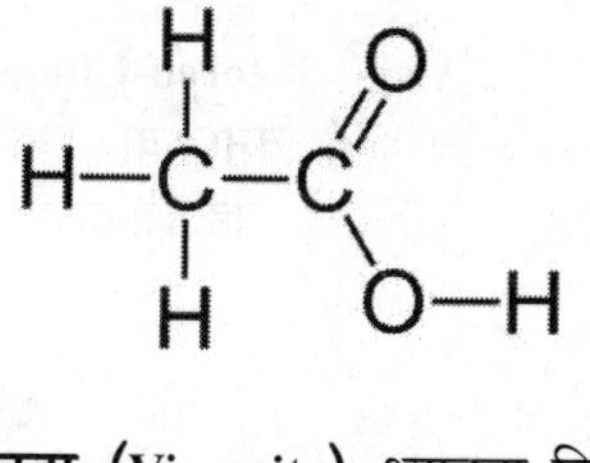

श्यानता (Viscosity)–श्यानता किसी तरल का वह गुण है जिसके कारण वह किसी बाहरी प्रतिबल (स्ट्रेस) या अपरूपक प्रतिबल (शीयर स्ट्रेस) के कारण अपने को विकृत करने का विरोध करता है। सामान्य शब्दों में, यह उस तरल के गाढ़ेपन या उसके बहने का प्रतिरोध करने की क्षमता का परिचायक है। उदाहरण के लिए, पानी पतला होता है एवं उसकी श्यानता वनस्पति तेल की अपेक्षा कम होती है जो कि गाढ़ा होता है।

श्यानतामापी (Viscometer)–जिन उपकरणों से किसी तरल (द्रव या गैस) की श्यानता मापी जाती है उन्हें श्यानतामापी कहते हैं। श्यानता गुणांक के शुद्ध, पूर्ण तथा ठीक-ठीक निर्धारण के लिए यह आवश्यक है कि श्यानता के यथार्थ आयाम मालूम हों, पर यह कठिन कार्य है। औद्योगिक प्रतिष्ठानों में श्यानतामापन के लिए सरल उपकरण, जिन्हें श्यानतामापी कहते हैं, प्रयुक्त होते हैं। इन उपकरणों को उन द्रवों द्वारा अंशांकित किया जाता है जिनकी श्यानता मालूम है।

स

संगमरमर—भारत के कुछ ऐसे राज्य हैं जहाँ उत्तम किस्म के संगमरमर पत्थर प्राप्त होते हैं। राजस्थान में जोधपुर जिले के मकराना क्षेत्र और राजसमन्द, उदयपुर जि22लों के आमेर आदि क्षेत्रों के शरबती और सफेद भूरे तथा हल्के गुलाबी और अन्य कई रंगों के संगमरमर प्राप्त होते हैं। जैसलमेर में लाल-पीला, छींटदार संगमरमर और डूंगरपुर का काला संगमरमर विशेष प्रसिद्ध हैं। मध्य प्रदेश के जबलपुर का श्वेत और बैतूल, सिवनी, नरसिंहपुर, छिन्दवाड़ा का रंगीन संगमरमर तथा गुजरात में बडोदरा क्षेत्रों के मोतीपुरा स्थान का हरा, गुलाबी और सफेद संगमरमर तथा ग्वालियर का बाघ नामक स्थान लाल-पीला, छींटदार हरा संगमरमर विशेष प्रसिद्ध है। तमिलनाडु में कोयम्बटूर और मदुराई, आन्ध्र प्रदेश में विशाखापट्टनम, कर्नाटक में चित्तलदुर्ग, उड़ीसा में कोरापुट तथा गंगापुर में अनेक रंगों वाले भूरे, सफेद, लाल और काले संगमरमर प्राप्त होते हैं। गुजरात में रेवाकांटा का काला संगमरमर, आन्ध्र प्रदेश के कुर्नूल जिले का पीला, हरा, गहरा हरा, मटमैला संगमरमर तथा गुन्टूर और कृष्णा जिलों का पीला-हरा संगमरमर उत्तम किस्म के संगमरमर के लिए विख्यात है।

संतृप्त विलयन (Saturated Solution)—जिस विलयन में किसी निश्चित ताप पर दिये हुए पदार्थ की और अधिक मात्रा न घुल सकें, उसे संतृप्त विलयन (Saturated Solution) कहते हैं।

संवहन—संवहन की क्रिया में गैस या तरल पदार्थ के कण ऊष्मा को धारण कर स्वयं एक जगह से दूसरी जगह स्थानांतरित हो जाते हैं जिसके कारण धरातल के समीप की वायु का आयतन बड़ा और घनत्व छोटा हो जाता है। ठंडी और भारी वायु से घिरी हुई गर्म तथा हल्की वायु पानी के अन्दर बलपूर्वक डुबोए गये कार्क (Cork) के समान होती है जो असन्तुलित अवस्था में रहता है। इस प्रकार गर्म वायु के द्वारा खाली जगह की पूर्ति करने के लिए उस ओर प्रवाहित होने लगती हैं। इसके फलतः वायुमंडल में संवहनिक प्रणाली (Convectional System) पैदा हो जाती है। ऊष्मा स्थानान्तरण की इस प्रक्रिया को संवहन विधि कहा जाता है। गर्म वायु में पैदा संवहन

धाराएँ धरातल से प्राप्त की हुई ऊष्मा को वायुमंडल में काफ़ी ऊँचाई तक ले जाती हैं और वायु की ऊपरी परतों को गर्म करती हैं। विकिरण और चालन विधियाँ वायुमंडल की ऊपरी परतों को गर्म करने में प्रभावकारी नहीं होती। क्षोभ मण्डल में धरातल से अनेक किलोमीटर की ऊँचाई पर ऐसी धाराएँ प्रायः उत्पन्न होती हैं। इसीलिए क्षोभ मण्डल को संवहन कटिबन्ध (convective zone) भी कहते हैं। धरातलीय विषमताओं से पैदा वायु विक्षोभ (turbulence) 60 मीटर से 3000 मीटर की ऊँचाई तक वायुमंडल की विभिन्न तापमान वाली वायु की परतों में मिश्रण पैदा कर देता है। इस प्रकार उपर्युक्त विधियों से धरातल से संलग्न गर्म वायु वायुमंडल में विभिन्न ऊँचाईयों तक पहुँचा दी जाती है। इसीलिए वायुमंडल के ऊष्मन के लिए संवहन विधि बेहद महत्त्वपूर्ण है।

संतुलित रासायनिक समीकरण (Balanced Chemical Equation) – वह रासायनिक समीकरण जिसमें अभिकारकों और उत्पादों में विभिन्न तत्त्वों के परमाणुओं की संख्या समान होती है, संतुलित रासायनिक समीकरण कहलाती हैं।

संघनन–संघनन की प्रक्रिया वाष्पन की उल्टी होती है। इसके द्वारा जल-वाष्प गैसीय अवस्था से तरल अवस्था में बदलती है। वाष्पन की प्रक्रिया में अवशोषित ऊष्मा जल-वाष्प से आजाद हो जाती है। इसे संघनन की गुप्त ऊष्मा कहते हैं।

संगलन–ठोस पदार्थ जब द्रव अवस्था में आता है, तो इस बदलाव को गलन की प्रक्रिया कहते है। पदार्थ के तापमान में इस प्रक्रिया के फलतः कोई बदलाव नहीं होता। निश्चित तापमान पर एक ग्राम पानी में बदलने के लिए 80 ग्राम कैलरी ऊष्मा अपेक्षित होती है। इसे संगलन की गुप्त ऊष्मा कहते हैं।

संहति–किसी वस्तु में विद्यमान पदार्थ की मात्रा को संहति भी कहा जाता है। इस प्रकार के संहति का माप भौतिक तुला के द्वारा किया जाता है। भौतिक तुला में एक धातु की छड़ होती है, जिसके दोनों सिरों पर एक जैसे दो पलड़े होते हैं तथा बीच में आलम्ब होता है। छड़ के बीच में एक संकेतक लगा होता है जो नीचे लगे पैमाने पर दाएं-बाएं घूमता है। जब तुला का संकेतक पैमाने को शून्यांक पर होता है, तब तुला संतुलित अवस्था में होती है। तोली जाने वाली वस्तु को बायें हाथ वाले पलड़े में तथा बाटों को दायें हाथ वाले पलड़े में रखते हैं ताकि बाट रखने और उठाने में सुविधा रहे। बाट इतने रखते हैं कि तुलना का संकेतक पैमाने के शून्य पर आ जाये। पलड़े में रखे बायें का योग वस्तु की संहति होता है।

संहति का मापक–संहति के मात्रक किलोग्राम तथा ग्राम और मिलीग्राम होते हैं। इसे निम्न सूत्र द्वारा समझा जा सकता है।

1 किलोग्राम = 1000 ग्राम

1 ग्राम = 100 मिलीग्राम

100 किलोग्राम = 1 क्विंटल

10 क्विंटल = 1 टन

संयुक्त अभिक्रिया–ऐसी अभिक्रिया जिसमें दो या दो से अधिक अभिकारक मिलकर एकल उत्पाद का निर्माण करते हैं उसे संयुक्त अभिक्रिया कहते हैं।

जैसे–कैल्सियम ऑक्साइड जल के साथ तीव्रता से अभिक्रिया करके बुझे हुए चूने (कैल्सियम हाइड्रोक्साइड) का निर्माण करके अत्यधिक मात्रा में ऊष्मा उत्पन्न करता है।

$$CaO(s) + H_2O(l) \rightarrow Ca(OH)_2\ (aq)$$

(बिना बुझा हुआ चूना) (बुझा हुआ चूना)

इस अभिक्रिया में कैल्सियम ऑक्साइड तथा जल मिलकर एकल उत्पाद, कैल्सियम हाइड्रोक्साइड बनाते हैं।

संयोजकता (Valency)–तत्त्वों की संयोजन शक्ति को संयोजकता का नाम दिया गया है। संयोजकता का यथार्थ ज्ञान ही समस्त रसायनशास्त्र की नींव है। पिछले वर्षों में द्रव्यों के स्वभाव तथा गुणों का अधिक ज्ञान होने के साथ-साथ संयोजकता के ज्ञान में भी वृद्धि हुई है। दूसरे शब्दों में, संयोजकता एक संख्या है जो यह प्रदर्शित करती है कि जब कोई परमाणु कितने इलेक्ट्रॉन प्राप्त करता है, या खोता है या साझा करता है जब वह अपने ही तत्त्व के परमाणु से या किसी अन्य तत्त्व के परमाणु से बन्धन बनाता है।

संपीडित प्राकृतिक गैस (सी.एन. जी.)–वाहनों में इस गैस का इस्तेमाल पेट्रोल एवं डीजल के स्थान पर होने लगा है। दिल्ली में सभी बसें एवं आटो रिक्शा अब इसी से चलाए जाते हैं। सी.एन.जी. से शहर में वाहन प्रदूषण की समस्या काफ़ी कम हो गयी है।

संरक्षक (Preservative)–संरक्षक या परिरक्षी ऐसे प्राकृतिक या मानवकृत रसायन को कहते हैं जिसे कुछ मात्रा में डालने से खाना, औषधि, रंग, लकड़ी, जीववैज्ञानिक वस्तुएँ और अन्य चीजें कीटाणुओं के प्रभाव या अनचाहे रासायनिक बदलाव से खराब होने से सुरक्षित की जाती हैं।

संक्षारण (Corrosion)–जब कोई धातु अपने आसपास अम्ल, आर्द्रता आदि के सम्पर्क में आती है तब ये संक्षारित होती हैं और इस प्रक्रिया को संक्षारण कहते हैं। चाँदी के ऊपर वाली पर्त और ताँबे के ऊपर हरी पर्त चढ़ना संक्षारण के उदाहरण हैं।

संवहन (Convection)–किसी तरल पदार्थ (गैस, द्रव या प्लाज्मा) में अणुओं के समग्र स्थानान्तरण द्वारा ऊष्मा का लेन-देन होता है। इस प्रक्रिया को संवहन कहते हैं। ठोस पदार्थों में संवहन सम्भव नहीं है किन्तु तरल पदार्थों में संवहन ऊष्मा के अन्तरण का एक मुख्य विधि है। संवहन द्वारा द्रव्यमान का भी स्थानान्तरण होता है।

समांश या होमोलिटिक विखण्डन (Homolytic Cleavage)– जब

सहसंयोजक बन्ध इस प्रकार टूटे कि प्रत्येक परमाणु के पास एक-एक इलेक्ट्रॉन हो तब इस प्रक्रम को होमोलिटिक विखण्डन या सम-अपघटन *(homolysis)* या सममित विखण्डन *(symmetrical fission)* कहते हैं। इस प्रकार प्राप्त उदासीन स्पीशीज को मुक्त-मूलक कहते हैं।

$$A : B \longrightarrow \dot{A} + \dot{B}$$

$$Cl : Cl \longrightarrow \dot{Cl} + \dot{Cl}$$

$$CH_3 - H \longrightarrow \dot{C}H_3 + \dot{H}$$

$$CH_3COCH_3 \longrightarrow CH_3C\dot{O} + \dot{C}H_3$$

नोटः π–बन्ध के सम-अपघटन पर द्विमूलक स्पीशीज (biradical species) बनती है।

सममितता तल (Plane of Symmetry)–किसी क्रिस्टल में उस काल्पनिक तल को सममितता तल कहते हैं जो उस क्रिस्टल को दो बराबर भागों में बाँटे और ये दोनों भाग एक-दूसरे के समतल दर्पण प्रतिबिम्ब हो। जैसे एक घन क्रिस्टल में कुल 9 सममितता तल होते हैं। इनमें तीन सममितता तल वर्गाकार है जो आमने-सामने के विकर्णी फलकों के मध्य में समानान्तर स्थित है तथा शेष 6 फलक आयताकार हैं जो घन के आमने-सामने विकर्णों के किनारों को जोड़ने से प्राप्त होते हैं। इस प्रकार एक घन क्रिस्टल में कुल 3+6 = 9 सममितता तल होंगे।

सह-संयोजक क्रिस्टल–जिन क्रिस्टलों में क्रिस्टल की इकाइयाँ सहसंयोजक बन्धों से जुड़ी होती हैं उनको सहसंयोजक क्रिस्टल कहते हैं, जैसे–हीरा, ग्रेफाइट, सिलिका, कार्बोरेन्डम, बोराइड, कार्बाइड आदि। इन क्रिस्टलों की संरचनात्मक इकाई परमाणु होने के कारण इनको परमाण्विक क्रिस्टल भी कहते हैं। इन क्रिस्टलों की इकाइयाँ (परमाणु) संकर कक्षकों के अतिव्यापन द्वारा जुड़ी होती है। अतः इनके मध्य प्रबल σ बन्ध पाये जाते हैं। इस कारण इनके गलनांक, कठोरता अधिक होती है तथा रासायनिक दृष्टि से कम क्रियाशील होते हैं। स्वतन्त्र इलेक्ट्रॉन प्रवाह सम्भव नहीं होने के कारण ये विद्युत एवं ऊष्मा के कुचालक होते हैं (ग्रेफाइट परत संरचना युक्त होने के कारण इनमें अपवाद है।) संकर कक्षकों के अतिव्यापन द्वारा बने होने के कारण इनकी निश्चित आकृति होती है जैसे SiC कार्बोरेन्डम, हीरा तथा SiO_2 में केन्द्रीय परमाणु की sp^3 संकर अवस्था होने के कारण ये क्रिस्टल चतुष्फलकीय संरचना युक्त होते हैं।

सममितता अक्ष (Axis of Symmetry)–किसी क्रिस्टल में उस काल्पनिक रेखा को सममितता अक्ष कहते हैं जिसके सहारे उस क्रिस्टल को 360° या एक पूरा चक्कर घुमाने पर समान आकृतियाँ प्रेक्षक के सामने दो या अधिक बार आती है। यदि किसी अक्ष के सहारे एक पूर्ण घूर्णन में समान आकृतियाँ जबकि तीन बार समान आकृतियाँ प्राप्त होने पर त्रिगुणित (Three-fold) सममितता अक्ष एवं चार बार एक जैसी आकृतियाँ दिखायी

देती हैं तो उस अक्ष को चतुर्गुणित (Four-fold) सममितता अक्ष कहते हैं।

सममितता केन्द्र (Centre of Symmetry)–किसी क्रिस्टल में उस काल्पनिक बिन्दु को सममितता केन्द्र कहते हैं जिसमें से गुजरने वाली रेखा आमने-सामने के फलकों को समान दूरी पर काटती है। एक घन क्रिस्टल में एक मात्र बिन्दु सम्भव है जिसे इस क्रिस्टल का सममितता केंद्र कहते हैं।

सहसंयोजक बन्धा (Covalent Bond)–सहसंयोजक बन्ध में इलेक्ट्रॉनों की साझेदारी होती है और यह बन्ध कार्बनिक यौगिकों की विशेषता है। द्विअणुक अणु जैसे H_2, F_2, HF, H_2O आदि में सहसंयोजक बन्ध समझाने के लिए ऐसा माना जाता था कि अणु के अन्दर परमाणु एक या अधिक इलेक्ट्रॉन देकर अक्रिय गैस विन्यास प्राप्त कर लेते है, उदाहरण के लिए हाइड्रोजन अणु के बनने में, प्रत्येक हाइड्रोजन परमाणु के पास एक इलेक्ट्रॉन है, एक इलेक्ट्रॉन युग्म की साझेदारी कर दोनों हाइड्रोजन परमाणु अपने कोश को पूर्ण करते हैं। दो फ्लुओरीन परमाणुओं के अयुग्मित इलेक्ट्रॉन युग्मित हो जाते हैं और यह इलेक्ट्रॉन युग्म दोनों परमाणुओं के बीच साझेदारी कर फ्लुओरीन अणु बनाता है। इस प्रकार हम HF, CH_4 इत्यादि की संरचना लिख सकते हैं।

$$H\cdot + \cdot H \rightarrow H : H$$

$$:\ddot{F} + \cdot\ddot{F}: \rightarrow :\ddot{F}:\ddot{F}:$$

$$H\cdot + \cdot\ddot{F}: \rightarrow H:\ddot{F}:$$

$$4H\cdot + \cdot\dot{C}\cdot \rightarrow H:\overset{H}{\underset{H}{\ddot{C}}}:H$$

$$A = B \longrightarrow \dot{A} + \dot{B}$$

सस्पेन्डेड पार्टीकल्स (SPM)–इसका मुख्य स्रोत कारखानों की चिमनियाँ हैं। आँखों की जलन, छींकना, कैंसर आदि इसके हानिकारक प्रभाव हैं।

सल्फर डाइऑक्साइड (SO_2)–सल्फर डाइऑक्साइड एक प्रभावी वायु प्रदूषक है। यह बड़े पैमाने पर सल्फ्यूरिक अम्ल और उर्वरकों के निर्माण, पेट्रोलियम शोधक सन्यन्त्र, प्रगलन उद्योग, ऊर्जा सन्यन्त्र आदि से अधिक मात्रा में वायुमण्डल में मुक्त होती है और अम्ल वर्षा का एक घटक बनती है। यह गैस विशेष रूप से श्वसन नली तथा आँखों के लिए घातक होती है। SO_2 प्रदूषण का स्तर उच्च होने से फेफड़े का कैंसर हो सकता है। इसके अन्य प्रभावों में खांसी, अस्थमा, श्वसन में रुकावट आदि आती हैं। यह गैस पूर्ण उत्तकों को नष्ट करती है और उत्तक क्षय का कारण बनती है। कुछ फसलें SO_2 प्रदूषण के प्रति संवेदी होती हैं। यह जीवों के लिए हानिकारक होने के अतिरिक्त संगमरमर, चूने का पत्थर, वस्त्र सामग्री, भवनों को भी नष्ट करती है। ताजमहल को मथुरा के तलशोधक कारखाने से निकली गैसों ने नुकसान

पहुँचाया है। निम्न तापमान वाले क्षेत्रों में SO_2 स्मॉग बनाती है, जो सजीवों के लिए विनाशक होता है। अम्ल वर्षा में भी SO_2 से बना H_2SO_3 ही होता है।

समावयवता (Isomerism)–रासायनिक यौगिकों का जब सूक्ष्मता से अध्ययन किया गया, तब देखा गया कि यौगिकों के गुण उनके संगठन पर निर्भर करते हैं। जिन यौगिकों के गुण एक से होते हैं उनके संगठन भी एक से ही होते हैं और जिनके गुण भिन्न होते हैं उनके संगठन भी भिन्न होते हैं। बाद में पाया गया कि कुछ ऐसे यौगिक भी हैं जिनके संगठन, अणुभार तथा अणु-अवयव एक होते हुए भी, उनके गुणों में विभिन्नता है। ऐसे विशिष्टता यौगिकों को समावयवी की संज्ञा दी गयी और इस तथ्य का नाम समावयवता रखा गया।

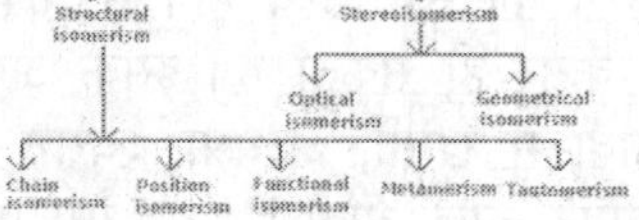

समस्थानिक (Isotope)–समस्थानिक एक ही तत्त्व के परमाणु जिनकी परमाणु संख्या समान होती हैं परन्तु परमाणु भार अलग-अलग होता है समस्थानिक कहे जाते हैं ।

समूह (Group)–रासायनिकी में समूह (जिसे फैमिली या परिवार भी कहते हैं) रासायनिक तत्त्वों के आवर्त सारणी का एक लम्बवत् कॉलम होता है। एक मानक आवर्त सारणी में कुल 18 समूह होते हैं।

सह-उत्पाद (By-product)–उन वस्तुओं को सह-उत्पाद कहते हैं जो किसी निर्माण प्रक्रिया, रासायनिक अभिक्रिया या जैव रासायनिक प्रक्रिया में मुख्य उत्पाद के साथ ही चाहे-अनचाहे प्राप्त हो जाते हैं। अधिकांश जगह सह-उत्पाद उपयोगी एवं बेचने योग्य होते हैं किन्तु कहीं-कहीं समस्यामूलक, विषकारक या परेशानी पैदा करने वाले भी हो सकते हैं।

सहसंयोजी आबन्ध (Covalent Bond)–सहसंयोजी आबन्ध वह रासायनिक आबन्ध है जिसमें परमाणुओं के बीच इलेक्ट्रॉन-युग्मों का सहभाजन होता है। सहसंयोजी आबन्धन में अनेक प्रकार की पारस्परिक क्रियाएँ भी होती हैं।

साइक्लोऐल्केन (Cycloalkanes)–साइक्लोऐल्केन में कार्बन परमाणुओं की बन्द शृंखला एकल बन्ध द्वारा जुड़ी रहती है। इनका व्यवहार ऐलीफैटिक यौगिकों की भाँति होता हैं इसलिए इन्हें ऐलीसाइक्लिक यौगिक भी कहा जाता है। इनका सामान्य सूत्र C_nH_{2n} होता है तथा ये ऐल्कीन के समावयवी हैं।

साइक्लोऐल्केन में कई $—CH_2—$ समूह परस्पर जुड़कर एक वलय बनाते हैं, अतः इन्हें पॉलीमेथिलीन (polymethylene) भी कहा जाता है। जितने कार्बन परमाणु वलय होते हैं उस

संख्या का लैटिन शब्द (डाई, ट्राइ, टेट्रा आदि) मेथिलीन के आगे लिख दिया जाता है। अतः

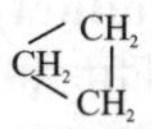
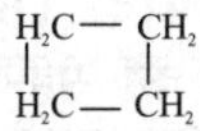

ट्राइमेथिलीन टेट्रामेथिलीन

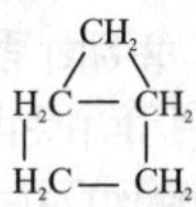

पेन्टामेथिलीन

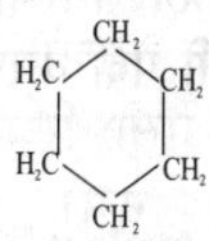
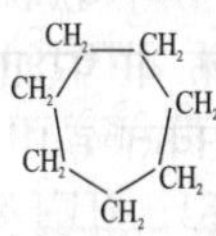

हेक्सामेथिलीन हेप्टामेथिलीन

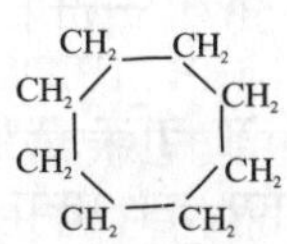

ऑक्टामेथिलीन

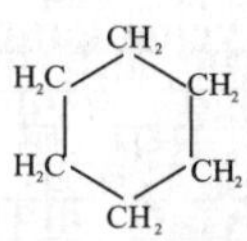
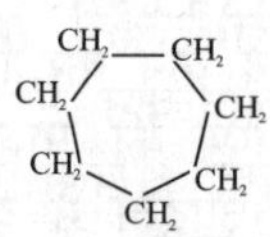

हेक्सामेथिलीन हेप्टामेथिलीन

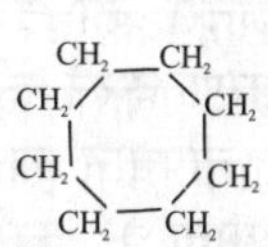

ऑक्टामेथिलीन

सापेक्षिकता का सिद्धान्त (Theory of Relativity)–सापेक्षिकता का सिद्धान्त, या केवल सापेक्षता, आधुनिक भौतिकी का एक बुनियादी सिद्धान्त है जिसे ऐल्बर्ट आइनस्टाइन ने विकसित किया और जिसके दो बड़े अंग हैं – विशिष्ट सापेक्षता और सामान्य सापेक्षता। फिर भी कई बार सापेक्षिकता या रिलेटिविटी शब्द को गैलीलियन इन्वैरियन्स के सन्दर्भ में भी प्रयोग किया जाता है। थ्योरी ऑफ् रिलेटिविटी नामक इस शब्द का प्रयोग सबसे पहले सन् 1906 में मैक्स प्लैंक ने किया था। यह अंग्रेज़ी शब्द समूह रिलेटिव थ्योरी से लिया गया था जिसमें यह बताया गया है कि कैसे यह सिद्धान्त प्रिंसिपल ऑफ रिलेटिविटी का प्रयोग करता है। इसी पेपर के चर्चा संभाग में अल्फ्रेड बुकरर ने प्रथम बार थ्योरी ऑफ रिलेटिविटी का प्रयोग किया था।

सायनाइड विधि (Cyanide Process)–सायनाइड विधि निम्न श्रेणी के स्वर्ण अयस्कों से सोना निकालने की एक धातुकार्मिक तकनीक है। इसका आविष्कार 1887 ई. में हुआ था। इससे कम सोने वाले खनिजों से सोना निकालने में बड़ी सहायता मिली है। इससे पहले पारदन विधि के खनिजों से केवल 60% के लगभग सोना निकाला जा सकता था। पारदन विधि से सोना के अधिकांश सूक्ष्म कण निकल नहीं पाते थे। सायनाइड विधि के आविष्कारक मैकआर्थर और फॉरेस्ट थे। आविष्कार के समय इस विधि का उपहास किया गया था क्योंकि इसका अभिकर्मक सायनाइड घातक विष और तब सरलता से प्राप्य नहीं था।

सान्द्रता (Concentration)– रसायन विज्ञान में किसी विलयन की सांद्रता उस विलयन के इकाई आयतन में उपस्थित पदार्थ की मात्रा के रूप में परिभाषित किया गया है किन्तु रसायन विज्ञान में सांन्द्रता की चार अलग-अलग परिभाषाएँ हैं – द्रव्यमान, मोलर, संख्या तथा आयतनी सांद्रता। यद्यपि किसी भी प्रकार के रासायनिक मिश्रण के सन्दर्भ में सान्द्रता की बात की जा सकती है किन्तु प्रायः यह विलयन में उपस्थित विलेयों के लिए ही प्रयुक्त होता है।

सापेक्ष नमी–वायुमंडलीय आर्द्रता को व्यक्त करने हेतु सबसे अधिक प्रचलित तरीका उसकी सापेक्ष नमी है। किसी निश्चित वायुदाब और तापमान पर वायु के निश्चित आयतन में विद्यमान जल वाष्प की वास्तविक मात्रा और उसी दाब एवं तापमान पर उसी आयतन की वायु को संतृप्त करने के लिए जरूरी जल वाष्प की मात्रा के अनुपात को उस वायु की सापेक्ष नमी कहते हैं। वाष्प-दाब वाष्प की मात्रा का समानुपाती होता है, इसीलिए वाष्प की मात्रा के स्थान पर वाष्प दाब ले सकते हैं। ऐसी स्थिति में किसी निश्चित ताप और दाब पर दिये गये आयतन की वायु के वास्तविक वाष्प दाब एवं संतृप्त वाष्प दाब के अनुपात को सापेक्ष नमी कहेंगे। सापेक्ष नमी को निम्नलिखित समीकरण द्वारा स्पष्ट किया जाता है–

सापेक्ष नमी =

$$\frac{\text{वास्तविक वाष्प दाब}}{\text{संतृप्त वाष्प दाब}} \times 100$$

चूँकि सापेक्ष आर्द्रता सदैव प्रतिशत में निकाली जाती है, अतएव 100 से गुणा करके फल प्रतिशत में लिखा जाता है। इस प्रकार एक किलोग्राम वायु में किसी निश्चित वायुदाब तथा ताप पर 12 ग्राम जल वाष्प धारण करने की क्षमता है, परन्तु उसमें जल वाष्प की वास्तविक मात्रा केवल 6 ग्राम ही है, तो ऐसी स्थिति में वायु की सापेक्ष नमी 50% $\frac{6}{12} \times 100 = 50\,\%$ होगी। यदि वायु के तापमान में वृद्धि कर दी जाये, और जल-वाष्प की मात्रा स्थिर रहे, तो सापेक्ष आर्द्रता कम हो जायेगी। इसके विपरीत, अगर वायु का तापमान कम कर दिया जाये, परन्तु जल-वाष्प की मात्रा स्थिर रहे तो सापेक्ष आर्द्रता में वृद्धि हो जायेगी।

तापमान बढ़ोतरी की दशा में वायु की वाष्प धारण करने की क्षमता में उन्नति और तापमान ह्रास की दशा में उसकी क्षमता में कमी आ जाने से ऐसा होता है। जब सापेक्ष नमी 100% हो जाती है, तब वायु संतृप्त कही जाती है। सापेक्ष आर्द्रता के कारण वाष्पीकरण की मात्रा और उसकी दर निर्धारित होती है। आपेक्षिक आर्द्रता तथा तापमान

विसर्जन की दर इसी से निर्धारित होती है। सापेक्ष आर्द्रता जलवायु का काफ़ी प्रमुख कारक है।

सिलिकॉन (Silicon)–सिलिकॉन एक भौतिक तत्त्व है। यह पृथ्वी पर ऑक्सीजन के बाद सबसे अधिक पाया जाने वाला तत्त्व है। सिलिकॉन के यौगिक इलेक्ट्रॉनिक अवयव, साबुन, शीशे एवं कंप्यूटर चिप्स में इस्तेमाल किये जाते हैं। सिलिकॉन की खोज 1824 में स्वीडन के रसायनशास्त्री जोंस जकब बर्ज़ेलियस ने की थी। आवर्त सारणी में इसे 14वें स्थान पर रखा गया है।

सिलिकन कार्बाइड (Silicon Carbide)–सिलिकन कार्बाइड अथवा कार्बोरंडम, सिलिकॉन तथा कार्बन का यौगिक है। इसकी खोज सन् 1891 में एडवर्ड ऑचेसन ने की थी। सिलिकन कार्बाइड की कठोरता, विद्युत, चालकता तथा उच्च ताप पर स्थिरता के कारण इसका प्रयोग रेगमाल पेषण चक्की और उच्च ताप में प्रयुक्त ईंटों आदि के बनाने में हुआ है।

सिलिकन कार्बाइड की विद्युत चालकता उच्च ताप पर बढ़ती है जिससे उच्च ताप पर यह उत्तम चालक है। लिकॉन कार्बाइड का उपयोग एक अर्धचालक के रूप में किया जाता है। आरम्भ में एक डिटेक्टर के रूप में इसका उपयोग हुआ था। इसका उपयोग प्रकाश उत्सर्जक डायोड, अतितीव्र उच्च-विभव सहन करने वाले शॉट्की डायोड, मॉसफेट एवं थाइरिस्टर के निर्माण में होता है।

सीसा (Glass)–यह प्रायः परतदार चट्टानों में पाया जाता है। लोहे के बाद सीसे का ही उपयोग अधिक होता है, क्योंकि यह मुलायम और भारी धातु होती है, जो 621° फा. ताप पर पिघलता है। यह बिजली का कुचालक है। इसका सर्वाधिक उपयोग लोहे और इस्पात उद्योग में होता है। सीसा प्रायः चाँदी और जस्ते के साथ मिला होता है। यह मॉलिब्डेनम, ताँबा, सोना और सुरमे के साथ भी मिला हुआ पाया जाता है। इसका मुख्य खनिज गैलेना है।

सीसा एक धातु एवं तत्त्व है। काटने पर यह नीलिमा लिए सफेद होता है, लेकिन हवा का स्पर्श होने पर स्लेटी हो जाता है। इसे इमारतें बनाने, विद्युत कोशों, बन्दूक की गोलियाँ बनाने में प्रयुक्त किया जाता है। यह सोल्डर में भी मौजूद होता है। यह सबसे घना स्थिर तत्त्व है।

रासायनिक रूप से यह तत्त्व है और इसका परमाणु क्रमांक 82 है। यह एक पोस्ट-ट्रांजिशन धातु है।

सुषव (**Alcohol**)–रसायन विज्ञान में सुषव (अल्कोहल) उन प्रांगार यौगिकों को कहते हैं जिनमें हाइड्रॉक्सिल फंक्शनल समूह प्रांगार परमाणु से बन्धा होता है।

सुहागा (**Borax**)–सुहागा टांकण (बोरॉन) का एक यौगिक, खनिज तथा बोरिक अम्ल का लवण है। इसे क्षारातु बोरेट, सोडियम टेट्राबोरेट या डाईसोडियम टेट्राबोरेट भी कहते हैं। प्रायः यह मुलायम सफेद पाउडर के रूप में मिलता है जो पानी में आसानी से घुल जाता है। सुहागा तिब्बत, लद्दाख और कश्मीर में बहुत मिलता है ।

सेंधा नमक (**Mineral Salt**)–सेंधा नमक का रंग कुछ गहरा आसमानी होता है। इसका प्राप्ति स्थल हिमाचल प्रदेश के मण्डी जिले में द्रांग और गूमा की खानों से निकाला जाता है। गूमा के नमक का एक निक्षेप 150 फीट से भी अधिक मोटा है। यह पशुओं को खिलाने के लिए प्रयुक्त होता है। कुल नमक उत्पादन का 50% रासायनिक उद्योगों में, 30% घरेलू उपयोग में तथा 10% विविध कार्यों में प्रयुक्त होता है। चट्टानी नमक का पश्चिमी पाकिस्तान, अदन तथा मिस्र से आयात किया जाता है।

सेल्सियस (**Celsius**)–सेल्सियस तापमान मापने का एक पैमाना है । इसे सेन्टीग्रेड पैमाना भी कहते हैं। इस पैमाने के अनुसार पानी, सामान्य दबाव पर 0°C पर जमता है और 100°C पर उबलता है। सेल्सियस विश्व में तापमान के लिये सबसे लोकप्रिय माप है। यह पैमाना दैनिक वातावरणीय तथा अन्य कामों में काफ़ी प्रयुक्त होता है। अमेरिका और अन्य कई राष्ट्र सेल्सियस की बजाय फारेनहाइट का प्रयोग करते हैं।

सोना (**Gold**)–सोना एक बहुमूल्य धातु है, जो कभी भी स्वतन्त्र रूप में नहीं पाया जाता है। यह किसी न किसी धातु के साथ मिश्रित अवस्था में पाया जाता है। यह अयस्क दो प्रकार से मिलता है–(i) आग्नेय चट्टानों की नसों में, (ii) नदियों की रेत में। इसका उपयोग अन्तर्राष्ट्रीय बाजार में विनिमय के रूप में, आभूषण निर्माण में, औद्योगिक और रासायनिक क्षेत्र में तथा औषधि निर्माण इत्यादि में होता है।

सौर ऊर्जा (**Solar Energy**)–सूर्य ऊर्जा का एक असीम सस्ता एवं आदर्श स्रोत है। यह पृथ्वी के सकल ऊर्जा सन्तुलन में परिवर्तन नहीं करता और ऊर्जा का प्रदूषण मुक्त स्रोत है। यह दोनों ही प्रकार के ऊर्जा स्रोतों का एक सशक्त विकल्प है। पृथ्वी पर आने वाली सौर ऊर्जा इतनी विशाल है कि इसके मात्र 5% उपयोग से सन् 2050 के लिए विश्व की प्रक्षिप्त ऊर्जा की पूर्ति की जा सकती है। अतः सौर ऊर्जा को प्राप्त करने तथा संग्रहीत करने के लिए उपयुक्त तकनीक/प्रौद्योगिकी की आवश्यकता है। उसकी वर्तमान तकनीक बहुत महँगी है। अतः विश्व स्तर पर स्वीकार्य नहीं है।

पारम्परिक तौर पर हम सौर-ऊर्जा का इस्तेमाल कपड़े सुखाने, धान एवं अनाज सुखाने, खाद्य पदार्थों को सुरक्षित रखने तथा समुद्री पानी से नमक प्राप्त करने के लिए करते आये हैं। अब हमारे पास सौर ऊर्जा को उपयोग में लाने की बहुत-सी विधियाँ उपलब्ध हैं।

सौर सेल (Solar Cell)—यह सौर ऊर्जा को सीधे तौर से सेलों द्वारा विद्युत में बदल देते हैं। सौर सेलों को फोटो-वोल्टिक सेल भी कहते हैं। सौर सेल अर्धचालक पदार्थों जैसे सिलिकान एवं गैलियम की पतली परतों से बने होते हैं। जब सौर किरणें इन पर पड़ती है तो एक विद्युत दाब बन जाता है जिससे बिजली उत्पन्न होती है। सिलिकान सिलिका अथवा रेत से प्राप्त किया जा सकता है जो पर्याप्त मात्रा में उपलब्ध और सस्ती है। गैलियम अर्सिनाईड, कैडमियम सल्फाईड अथवा बोरोन के इस्तेमाल से सौर सेलों की क्षमता को अधिक किया जा सकता है।

बहुत से सौर सेलों को मिलाकर सौर पैनल बनाया जाता है। एक सौर पैनल पर्याप्त मात्रा में सौर ऊर्जा संचय कर सकता है, तथा इससे पैदा होने वाली बिजली गलियों में प्रकाश करने एवं सिंचाई के पम्प चलाने के लिए पर्याप्त हो सकती है।

सौर ऊर्जा संचय यन्त्रों द्वारा—बहुत से प्राकृतिक पदार्थ जैसे—पत्थर, ईंटें, काँच इत्यादि दिन में ऊष्मा को सोख लेते हैं तथा रात में इसे बाहर छोड़ते हैं। क्रियाशील सौर ऊर्जा एकत्रित करने वाले यन्त्रों में ताप को सोखने वाले किसी माध्यम (जैसे वायु अथवा पानी) को पम्प करके एक छोटे ताप संचित करने वाले यन्त्र तक ले जाते हैं, जो प्रायः किसी इमारत की छत पर रखा होता है। सौर जल-हीटर एवं सौर कूकर ताप संचित करने वाले यन्त्रों के उदाहरण हैं।

सौर सेलों का इस्तेमाल कैल्कुलेटरों, इलेक्ट्रानिक घड़ियों, गलियों की बत्तियों ट्रैफिक सिग्नलों एवं जल पम्पों में किया जाने लगा है। कृत्रिम उपग्रहों में भी विद्युत उत्पन्न करने के लिए सौर सेल ही काम में लाए जाते हैं। रेडियो एवं टेलिविजन चलाने के लिए भी यह इस्तेमाल होते हैं। सौर सेलों का इस्तेमाल प्रायः दूर-दराज के स्थानों में होता है जहाँ परम्परागत बिजली उपलब्ध नहीं हो पाती।

पहला सौर जल हीटर सन् 1982 में हरियाणा में हरियाणा ब्रेवरीज लिमिटेड मुरथल पर संस्थापित किया गया था। यह 15000 लीटर जल प्रतिदिन 65°C के औसत तापमान पर गर्म करने की क्षमता रखता है। पहला सौर विलवणीकरण यन्त्र (Solar desalination plant) हरियाणा पर्यटक कॉम्पलेक्स डुबचिक पर संस्थापित किया गया है जो प्रतिदिन 2000 लीटर पेयजल पर अभिक्रिया करेगा। पहला बहुउद्देश्यीय सौर शुष्क कम गोदाक (dryer-cum water warehouse), गन्नोर (हरियाणा) में निर्मित किया गया है जो मिर्चियों, आलू के चिप्स आदि सुखाने के लिए उपयोगी है।

स्फटिक (Crystal)– स्फटिक रसायनशास्त्र, खनिज शास्त्र एवं पदार्थ विज्ञान में मणिभ ठोस होता है, जिसमें अणु, परमाणु या आयन, तीनों आकाशीय आयामों में, एक व्यवस्थित दोहराते क्रम में लगे होते हैं। प्रतिदिन के प्रयोग से अधिकतर धातु बहुस्फटिकीय होते हैं।

स्कंदन–स्कंदन के लिए जिन रसायनों का प्रयोग किया जाता है वे स्कंदन कहलाते हैं। इन्हें पानी में डालने से थक्के (ऊर्ण) बनते हैं जो निलम्बित कणों को बन्दी बनाकर बड़े पिंडों में परिणत हो जाते हैं। जल की क्षारीयता से अभिक्रिया करके ये स्कंदन रासायनिक ऊर्ण बनाते हैं। जिन रसायनों को सामान्यतः प्रयुक्त किया जाता है वे एल्युमिनियम सल्फेट या फेरस सल्फेट हैं।

स्कंदन तीन अवस्थाओं में होता है–

1. जल में निलम्बित मृत्ति का कणों के ऋणात्मक आवेश का उदासीनीकरण,
2. कणों का संपुजन या स्कंदन,
3. ऊर्ण की विशाल सतह पर कणों का अधिशोषण।

कुछ जीवाणु भी उन ऊर्णों में फँस जाते हैं और नीचे बैठ जाते है। पैडल वे पहिए होते हैं जिनसे पानी को हिलोड़ा जाता है। इससे ऊर्ण कण एक-दूसरे से टकराते हैं। विलोड़न ही इसमें मुख्य है।

स्कंदन मिलाने के बाद पानी को निथारकर कुंडों (बेसिनों) से गुजारा जाता है। इन बेसिनों को स्वच्छक कहा जाता है। यहाँ पर पानी को इतनी देर तक रूकने दिया जाता है कि ऊर्णित पदार्थ नीचे बैठ जाये।

स्मॉग (Smog)– यह पानी के कण तथा वायुमण्डल में कई अन्य प्रदूषक (SPM) तथा नाइट्रोजन ऑक्साइड (NO_2), ओजोन (O_3), तथा आर्गेनिक ऑक्साइड से बनती है। इससे दम घुटता है।

स्तरी-कपासी मेघ–गोलाकार राशियों से निर्मित बादलों की निचली और भूरी परतें इस वर्ग में रखी जाती है। ये मेघ समूहों, पंक्तियों या लहरों में दिखायी पड़ते हैं। ये पर्वत के शिखर या वायुयान से देखने पर कपासी मध्य मेघ की तरह दिखायी पड़ते हैं।

स्तरी मेघ–ये निम्न बादलों के प्रतिनिधि होते हैं। ये सतह से थोड़ी ऊँचाई पर कोहरे की भाँति आकाश को ढँक लेते हैं। ज्यादातर इनका निर्माण कोहरे की निचली परतों के विसरण या उनके उत्थान के कारण होता है। स्तरी मेघ के शीर्ष भाग से विकिरण द्वारा ऊष्मा के क्षय के कारण इनके ऊपर वायु की परतों में संघनन होने से इनका विकास ऊपर की ओर होता है। इनके खण्डित होने से नीला आकाश दिखायी पड़ता है। इस प्रकार के खण्डित-बादलों को (fractostratus) कहा जाता है।

स्तरी मध्य मेघ–भूरे या नीले रंग के बादलों की मोटी परतें आकाश में छायी रहती है जो रेशेदार या धारीदार दिखायी

पड़ती हैं। इन बादलों से प्रभा मण्डल नहीं बनते। आकाश पूर्ण या आंशिक रूप से मेघाच्छादित रहता है। कहीं-कहीं बादलों की पतली परत से सूर्य या चन्द्रमा धुँधला दिखायी पड़ता है। ज्यादातर इनसे लगातार वृष्टि की सम्भावना रहती है।

स्मेक्टिक द्रव क्रिस्टल (Smectic Liquid Crystals)–इन द्रव क्रिस्टलों को स्मेक्टिक प्रावस्था (Smectic Phase) भी कहते हैं। इसमें द्रव अवस्था की परतों का प्रवाह सामान्य द्रवों के प्रवाह के समान नहीं पाया जाता है। इस द्रव क्रिस्टल में अणु समानान्तर क्रम में विभिन्न परतों के रूप में होते हैं। ये परतें नियमित रूप से एक-दूसरे पर व्यवस्थित रहती है जो आसानी से एक-दूसरे पर फिसल पाती है। शब्द स्मेक्टिक का तात्पर्य साबुन के समान (Soap Type) होता है जो इनके गुणों से मेल खाता है। अतः इन द्रव क्रिस्टलों में परतों की उपस्थिति इनके ठोस जैसी संरचना को समझाती है लेकिन ठोसों में परतों की संरचना ज्यादा नियमित होती है जबकि इन द्रव क्रिस्टलों की परतों के मध्य अपेक्षाकृत कम नियमितता पायी जाती है।

स्कन्दन (Coagulation)– कोलाइडी कणों का अवक्षेपण अथवा ऊर्णन (Flocculation) स्कंदन कहलाता है। कोलाइडी के स्थायी में उपस्थित विद्युत आवेश एक प्रमुख कारक है। एक कोलाइडी विलयन के समस्त कणों पर समान आवेश होता है जिससे इनके मध्य प्रतिकर्षण बल कार्य करते हैं एवं ये कण एक-दूसरे से पृथक् रहते हैं। इन कोलाइडी विलयनों में बाहरी विद्युत अपघटन मिलाया जाने पर इनके आयन विपरीत आवेशित आयनों की ओर आकर्षित होकर उदासीन हो जाते हैं एवं स्कंदित हो जाते हैं। जैसे As_2S_3 के ऋण आयन NaCl, $BaCl_2$ या $Al_2(SO_4)_3$ से स्कंदित हो जाते हैं। स्कंदित करने वाले आयन पर जितना अधिक आवेश होता है उतनी ही अधिक उसकी स्कंदन क्षमता ज्यादा होती है। इसे **हार्डी शूल्ट्स** (Hardy Schultz) का नियम कहते हैं। अर्थात् As_2S_3 के साल्ट पर Na+, Mg^{+2} तथा Al^{+3} आदि धनायनों की अवक्षेपण क्रिया उपरोक्त नियमानुसार Al^{+3}, Mg^{+2}, Na^{+1} के क्रम में पायी जाती है। इसी प्रकार धन विद्युन्यमय $Fe(OH)_3$ के साल्ट को स्कंदित करने में क्लोराइड आयन (Cl^-) की अपेक्षा सल्फेट आयन (SO_4^{2-}) अधिक प्रभावी होते हैं।

विद्युत अपघट्यों की स्कंदन शक्ति अथवा ऊर्णनक्षमता, उनके उर्णन मान (Felocculation Values) से मापी जाती है। **किसी विद्युत, अपघट्य की ऊर्णन मान उसकी मिलि मोल प्रति लीटर में वह न्यूनतम सान्द्रता है जो किसी कोलाइडी विलयन को अवक्षेपित करने के लिये पर्याप्त होती है।** अतः किसी विद्युत अपघट्य का ऊर्णन मान जितना कम होगा वह स्कंदन करने में उतना ही अधिक प्रभावशाली होगा।

ह

हरसौंठ (Gypsum)–हरसौंठ एक तहदार खनिज है, इसे सेलेनाइट भी कहते हैं। रासायनिक संरचना की दृष्टि से यह कैल्सियम का सल्फेट है, जिसमें जल के दो अणु रहते हैं। गरम करने से जल के अणु निकल जाते हैं और यह अजल हो जाता है। आकृति में यह दानेदार संगमर्मर सदृश होता है। ऐसे हरसौंठ को सेलेनाइट या सेलखड़ी (अलाबास्टर) कहते हैं। नमक की खानों में नमक के साथ हरसौंठ भी मिला रहता है। समुद्र के पानी में भी हरसौंठ रहता है। समुद्री पानी को सुखाने पर जो लवण प्राप्त होते हैं उनमें हरसौंठ के मणिभ पाये जाते हैं।

हाइड्रोजन बन्धन (Hydrogen Bonding)–दो प्रबल ऋणविद्युती परमाणुओं के मध्य हाइड्रोजन परमाणु का द्विध्रुव-द्विध्रुव आकर्षण हाइड्रोजन बन्ध कहलाता है। उदाहरण के लिए जल के अणु में हाइड्रोजन परमाणु पर आंशिक ऋणावेश में परस्पर आकर्षण होता हैं फलतः जल के अनेक अणुओं में संगुलन हो जाता हैं इन संगुणित अणुओं में उत्पन्न आकर्षण बल हाइड्रोजन बन्ध कहलाता है।

हाइड्रोजन साइनाइड (HCN)–इसका मुख्य स्रोत भट्टियों का दहन, धूम्रकरण और कुछ रासायनिक पदार्थ हैं। गले में खुश्की, धुँधली दृष्टि, सरदर्द आदि इसके हानिकारक प्रभाव हैं।

हाइड्रोजन फ्लोराइड (HF)–पेट्रोलियम शुद्धीकरण, एल्युमिनियम और उर्वरक के उत्पाद आदि इसके मुख्य स्रोत हैं। यह साँस के साथ शरीर में प्रवेश कर सभी स्थानों पर क्षय करता है।

हाइड्रोजन सल्फाइड (H_2S)–रिफ़ाइनरीज तथा रासायनिक कारखानों से, पेपर मिल्स तथा दूषित पानी के शुद्धीकरण सन्यन्त्र से यह उत्पन्न होता है। गले और आँखों में जलन, मितली आना, सरदर्द और नींद न आना आदि इसके दुष्प्रभाव हैं।

हाइड्रोजन चक्र (Hydrogen Cycle)–वायुमण्डल विद्यमान हाइड्रोजन गैस जो वायु में या तो समुद्र के जल से या औद्योगिक क्रियाकलाप द्वारा बनती है, प्रकाश की विद्यमानता में ऑक्सीजन के साथ जल का निर्माण करने की प्रतिक्रिया करती है। यह जल वर्षा से पृथ्वी पर आता है। पृथ्वी पर सूर्य के ताप की ऊर्जा में यह पुनः गैस का रूप धारण करता है तथा यह चक्र निरन्तर चलता रहता है। इसे हाइड्रोजन

चक्र के रूप में जाना जाता है। जैव मण्डल में हाइड्रोजन का निवेश जल के रूप में होता है। इसका निर्माण हाइड्रोजन के दो एटम (H_2) तथा ऑक्सीजन के एक एटम (O) के मिलने से होता है। जल जैवमण्डल में विद्यमान सर्वाधिक महत्त्वपूर्ण और उपयोगी तत्त्व हैं।

हाइड्रोजन (Hydrogen)–हाइड्रोजन (जलजन) एक रासायनिक तत्त्व है। यह आवर्त सारणी का सबसे पहला तत्त्व है जो सबसे हल्का भी है। ब्रह्मांड में (पृथ्वी पर नहीं) यह सबसे प्रचुर मात्रा में पाया जाता है। तारों तथा सूर्य का अधिकांश द्रव्यमान हाइड्रोजन से बना है। इसके एक परमाणु में एक प्रोट्रॉन, एक इलेक्ट्रॉन होता है। इस प्रकार यह सबसे सरल परमाणु भी है ।

प्रकृति में यह द्विआण्विक गैस के रूप में पाया जाता है जो वायुमण्डल के बाह्य परत का मुख्य संघटक है। हाल में इसको वाहनों के ईंधन के रूप में इस्तेमान कर सकने के लिए शोध कार्य हो रहे हैं।

हाइड्रोजन एक गैसीय पदार्थ है जिसमें कोई गन्ध, स्वाद और रंग नहीं होता। यह सबसे हल्का तत्त्व है (घनत्व 0.09 ग्राम प्रति लिटर)। इसकी परमाणु संख्या 1, और परमाणु भार 1.008 है। यह आवर्त सारणी में प्रथम स्थान पर है। साधारणतया इसके दो परमाणु मिलकर एक अणु बनता है। हाइड्रोजन बहुत निम्न ताप पर द्रव और ठोस बनता है। द्रव हाइड्रोजन –253° से. पर उबलता और ठोस हाइड्रोजन –258 सें. पर पिघलता है।

हाइपोब्रोमस अम्ल (Hypobromous Acid)–मर्क्यूरिक ऑक्साइड को ब्रोमीन-जल के साथ हिलाये जाने पर हाइपोब्रोमस अम्ल का विलयन होता है। इस प्रकार प्राप्त HBrO की सांद्रता 6% अधिक नहीं होती है।

हाइपोक्लोरस अम्ल (Hypochlorous Acid)–एक अस्थायी तीव्र, ऑक्सीकारक, दुर्बल अम्ल जो विलयन में क्लोरीन की पानी के साथ अभिक्रिया द्वारा हाइड्रोक्लोरिक अम्ल के साथ प्राप्त होता है। यह क्लोरीन की क्षारीय विलयनों के साथ अभिक्रिया द्वारा भी लवणों के रूप में प्राप्त होता है।

हाइपोआयोडस अम्ल (HIO)–यह अत्यन्त अस्थायी और अत्यन्त दुर्बल अम्ल जो हाइपाक्लोरस अम्ल से प्राप्त होता है।

हाइपोनाइट्रस अम्ल ($H_2N_2O_2$)–विस्फोटक, क्रिस्टलीय और दुर्बल अम्ल। इसका जलीय विलयन शीघ्र अपघटित होकर नाइट्रस ऑक्साइड भी बनाता है।

हाइड्रोजनीकरण (Hydrogenation)–हाइड्रोजनीकरण का अभिप्राय केवल असंतृप्त कार्बनिक यौगिकों से हाइड्रोजन की क्रिया द्वारा संतृप्त यौगिकों के प्राप्त करने से है। उदाहरण के लिये, हाइड्रोजनीकरण द्वारा एथिलीन अथवा ऐंसेटिलीन से एथेन प्राप्त किया जाता है।

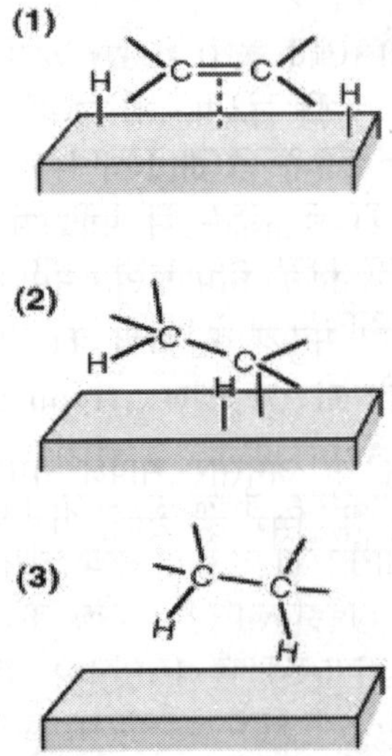

हाइड्रोजन बन्ध (Hydrogen Bond)–हाइड्रोजन बन्ध एक इलेक्ट्रोनेगेटिव परमाणु और नाइट्रोजन, ऑक्सीजन या फ्लोरीन से जुड़े एक हाइड्रोजन परमाणु के बीच डाइपोल-डाइपोल बल का परिणाम होता है। हाइड्रोजन बन्ध की ऊर्जा (लगभग 5 से 30 किलोजूल-मोल) एक मन्द (वीक) संयोजी (Covalent) बन्ध (155 कि.जी-मोल) से तुलनीय होती है। एक खास संयोजी बन्ध अन्तराण्विक हाइड्रोजन बन्ध से लगभग 20 गुना शक्तिशाली होता है। यह बन्ध अणुओं के बीच (अन्तराण्विक) या एक ही अणुके भिन्न भागों के बीच भी बन सकते हैं। हाइड्रोजन बन्ध एक मजबूत स्थिर डाइपोल-डाइपोल वान डर वाल बल होता है, किन्तु संयोजी बन्ध, आयनिक बन्ध और धात्विक बन्धों से कमजोर होता है। हाइड्रोजन बन्ध संयोजी बन्ध एवं इलेक्ट्रोस्टैटिक अन्तराण्विक आकर्षण के बीच का होता है। इस प्रकार के बन्ध कार्बनिक अणुओं (डी एन ए) एवं अकार्बनिक अणुओं (जल) दोनों में ही पाये जाते हैं।

अन्तराण्विक हाइड्रोजन बन्ध ही जल के ऊँचे उबलने के बिन्दु (100° से) के लिए उत्तरदायी होता है। यही बल द्वितीयक, तृतीयक एवं चतुर्थ श्रेणी के प्रोटीन एवं न्यूक्लिक अम्ल की संरचनाएँ बनाता है।

हिलियम (Helium)–हिलियम एक रासायनिक तत्त्व है जो प्रायः गैसीय अवस्था में रहता है। यह एक निष्क्रिय गैस या नोबुल गैस है तथा रंगहीन, गन्धहीन, स्वादहीन, विषहीन (नॉन-टॉक्सिक) भी है। इसका परमाणु क्रमांक 2 है। सभी तत्त्वों में इसका क्वथनांक एवं गलनांक सबसे कम है। द्रव हिलियम का प्रयोग पदार्थों को अत्यन्त कम ताप तक ठण्डा करने के लिये किया जाता है जैसे अतिचालक तारों को 1.9 डिग्री केल्विन तक ठण्डा करने के लिये।

हिलियम-3 (Helium-3)–हिलियम पदार्थ का दुर्लभ समस्थानिक है। इसमें 2 प्रोटॉन और एक न्यूट्रॉन होते हैं। यह रेडियोधर्मी नहीं होता है।

हिलियम-4 (Helium-4)–हिलियम पदार्थ का सबसे आम समस्थानिक है। इसमें 2 प्रोटॉन और दो न्यूटॉन होते हैं। यह रेडियोधर्मी नहीं होता है।

हीरा (Diamond)–हीरा एक कीमती खनिज है। इसकी रचना कार्बन के रूपान्तरण से होती है। यह प्रायः वर्ण विहीन होता है, लेकिन कभी-कभी इसमें पीले या काले रंग भी पाये जाते हैं। यह आद्यकल्प की चट्टानों में पाया जाता है। भारत में 9.82 लाख कैरेट के प्रतिलभ्य भण्डारों के अलावा 16 लाख 96 हजार कैरेट के प्रतिबन्धित भण्डार पाये जाते हैं। हीरा (भण्डार वाले प्रमुख क्षेत्र) दक्षिण भारत में आन्ध्र प्रदेश के अनन्तपुर, गुंटूर (कोल्लूर, मालावरम, माडगुला) कुडप्पा, कुर्नूल (मुनीमाडुगू-वंगलपल्ले) कृष्णा तथा गोदावरी (भद्राचलम) जिलों में, कर्नाटक में बेल्लारी मध्य प्रदेश के सतना, छत्तरपुर, पन्ना, महाराष्ट्र के चांदा, उड़ीसा के सम्बलपुर तथा उत्तर प्रदेश के मिर्जापुर एवं बांदा जिलों में पाया जाता है। तमिलनाडु के तिरुचिरापल्ली में कृत्रिम रूप से हीरा बनाया जाता है।

हेयर हाइग्रोमीटर (Hair Hygrometer)–यह एक नमी मापक यन्त्र है। वायुमंडल में नमी बढ़ने पर हमारे बाल मुलायम और नमी कम होने पर कड़े हो जाते है। इसी अनुभव के आधार पर पन्द्रहवीं सदी में कार्डिनल द क्यूसा ऊन के बड़े-बड़े गोलों का वजन निकाल करके वायुमंडलीय नमी का मापन करते थे, क्योंकि उन्हें ज्ञात था कि आर्द्र वायु में ऊन द्वारा नमी ग्रहण करने के फलतः उसके गोले ज्यादा वजनी हो जायेंगे। सन् 1783 में 2 De Saussure ने सर्वप्रथम हेयर हाइग्रोमीटर का निर्माण और नमी मापन के लिए मनुष्य के बालों का उपयोग किया।

बायर्स के अनुसार सापेक्ष नमी का मानव के सिर के बालों पर इतना अधिक असर पड़ता है कि सापेक्ष नमी शून्य से 100% होने पर बालों की लम्बाई 2-1/2% वृद्धि हो जाती है। इसके अलावा, अन्य वस्तुओं की भाँति बालों की लम्बाई में तापमान में वृद्धि के साथ वृद्धि हो जाती है परन्तु नमी के प्रभाव की अपेक्षा तापमान का प्रभाव नगण्य होता है। धीरे-धीरे इस यन्त्र में सुधार होते गये, परन्तु आज भी यह एक प्रमाणिक नमी मापक यन्त्र माना जाता है।

हेक्सेन (Hexane)–हेक्सेन एक हाइड्रोकार्बन है। यह एक अल्केन है।

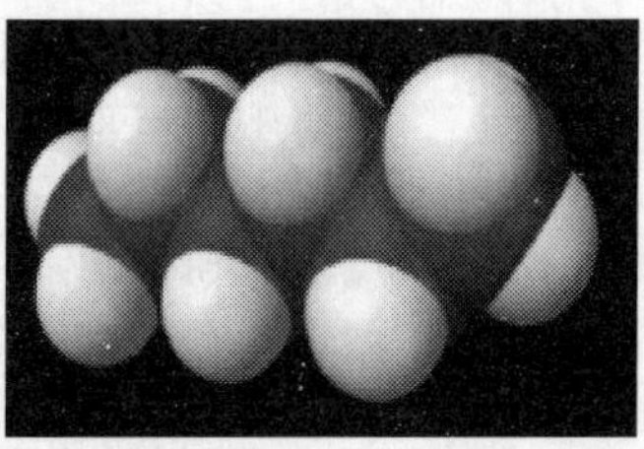

हेप्टेन **(Heptane)**–हेप्टेन भी एक हाइड्रोकार्बन तथा अल्केन है।

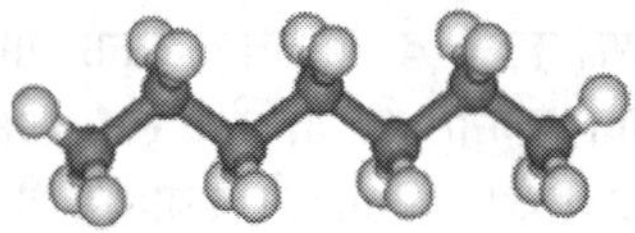

हैलोजन **(Halogen)**–आवर्त सारणी के समुह 17 के तत्त्व हैलोजन कहलाते हैं।

होमोपॉलीमर **(Homopolymer)**–एक ही प्रकार की मोनोमर इकाइयों से बनने वाले बहुलक को होमोपॉलीमर कहते हैं। जैसे पॉलीस्टायरीन का एकमात्र मोनोमर स्टायरीन ही है।

क्ष

क्षार (Base)–क्षार एक ऐसा पदार्थ है, जिसको जल में मिलाने से जल का pH 7.0 से अधिक हो जाता है। ब्रंस्टेड और लोरी के अनुसार, क्षार एक ऐसा पदार्थ है जो अम्लीय पदार्थों को OH− दान कर सके। क्षारक वास्तव में वे पदार्थ हैं जो अम्ल के साथ मिलकर लवण और जल बनाते हैं। उदाहरणतः, जिंक ऑक्साइड सल्फ्यूरिक अम्ल के साथ मिलकर जिंक सल्फेट और जल बनाता है। दाहक सोडा (कॉस्टिक सोडा), सल्फ्यूरिक अम्ल के साथ मिलकर सोडियम सल्फेट और जल बनाता है। धातुओं के ऑक्साइड सामान्यतः क्षारक हैं पर इसके अपवाद भी हैं। क्षारकों में धातुओं के ऑक्साइड और हाइड्राक्साइड हैं, पर सुविधा के लिए तत्त्वों के कुछ ऐसे समूह भी रखे गये हैं जो अम्लों के साथ मिलकर बिना जल बने ही लवण बनाते हैं। ऐसे क्षारकों में अमोनिया, हाइड्राक्सीलेमिन और फास्फीन हैं। द्रव अमोनिया घुल जाता है पर फीनोल्फथैलीन से कोई रंग नहीं देता। अतः कहाँ तक यह क्षारक कहा जा सकता है, यह बात संदिग्ध है।

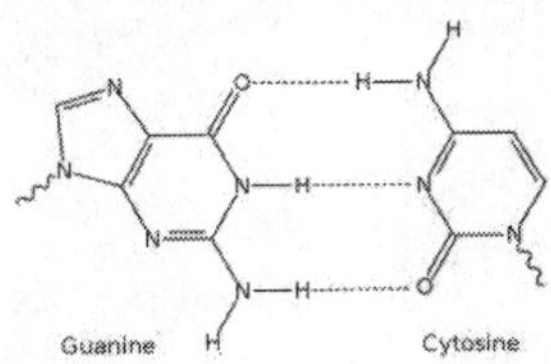

परिशिष्ट – 1

यूनानी वर्णमाला

लेटर्स		नाम
A	α	अल्फा
B	β	बीटा
Γ	γ	गामा
Δ	δ	डेल्टा
E	∈	एप्सिलॅन
Z	ζ	जेटा
H	η	इटा
Θ	θ	थीटा
I	τ	आयोटा
K	κ	काप्पा
^	λ	लेम्डा
M	μ	म्यू

लेटर्स		नाम
N	ν	न्यू
Ξ	ξ	जाई
O	ο	ओमिकोर्न
Π	π	पाई
P	ρ	रो
Σ	σ	सिग्मा
T	τ	ताऊ
Y	υ	अप्सिलॅन
Φ	ϕ	फाई
X	χ	ची
Ψ	ψ	साई
Ω	ω	ओमेगा

मौलिक कान्सटेन्टस

कान्सटेन्ट	चिह्न	इकाई की वैल्यू
त्वरण	g	$9.806\ 65\ m\ s^{-2}$
एवोगैड्रो कॉन्सटेन्ट	L, N_A	$6.022\ 141\ 79(30) \times 10^{23}\ mol^{-1}$
बोल्ट्जमान कॉन्सटेन्ट	$k=R/N_A$	$1.380\ 6504(24) \times 10^{-23}\ J\ K^{-1}$
इलेक्ट्रिक कॉन्सटेन्ट	ε_0	$8.854\ 187\ 817 \times 10^{-12}\ F\ m^{-1}$
इलेक्ट्रॉनिक चार्ज	e	$1.602\ 176\ 487(40) \times 10^{-19}\ C$
इलेक्ट्रॉनिक रेस्ट मास	m_e	$9.109\ 382\ 15(45) \times 10^{-31}\ kg$
फैराडे कॉन्सटेन्ट	F	$9.648\ 3399(24) \times 10^{4}\ C\ mol^{-1}$
गैस कॉन्सटेन्ट	R	$8.314\ 472(15)\ J\ K^{-1}\ mol^{-1}$
ग्रेविटेशनल कॉन्सटेन्ट	G	$6.674\ 28(67) \times 10^{-11}\ m^3\ kg^{-1}\ s^{-2}$
लोशमिडत्स कॉन्सटेन्ट	N_L	$2.686\ 7774(47) \times 10^{25}\ m^{-3}$
मैग्नेटिक कॉन्सटेन्ट	μ_0	$4\pi \times 10^{-7}\ H\ m^{-1}$
न्यूट्रॉन रेस्ट मास	m_n	$1.674\ 927\ 211(84) \times 10^{-27}\ kg$
प्लैंक कॉन्सटेन्ट	h	$6.626\ 068\ 96(33) \times 10^{-34}\ J\ s$
प्रोटोन रेस्ट मास	m_p	$1.672\ 621\ 637(83) \times 10^{-27}\ kg$
प्रकाश की गति	c	$2.997\ 924\ 58 \times 10^{8}\ m\ s^{-1}$
स्टीफन बोल्ट्जमान कॉन्सटेन्ट	σ	$5.670\ 400(40) \times 10^{-8}\ Wm^{-2}\ K^{-4}$

एस आई मात्रक (यूनिट)

आधार और आयामरहित एस आई मात्रक

भौतिक अवस्था	नाम	चिह्न
लम्बाई	मीटर	m
भार	किलोग्राम	kg
समय	सेकंड	s
विद्युत्धारा	एम्पीयर	A
थर्मोडायनेमिक टेम्परेचर	केल्विन	K
ल्युमिनस इन्टेंनसिटी	केन्डेला	cd
एमाउंट ऑफ सब्सटांस	मोल	mol
प्लेन एंगिल	रेडियम	rad
सॉलिड एंगिल	स्टेरेडियम	sr

एस आई मात्रक के विशेष नाम

भौतिक अवस्था	एस आई यूनिट के मात्रक	एस आई यूनिट के चिह्न
आवृत्ति	हर्ट्ज	Hz
ऊर्जा	जूल	J
बल	न्यूटन	N
शक्ति	वाट	W
दबाव	पॉस्कल	Pa
इलेक्ट्रिक चार्ज	कूलम्ब	C
इलेक्ट्रिक पोटेंशियल डिफरेंश	वोल्ट	V
बिजली का प्रतिरोध	ओह्म	Ω
इलेक्ट्रिक कंडक्टेंश	सीमेंस	S
इलेक्ट्रिक कैपिसिटेंस	फैराडे	F
मैग्नेटिक फलक्स	वेबर	Wb
इन्डक्टेंश	हेनरी	H
मैग्नेटिक फलक्स डेनसिटी	टेस्ला	T
मैग्नेटिक इन्डक्शन		
ल्यूमिनस फलक्स	ल्यूमिन	lm
इल्यूमीनेंस	लक्स	lx
एबजार्ब्ड डोज	ग्रे	Gy
एक्टिविटी	बीक्वैर्ल	Bq
डोज एक्वीवेलेंट	सीवर्ट	Sv

दशमलव गुणकों और उपगुणको का एस आई मात्रक के साथ प्रयोग

सबमल्टीपल	प्रीफिक्स	चिह्न	मल्टीपल	प्रीफिक्स	चिह्न
10^{-1}	डेसी	d	10	डेका	da
10^{-2}	सेन्टी	c	10^2	हेक्टो	ii
10^{-3}	मिली	m	10^3	किलो	k
10^{-6}	माइक्रो	μ	10^6	मेगा	M
10^{-9}	नेनो	n	10^9	गीगा	G
10^{-12}	पीको	p	10^{12}	टेरा	T
10^{-15}	फेमिटो	f	10^{15}	पेटा	P
10^{-18}	आटो	a	10^{18}	इक्जा	E
10^{-21}	जेप्टो	z	10^{21}	जेटा	Z
10^{-24}	योक्टो	y	10^{24}	योटा	Y

निम्नलिखित मात्रकों को एस आई मात्रकों में बदलना

फ्राम	टू	गुणक
इंच	m	2.54×10^{-2}
फीट	m	0.3048
वर्ग इंच	m^2	6.4516×10^{-4}
वर्ग फीट	m^2	9.2903×10^{-2}
क्यूब इंच	m^3	1.63871×10^{-5}
क्यूब फीट	m^3	2.83168×10^{-2}
लीटर	m^3	10^{-3}
गैलन	l(itre)	4.546 09
मील/घंटा	$m\ s^{-1}$	0.477 04
किमी./घंटा	$m\ s^{-1}$	0.277 78
एलबी	kg	0.453 592
जीसीएम$^{-3}$	$kg\ m^{-3}$	10^3
एलबी/इन^3	$kg\ m^{-3}$	$2.767\ 99 \times 10^4$
डाइन	N	10^5
पाउंडल	N	0.138 255
एलबीएफ	N	4.448 22
एमएमएचजी	Pa	133.322
एटमास्फेयर	Pa	$1.013\ 25 \times 10^5$
एचपी	W	745.7
इआरजी	J	10^{-7}
इकी	J	$1.602\ 10 \times 10^{-19}$
के डब्ल्यू एच	J	3.6×10^6
कैल	J	4.1868

परिशिष्ट – 2

विद्युत चुम्बकीय स्पेक्ट्रम

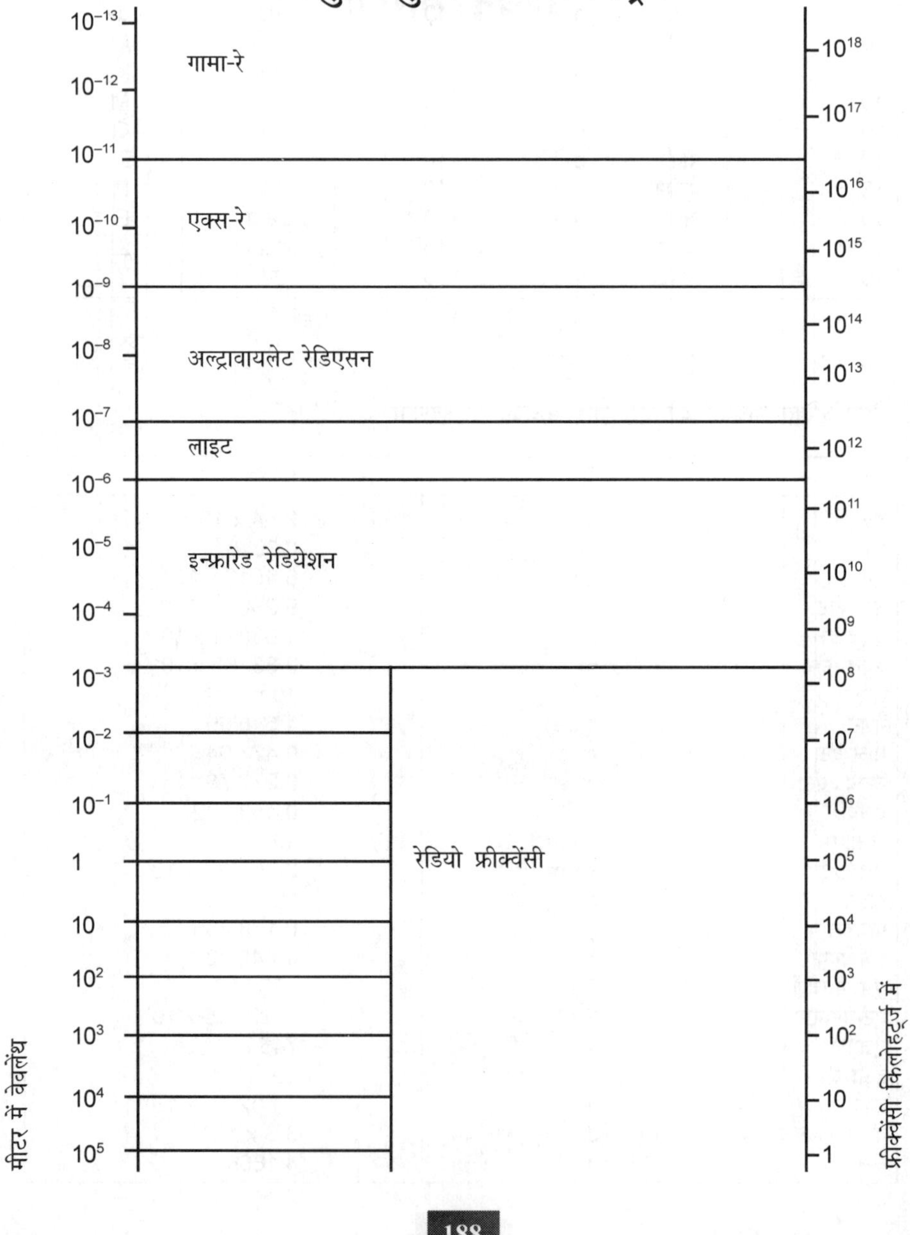

परिशिष्ट – 3
आवर्त सारणी

Group	1	2	3	4	5	6	7	8	9	10	11	12	13	14	15	16	17	18	n
	1 H																	2 He	1
	3 Li	4 Be											5 B	6 C	7 N	8 O	9 F	10 Ne	2
	11 Na	12 Mg											13 Al	14 Si	15 P	16 S	17 Cl	18 Ar	3
	19 K	20 Ca	21 Sc	22 Ti	23 V	24 Cr	25 Mn	26 Fe	27 Co	28 Ni	29 Cu	30 Zn	31 Gs	32 Ge	33 As	34 Se	35 Br	36 Kr	4
	37 Rb	38 Sr	39 Y	40 Zr	41 Nb	42 Mo	43 Tc	44 Ru	45 Rh	46 Pd	47 Ag	48 Cd	49 In	50 Sn	51 Sb	52 Te	53 I	54 Xe	5
	55 Cs	56 Ba	57–71 La–Lu	72 Hf	73 Ta	74 W	75 Re	76 Os	77 Ir	78 Pt	79 Au	80 Hg	81 Tl	82 Pb	83 Bi	84 Po	85 At	86 Rn	6
	87 Fr	88 Ra	89–103 Ac–Lr	104 Rf	105 Db	106 Sg	107 Bh	108 Hs	109 Mt	110 Ds	111 Rg	112 Uub	113 Uut	114 Uuq	115 Uup	116 Uuh			7

Period

Lanthanoids	57 La	58 Ce	59 Pr	60 Nd	61 Pm	62 Sm	63 Eu	64 Gd	65 Tb	66 Dy	67 Ho	68 Er	69 Tm	70 Yb	71 Lu	6
Actinoids	89 Ac	90 Th	91 Pa	92 U	93 Np	94 Pu	95 Am	96 Cm	97 Bk	98 Cf	99 Fs	100 Fm	101 Md	102 No	103 Lr	7

Correspondence of recommended group designations to other designations in recent use

IUPAC Recommendations 1990	1	2	3	4	5	6	7	8	9	10	11	12	13	14	15	16	17	18
Usual European Convention	IA	IIA	IIIA	IVA	VA	VIA	VIIA	VIII (or VIIIA)			IB	IIB	IIIB	IVB	VB	VIB	VIIB	0 (or VIIIB)
Usual US Convention	IA	IIA	IIIB	IVB	VB	VIB	VIIB	VIII			IB	IIB	IIIA	IVA	VA	VIA		VIIIA (or 0)

परिशिष्ट - 4
रासायनिक तत्व

तत्व	चिह्न	a.n.	r.a.m.
एक्टीनियम	Ac	89	227*
एल्युमीनियम	A]	13	26.98
अमेरिकम	Am	95	243*
एन्टीमनी	Sb	51	121.75
आर्गन	Ar	18	39.948
आर्सेनिक	As	33	74.92
एस्टेटिन	At	85	210*
बेरियम	Ba	56	137.34
बरकेलियम	Bk	97	247*
बेरीलियम	Be	4	9.012
बिस्मथ	Bi	83	208.98
बोरियम	Bh	107	262*
बोरोन	B	5	10.81
ब्रोमिन	Br	35	79.909
कैडमियम	Cd	48	112.41
सीजियम	Cs	55	132.905
कैल्शियम	Ca	20	40.08
कैलिफोर्नियम	Cf	98	251*
कार्बन	C	6	12.011
सीरियम	Ce	58	140.12
क्लोरीन	Cl	17	35.453
क्रोमियम	Cr	24	52.00
कोबाल्ट	Co	27	58.933
कॉपर	Cu	29	63.546
क्यूरियम	Cm	96	247*
डर्मस्टेडटियम	Ds	110	271*
डबनियम	Db	105	262*
डिस्प्रोसियम	Dy	66	162.50
आइंसटीनियम	Hs	99	254'
अरनियम	Er	68	167.26
न्यूरोपियम	Eu	63	151.96
फर्मियम	Fm	100	257*
फ्लोटीन	F	9	18.9984
फ्रान्सियम	Ft	87	223*
गैडोलीनियम	Gd	64	157.25
गैलियम	Ga	31	69.72

तत्व	चिह्न	a.n.	r.a.m.
जर्मेनियम	Ge	32	72.59
गोल्ड	Au	79	196.967
हाफनियम	Hf	72	178.49
हासिथम	Hs	108	265*
हीलियम	He	2	4.0026
होलियम	Ho	67	164.93
हाइड्रोजन	H	1	1.008
इन्डियम	In	49	114.82
आयोडीन	I	53	126.9045
इरिडियम	Ir	77	192.20
आयस	Fe	26	55.847
क्रिप्टन	Kr	36	83.80
लेन्थेनम	La	57	138.91
लारेन्सियम	Lr	103	256*
लेड	Ph	82	207.19
लीथियम	Li	3	6.939
ल्यूटेशियम	Lu	71	174.97
मैग्ननीशियम	Mg	12	24.305
मैंगनीज	Mn	25	54.94
मिटनेरियम	Mt	109	266*
मेन्डेलोवियम	Md	101	258*
मर्करी	Hg	80	200.59
मोसिहेन्स	Mo	42	95.94
नियोडायमियम	Nd	60	144.24
नियोन	Ne	10	20.179
नेप्चुनियम	Np	93	237.0482
निकेल	Ni	28	58.70
नियोबियम	Nb	41	92.91
नाइट्रोजन	N	7	14.0067
नोबिलियम	No	102	254*
ऑस्मियम	Os	76	190.2
ऑक्सीजन	O	8	15.9994
पैलेडियम	Pd	46	106.4
फास्फोरस	P	15	30.9738
प्लेटिनम	Pi	78	195.09
प्लूटोनियम	Pu	94	244*

R.a.m values with asterisk denote mass number of the most stable known isotope

तत्व	चिह्न	a.n.	r.a.m.	तत्व	चिह्न	a.n.	r.a.m.
पोलोनियम	Po	84	210'	टेन्टेलम	Ta	73	180.948
पोटैशियम	K	19	39.098	टेक्नेशियम	Tc	43	98*
प्रेसियोडाइमियम	Pr	59	140.91	टेल्यूरियम	Te	52	127.60
प्रोमोथियम	Pm	61	145	टर्बियम	Tb	65	158.92
प्रोटेक्टीनियम	Pa	91	231.036	थैलियम	Tl	81	204.39
रेडियम	Ra	88	226.0254	थोरियम	Th	90	232.038
रेडॉन	Rn	86	222*	थूलियम	Tm	69	168.934
रीनियम	Re	75	186.2	टिन	Sn	50	118.69
रोडियम	Rh	45	102.9	टिनेनियम	Ti	22	47.9
रोयन्टजीनियम	R8	111	272*	टंगस्टन	W	74	183.85
रूबीडियम	Rb	37	85.47	यूननबियन	Uub	112	285*
रूथेनियम	Ru	44	101.07	यन्निट्रयम	Uut	113	284*
रदरफोर्डियम	Rf	104	261*	यन्नक्वेडियम	Uuq	114	289s
समैरियम	Sm	62	150.35	यूननपेंशियम	Uup	115	288"
स्कैन्डियम	Sc	21	44.956	यूननहेक्सियम	Uuh	116	292'
सीबोर्जियम	Sg	106	263*	यूरेनियम	U	92	238.03
सीलेनियम	Se	34	78.96	वेनेडियम	V	23	50.94
सीलिकॉन	Si	14	28.086	जेनॉन	Xe	*54*	131.30
सिल्पर	Ag	47	107.87	यटर्बियम	*Vb*	70	173.04
सोडियम	Na	11	22.9898	यट्रियम	V	39	88.905
स्ट्रोन्शियम	Sr	38	87.62	जिंक	Zn	30	65.38
सल्फर	S	16	32.06	जर्कोनियम	Zr	40	91.22

परिशिष्ट - 5

रसायन विज्ञान के क्षेत्र में नोबेल पुरस्कार

वर्ष	पुरस्कार विजेता का नाम	जन्म	देश	अनुंसधान या कार्य
1901	जैकब्स हेनरिक्स वेंटहॉफ	1852-1911	हॉलैंड	रासयनिक गतिशीलता एवं ओस्मोटिक दबाव के नियमों की खोज
1902	हरमन एमिल फिशर	1852-1919	जर्मनी	शुगर और प्यूरीन संश्लेषण पर शोध कार्य
1903	सवन्ते अगस्त एरीनस	1859-1927	स्वीडेन	विघटन के इलेक्ट्रोलाइटिक सिद्धान्त
1904	सर विलियम रैम्से	1852-1916	इंग्लैण्ड	हवा में निष्क्रिय गैसीय तत्व की खोज और आवर्त प्रणाली में उनके स्थान का निर्धारण
1905	जोहान फ्रेडरिक विल्हेम एडोल्फ वॉन बेयर	1835-1917	जर्मनी	कार्बनिक रंजक और हाइड्रोएरोमेटिक यौगिकों पर काम के माध्यम से जैविक रसायन और रसायन उद्योग की उन्नति
1906	हेनरी मोइसन	1852-1907	फ्रांस	तत्व फ्लोरीन और उसकी इलेक्ट्रिक भट्ठी के लिए जाँच और अलगाव
1907	एडवर्ड बुचनर	1860-1917	जर्मनी	जैव रसायनिक शोध और सेल मुक्त किण्वन की खोज
1908	लार्ड अर्नेस्ट रदरफोर्ड	1871-1937	न्यूजीलैंड (ब्रिटिश मल)	तत्वों के विघटन की जाँच और रेडियोधर्मी पदार्थ के रसायनशास्त्र
1909	विल्हेम औस्टवौल्ड	1853-1932	जर्मनी (लात्वीया मूल)	रसायनिक संतुलनों और प्रतिक्रिया की दरों गवर्निंग मौलिक सिद्धान्तों में कटैलिसीस और जाँच पर काम
1910	ओटो वालकी	1841-1931	जर्मनी	एलिसायकलिक कम्पाउंड के क्षेत्र में अग्रणी कार्य
1911	मेरी क्यूरी	1867-1934	फ्रांस (पोलैंड मूल)	रेडियम और पोलोनियम रेडियम के अलगाव और इस तत्व के अध्ययन की खोज
1912	विक्टर ग्रिगनार्ड पॉल सबटियर	1871-1935 1854-1941	फ्रांस फ्रांस	सूक्ष्मता विभाजित धातुओं की उपस्थिति में कार्बनिक हाइड्रोजनेटिंग यौगिकों की गिरनार्ड अभिकर्मक विधि की खोज

वर्ष	पुरस्कार विजेता का नाम	जन्म	देश	अनुंसधान या कार्य
1913	अलफ्रेड वेर्नर	1866-1919	स्विटजरलैंड	विशेष रूप से अकार्बनिक रसायन विज्ञान में अणु में परमाणुओं की कड़ी पर काम
1914	थियोडोर विलियम रिचर्डस	1868-1928	अमेरिका	कई रासायनिक तत्वों के परमाणु भार का सही निर्धारण
1915	रिचर्ड मार्टिन विल्सटेटर	1872-1942	जर्मनी	पौधे के पिग्मेंट्स खासकर क्लोरोफिल के ऊपर कार्य
1918	फ्रिट्ज हेबर	1868-1934	जर्मनी	अमोनिया के तत्वों से उसका संश्लेषण
1920	वाल्थर हरमन नेरस्ट	1864-1941	जर्मनी	थर्मोकेमिस्ट्री पर कार्य
1921	फ्रेडरिक सोडी	1877-1956	इंग्लैण्ड	आइसोटोप की प्रकृति और उत्पत्ति में रेडियोधर्मी पदार्थों की जाँच
1922	फ्रांसिस विलियम एस्टन	1877-1945	ब्रिटेन	आइसोटोप के गैर रेडियोधर्मी तत्वों के सामूहिक स्पेक्ट्रोग्राफ के माध्यम से खोज
1923	फ्रिट्ज प्रीजल	1869-1930	आस्ट्रिया	कार्बनिक पदार्थों के सूक्ष्मविश्लेषण की विधि की खोज
1925	रिचर्ड एडोल्फ सिग्मंड	1865-1939	जर्मन (आस्ट्रिया मूल)	हेटरोजीनियम कोलाइड समाधान और उनके अध्ययन के लिए विकसित विधियों के प्रदर्शन
1926	थियोडोर स्वेदबर्ग	1884-1971	स्वीडन	फैलाने के प्रणाली पर कार्य
1927	हेनरिक ओटो वेलेंड	1877-1957	जर्मनी	पित्त अम्ल और सम्बन्धित पदार्थों की जाँच
1928	एडोल्फ ओटो रेनहोल्ड विन्डोस	1876-1959	जर्मनी	विटामिन के साथ स्टेरॉल और उनके सम्पर्कों के गठन पर कार्य
1929	सर आर्थर हार्डन हेंस कार्ल अगस्त सिमोन वोन इल्यूरचेलपिन	1868-1940 1873-1964	इंग्लैण्ड स्वीडन	शूगर के किण्वन और उत्साहवर्ध एंजाइमों पर जाँच
1930	हेंस फिशर	1881-1945	जर्मनी	हीमेन और क्लोरोफिल विशेषकर हीमेन के संश्लेषण पर कार्य
1931	कार्ल बॉश फ्रेडरिक वर्गीयस	1874-1940 1884-1949	जर्मनी जर्मनी	रासायनिक उच्च दाब विधि का विकास
1932	इरविंग लैंगम्यूर	1861-1957	अमेरिका	सतह रसायन विज्ञान में जाँच और खोज

वर्ष	पुरस्कार विजेता का नाम	जन्म	देश	अनुंसधान या कार्य
1934	हेरोल्ड क्लेटन यूरे	1893-1901	अमेरिका	हैवी हाइड्रोजन (ड्यूटेरियम) की खोज
1935	फ्रेडरिक जोलियट इरेवे जोलियट क्यूरी	1900-1958 1897-1956	फ्रांस फ्रांस	नये रेडियोएक्टिव तत्वों का संश्लेषण
1936	पीट्रियस जोसेफ विल्हेमस डेबी (जी. पीटर डेवी)	1884-1966	हालैंड	द्विध्रुवीय क्षणों, एक्स-रे और गैसों में इलेक्ट्रॉन की विवर्तन पर आणविक संरचना के हमारे ज्ञान के लिए योगदान (द्विध्रुवीय क्षणों पर जाँच के माध्यम से और एक्स-रे और गैसों में इलेक्ट्रॉन की विवर्तन पर आणविक संरचना के हमारे ज्ञान के लिए योगदान)
1937	सर वाल्टर नोरमन हार्क्थ पॉल केर्रर	1883-1950	इंग्लैण्ड	कैरोटीनाड, फ्लेविंस, विटामिन ए और बी-2 का आविष्कार
1938	रिचर्ड कुहन	1900-1967	जर्मनी	कैरोटीन और विटामिन पर कार्य (राजनीतिक दबाव के कारण अवार्ड वापस ले लिया गया लेकिन बाद में डिप्लोमा और मेडल प्राप्त किये)
1939	एडोल्फ फ्रेडरिक जोहान ब्यूटेनोट्ट लियोपोल्ड (लेवोस्लाव) स्टीफेन रूजेइका	1903-1995 1887-1976	जर्मनी स्विटजरलैंड (कोरिया मूल)	सेक्स हारमोंस के ऊपर कार्य पोलीमिथाइलींस और हापर टर्रपींस
1943	जार्ज डी हवेसी	1885-1966	स्वीटजरलैंड में जन्में हंगरी का नागरिक	रासायनिक प्रक्रियाओं के अध्ययन में ट्रोर्सरस के साथ आइसोटॉप के उपयोग पर कार्य
1944	ओटो हॉन	1879-1968	जर्मनी	भारी नाभिक के विखंडन की खोज
1945	आट्रीयूरी इमेरी विर्टेनेन	1895-1973	फिनलैंड	विशेष रूप से चारा संरक्षण विधि के लिए और पोषण रसायन विज्ञान के क्षेत्र में अनुसंधान और आविष्कार
1946	जेम्स बैचलर समनेर जान हावर्ड नार्थ रोप बेंडेल मेरेडिच स्टेनले	7-1955 1891-1987 1904-1971	अमेरिका अमेरिका अमेरिका	वैसे इंजाइम की खोज जिसका क्रिस्टल बनाया जा सकता है। इंजाइम और वाइरस प्रोटीन के शुद्ध रूप की तैयारी करने का कार्य

वर्ष	पुरस्कार विजेता का नाम	जन्म	देश	अनुंसधान या कार्य
1947	सर राबर्ट रॉबिंसन	1886-1975	इंग्लैण्ड	जैविक महत्त्व के पौधों के उत्पादों विशेष रूप से अल्कलाइड पर जाँच
1948	आर्नी विल्हेम करिन टिसेलियस	1902-1971	स्वीडन	सीरम प्रोटीन के जटिल प्रवृत्ति के विद्युत कण संचालन और सोखने के विषय में खोज
1949	विलियम फ्रांसिस ग्यूके	1895-1982	अमेरिका	बहुत कम तापमान पर रासायनिक ऊष्मा पदार्थों के व्यवहार के योगदान पर कार्य
1950	ओटो पॉल हरमन डेल्स	1876-1954	जर्मनी	डेनी संश्लेषण की खोज और विकास (डेल-अल्डर प्रतिक्रिया)
1951	एडविन मेटिसन मैकमिलन इलेन थियोडोर सीबोर्ग	1907-1991 1912-1999	अमेरिका अमेरिका	ट्रांसयूरेनियम तत्व के रसायन विज्ञान पर कार्य
1952	आर्चर जॉन पोर्टर मार्टिन रिचर्ड ल्यूरेंस सिन्गे मिलिंग्क्यूटन	1910-2002	इंग्लैण्ड	क्रोमैटोग्राफी के विभाजन की तकनीक का आविष्कार
1953	हरमन स्टॉडिंगर	1881-1965		मैक्रोमोलीक्यूलर केमिस्ट्री के क्षेत्र में खोज
1954	लिनस कार्ल पाउलिंग	1901-1994	अमेरिका	रसायनिक बंधन और जटिल पदार्थों की संरचना की व्याख्या करने के लिए आवेदन की प्रकृति
1955	विन्सेन्ट डू विग्नॉड	1901-1978	अमेरिका	महत्त्वपूर्ण गंधक यौगिकों पर काम विशेषकर पालीपेप्टाइड हारमोन के पहले संश्लेषण के लिए
1956	सर सायरिल नॉर्मन हेंसवुड निकोल निकोलेविच सेमेनोव	1897-1967 1896-1986	इंग्लैण्ड सोवियत रूस	रासायनिक प्रतिक्रियाओं के तन्त्र की पढ़ाई
1957	लार्ड एलेक्जेंडर आर टोड	1907-1997	इंग्लैण्ड	न्यूक्लियोटाइडस और न्यूक्लियोटाइड कोइंजाइम पर कार्य
1958	फ्रेडरिक सांगेर	1918	इंग्लैण्ड	प्रोटीन की बनावट विशेषतौर पर इंसुलिन के ऊपर कार्य
1959	जरोस्लाव हेरोवस्की	1890-1967	चेक	पोलेरोग्राफी की खोज और उसके विकास पर कार्य

वर्ष	पुरस्कार विजेता का नाम	जन्म	देश	अनुंसधान या कार्य
1960	विलार्ड फ्रैंक लिब्बी	1908-1980	अमेरिका	कार्बन-14 डेटिंग पद्धिति की खोज
1961	मेलवर्न केल्विन	1911	अमेरिका	पौधे में कार्बन डाइऑक्साइड आत्मसात करने की दिशा में कार्य
1962	मैक्स फर्डीनांड पेरू सर जान काउड्रे केन्ड्रीयू	1914-2002 1917-1997	आस्ट्रियन (ब्रिटिश मूल) इंग्लैण्ड	गोलाकार प्रोटीन की संरचना का अध्ययन
1963	कार्ल जेगलर गिउलिओ नाटा	1898-1973 1903-1979	जर्मनी इटली	रसायन विज्ञान से सम्बन्धित खोज और हाइपॉलिमर के उच्च तकनीक की खोज
1964	डोरोथी क्रोफूट हॉजकिन	1910-1994	इंग्लैण्ड	महत्त्वपूर्ण जैव रासायनिक पदार्थ की संरचनाओं का एक्स-रे द्वारा निर्धारण
1965	राबर्ट बर्न वुडवार्ड	1917-1979	अमेरिका	कार्बनिक संश्लेषण की कला में उपलब्धि
1966	राबर्ट मुलिकेन	1896-1986		आणविक कक्षीय सिद्धान्त का उपयोग कर रासायनिक बांड और अणुओं की संरचना के विषय में काम
1967	मैनफ्रेड इगेन लार्ड जार्ज पोर्टर	1927 1920-2002	जर्मनी इंग्लैण्ड	तेजी से रासायनिक प्रतिक्रियाओं के अध्ययन के सिद्धान्त का बहुत कम दालों की ऊर्जा माध्यम से संतुलन से परेशान से प्रभावित कम दालों की ऊर्जा
1968	लार्स वोन्सेगर	1903-1976	नार्वे	शुगर न्यूक्लियोटाइड की खोज और कार्बोहाइड्रेट के बायोसिन्थेसिस में उसकी भूमिका
1969	सर डेरेक एच. आर. बर्टन	1918-1998	नार्वे	अवधारणा की रचना का विकास और रसायनशास्त्र में इसके उपयोग
1970	लुइस एफ लेओर	1906-1987	अर्जेंटिना	कार्बोहाइड्रेट के जैव संश्लेषण में शुगर न्यूक्लियायड और थेरी ओटला की खोज
1971	गेरहार्ड हर्जवर्ग	1904-1999	कनाडा	अणु और मुक्त रेडिकल की इलेक्ट्रॉनिक संरचना और ज्यामिति पर काम

वर्ष	पुरस्कार विजेता का नाम	जन्म	देश	अनुंसधान या कार्य
1972	क्रिश्टियन बी. एफिंसन	1916-1995		राइबोन्यूक्ली पर अमीनो एसिड अनुक्रम और सक्रिय रचना के बीच विशेष रूप से जोड़ने का काम
1972	स्टेन फोर्ड मूरे	1913-1982	अमेरिका	राइबोन्यूक्लीज अणु के सक्रिय केन्द्र की रासायनिक संरचना और उत्प्रेरक गतिविधि के बीच सम्बन्ध को समझने के लिए योगदान
	विलयम एस. स्टेन	1911-1980	अमेरिका	
1973	अर्नेस्ट ओटो फिशर सर विलकिंसन (ज्योफ्रे)	1918-2007	जर्मनी	सैंडविच के यौगिकों के रसायनशास्त्र पर स्वतन्त्र रूप से कार्य उत्कृष्ठ योगदान
1974	पाल जे फियोरी	1910-1985	अमेरिका	मेक्रोमोलिक्युलस के भौतिक रसायन पर सैद्धान्तिक और प्रायौगिक कार्य
1975	सर जॉन वरकप कार्नकोर्थ	1917-	आस्ट्रेलियाई मूल का ब्रिटिश	एंजाइम उत्प्रेरक प्रतिक्रिया पर कार्य या स्टीरियो केमिस्ट्री के ऊपर एंजाइम केटेलिस्ट की प्रतिक्रिया पर कार्य
	ब्लादिमीर प्रीलॉग	1906-1998	कोरिया मूल स्विटजरलैंड नागरिकता	स्टीरियो (केमिस्ट्री) रसायन विज्ञान के कार्बनिक अणुओं और प्रतिक्रिया के ऊपर कार्य
1976	विलियम एन. लिप्सकाम्ब	1929-		बोरेंस की संरचना का अध्ययन, रोयन सम्बन्धी समस्याओं का रासायनिक सम्बन्ध के कारण का अध्ययन
1977	इया प्रायोगाइन	1917-2003	रूस बेल्जियम	नान-इक्वलीब्रियम थम्रोडायनेमिक्स के विशेषकर क्षणिक संरचना के सिद्धान्त के लिए योगदान
1978	पीटर डी. मिशेल	1920-1922	इंग्लैण्ड	केमियोस्मोटिक सिद्धान्त का प्रतिपादन
1979	हरबर्ट सी. ब्राउन	1912-2004	अमेरिका (ब्रिटिश मूल)	बोरान और फासफोरस युक्त यौगिकों के उपयोग का विकास
1980	पाल बर्ग	1926-	अमेरिका	डीएनए के पुनः संयोजक विशेष सम्बन्ध में न्यूक्लिक एसिड की जैव रसायन विज्ञान का मौलिक अध्ययन
1981	केनेची फुकुई	1918-1998	जापान	रासायनिक प्रतिक्रियाओं के विषय के सिद्धान्त का स्वतन्त्र रूप से विकास
	रोयल्ड हॉफमन	1937-	अमेरिका (पोलैंड मूल)	सीमा कक्षीय सिद्धान्त और वुडवर्ड-हॉफमन के नियम

वर्ष	पुरस्कार विजेता का नाम	जन्म	देश	अनुसंधान या कार्य
1982	सर एरोन कलग	1926-	इंग्लैण्ड	क्राइस्टेलोग्राफिक इलेक्ट्रॉन माइक्रोस्कोपी के विकास और जैविक रूप से महत्त्वपूर्ण न्यूक्लिक एसिड प्रोटीन परिसरों की संरचनात्मक व्याख्या
1983	हेनरी ट्यूबे	1915-2005	अमेरिका (कनाडा मूल)	इलेक्ट्रॉन हस्तांतरण प्रतिक्रिया के तन्त्र, विशेष रूप से धातु परिसरों में काम
1984	राबर्ट ब्रुश मेरीफिल्ड	1921-2006	अमेरिका	ठोस मैट्रिक्स पर रासायनिक संश्लेषण की पद्धति का विकास
1985	हर्बर्ट ए होपमैन	1917-	अमेरिका	क्रिस्टल संरचना के निर्धारण के लिए प्रत्यक्ष तरीकों का विकास
1986	ड्यूडले आर. हर्शबक	1932-	अमेरिका	रासायनिक प्राथमिक प्रक्रियओं की गतिशीलता पर शोध
	यूआन टी ली	1936-	ताइवान	
	जान सी पोलेनी	1929-	कनाडा	
1987	डोनाल्ड जे. क्रेम	1919-2001	अमेरिका	अणुओं की संरचना का विकास और प्रयोग विशषकर उच्च चयनात्मकता के संदर्भ में
	जीन मेरी लेहन	1939-	फ्रांस	
	चार्ल्स जे. फेरसन	1904-189	नार्वे	
1988	जोहान डिजेनहोफर	1943-	जर्मनी	संश्लेषण क्रिया के त्रिआयामी संरचना का निर्धारण
	राबर्ट हयुबर	1937-	जर्मनी	
	हर्टमट मिशेल	1948	जर्मनी	
1989	सिडनी ऑल्टमैन	1939-	अमेरिका (कनाडा मूल)	आरएनए के उत्प्रेरक गुण की खोज
	थामस आर चेक	1947-	अमेरिका	
1990	इलियास जेम्स कोरी	1928	अमेरिका	कार्बनिक संश्लेषण के सिद्धान्त और पद्धति का विकास
1991	रिचर्ड आर. अर्नस्ट	1933	स्विटजरलैंड	उच्च संकल्प चुम्बकीय परमाणु अनुनाद स्पेक्ट्रोस्कोप का विकास
1992	रूडोल्फ ए. मरकस	1923	अमेरिकी (कनाडा मूल)	रासायनिक प्रणाली में इलेक्ट्रॉन हस्तांतरण प्रक्रिया पर काम
1993	केरे बी मुलिस	1944	अमेरिका	पॉलीमरेज चेन रिएक्शन की खोज

वर्ष	पुरस्कार विजेता का नाम	जन्म	देश	अनुसंधान या कार्य
	मिशेल स्मिथ	1932-2000	इंग्लैण्ड (कनाडा मूल)	आइगोनुडियोटसड आधारित साइट म्यूटेजेनीसिस निदेर्शित और प्रोटीन के अध्ययन के लिए इसके प्रयोग पर काम
1994	जार्ज ए ओलाइ	1927	अमेरिकी (हंगरी मूल)	कार्बोकेशन रसायनशास्त्र के ऊपर कार्य
1995	पाल क्रुटजेन	1943	हालैंड	वायुमंडलीय रसायन विज्ञान पर कार्य विशेष रूप से ओजोन के गठन और विघटन पर कार्य
	एफ रोलैंड शेरवुड	1927	अमेरिका	
	मारियो जे मोलिना	1943	अमेरिका (मैक्सिको मूल)	
1996	राबर्ट एफ कर्ल	1933	अमेरिका	फुलरीन की खोज
	हेरोल्ड डब्ल्यू क्रोटो	1939	इंग्लैण्ड	
	रिचर्ड स्मेली	143-2005	अमेरिका	
1997	पाल डी बोयर	1918	अमेरिका	एटीपी के संश्लेषण के अंतर्निहित तन्त्र की व्याख्या
	जान इ वाल्फर	1941	इंग्लैण्ड	आयन परिवहन एंजाइम Na^+, K+-ATPase की खोज
	जेम्स सी स्कोउ	1918	डेनमार्क	
1998	वाल्टर कोहन	1923	अमेरिका (आस्ट्रिन मूल)	घनत्व के क्रियात्मक सिद्धान्त का विकास
	जान ए. पोपल	1925-2004	इंग्लैण्ड	क्वांटम रसायनशास्त्र में कम्प्यूटेशनल विधि का विकास
1999	अहमद एच. ज्वेल	1946	मिस्र	रासायनिक प्रतिक्रियाओं का संक्रमण स्तर पर फेमेटोसेकंड स्पेक्ट्रोस्कोपी के उपयोग की पढ़ाई
2000	एलन जे. हेगर	1936	अमेरिका	प्रवाहकीय पालिमर की खोज और विकास
	एलन जी. मैकडरमेड	1927-2007	अमेरिका (न्यजीलैंड मूल)	
	हाइडकीशीराकावा	1936	जापान	
2001	विलियम नोल्स	1917	अमेरिका	चिरेली उत्प्रेरक द्वारा हाइड्रोजनीकरण प्रतिक्रिया पर काम
	रयोजी नोयोरी	1938	जापान	
	के. बैरी शार्पलेस	1941	अमेरिका	उत्प्रेरक द्वारा ऑक्सीकरण प्रतिक्रिया के ऊपर काम

वर्ष	पुरस्कार विजेता का नाम	जन्म	देश	अनुंसधान या कार्य
2002	जान बी. फेन	1917	अमेरिका	जैविक मेक्रोम्यूलेकुलस की मास स्पेक्ट्रोनिट्रिक विश्लेषण के लिए आयनीकरण तरीकों का विकास
	कोइची टनाका	1959	जापान	जैविक अणुओं की संरचना की निश्चित के लिए एनएमआर स्पेक्ट्रोस्कोपी का विकास
	कर्ट वुदरिच	1938	स्विटजरलैंड	
2003	पीटर अग्रे	1949		कोशिकाभित्ति में पानी के चैनलों की खोज
	रोडरिक मैकिनन	1956	अमेरिका	कोशिकाभित्ति के आइकान चैनलों का संरचनात्मक और यन्त्रवत अध्ययन
2004	एरोन शेनोवर	1947	इजराइल	यूबिक्विटिन की मध्यस्थता में प्रोटीन की गिरावट की खोज
	इरविन रोज	1926	अमेरिका	
2005	वेस चाउविन	1930	फ्रांस	कार्बनिक संश्लेषण में वर्गव्यत्यय विधि का विकास
	राबर्ट एच ग्रब्स	1942	अमेरिका	
	रिचर्ड आर. शेरॉक	1945	अमेरिका	
2006	रॉजर डी कोर्नबर्ग	1947	अमेरिका	यूकेरियोटिक प्रतिलेखन के आणविक आधार की पढ़ाई
2007	गेरहार्ड एर्टेल	1930	जर्मन	ठोस सतह पर रासायनिक प्रक्रियाओं का अध्ययन
2008	ओसामु शिमोमुरा	1928	जापान	हरी फ्लोरेसेंट प्रोटीन जीएफपी
	मार्टिन काफी	1947	अमेरिका	
	रोजर वाई शिन	1952	अमेरिका	
2009	वेंकट रमण रामकृष्णन	1952	भारत	राइबोसोम की संरचना और कार्य
2010	रिचर्ड एफ. हेक	1931	अमेरिका	कार्बनिक संश्लेषण में पैलेडियम उत्प्रेरिकत कपलिंग
	ई-इची नेगीशी	1935	चीन	
	अकीरा सुजुकी	1930	जापान	
2011	दान राचमैन	1941	इजरायल	अर्थ क्रिस्टल की खोज